U1014331

2017

中国志愿服务经济价值测度报告

关成华　涂　勤◎著

中国社会出版社
国家一级出版社・全国百佳图书出版单位

图书在版编目（CIP）数据

2017中国志愿服务经济价值测度报告／关成华，涂勤著.
—北京：中国社会出版社，2018.1
ISBN 978-7-5087-5883-1

Ⅰ.①2… Ⅱ.①关… ②涂… Ⅲ.①志愿者—社会
服务—经济评价—研究报告—中国—2017 Ⅳ.①D669.3

中国版本图书馆CIP数据核字（2018）第015702号

书　　名： 2017中国志愿服务经济价值测度报告
著　　者： 关成华　涂　勤

出 版 人： 浦善新
终 审 人： 李　浩
责任编辑： 陈　琛　　　**责任校对：** 侯　蕾

出版发行： 中国社会出版社　**邮政编码：** 100032
通联方式： 北京市西城区二龙路甲33号
电　　话： 编辑室：（010）58124836
销售部：（010）58124837
传　真：（010）58124837
网　　址： www.shcbs.com.cn
shcbs.mca.gov.cn
经　　销： 各地新华书店

中国社会出版社天猫旗舰店

印刷装订： 小森印刷（北京）有限公司
开　　本： 185mm×260mm　1/16
印　　张： 17.75
字　　数： 320千字
版　　次： 2018年1月第1版
印　　次： 2018年1月第1次印刷
定　　价： 80.00元

中国社会出版社微信公众号

作者简介

关成华

北京师范大学教授、博士生导师，哈佛大学肯尼迪政府管理学院、法学院高级访问学者。现任北京师范大学校务委员会副主任、经济与资源管理研究院院长，兼任北京师范大学创新发展研究院院长、城市绿色发展科技战略研究北京市重点实验室主任、首都科技发展战略研究院院长、UNIDO-UNEP绿色产业平台中国办公室主任、能源与产业经济研究中心主任等。研究领域主要为发展经济学、创新理论与政策。曾任北京大学助教、讲师、副教授。历任北京大学团委书记、校学生工作部部长，共青团北京市委副书记、书记、市青年联合会主席，北京青年政治学院党委书记，中共北京市昌平区委副书记、代区长、区长、区委书记等职。

涂　勤

北京师范大学教授、博士生导师。现任北京师范大学经济与资源管理研究院学术委员会主任、新兴市场研究院副院长。获荷兰蒂尔堡（Tilburg）大学经济学博士学位，在荷兰瓦赫宁根（Wageningen）大学发展经济学组从事多年研究工作。曾任中国社会科学院世界经济与政治研究所助理研究员、副研究员、研究员，博士生导师；曾任该所统计研究室副主任、主任，经济发展研究室主任等。研究领域为发展经济学、应用计量经济学、行为经济学，发表多篇中英文学术论文，主持并参与了多项国际合作科研项目。

前言

关成华

改革开放以来，中国经济虽然经历了30多年的高速增长，取得了举世瞩目的成绩，但仍然存在经济增长方式以传统粗放式为主、以牺牲环境为代价以及大量消耗自然资源等诸多问题。巨大的人口红利一度是中国经济高速增长的主要动力，但从2010年起15—59岁劳动年龄人口开始下降，人口红利也将逐渐消失，中国经济开始从高速增长转入中速增长阶段。中国的未来发展方向必须通过合理、适度的改革，发掘和利用好巨大的改革红利。改革就是要转变中国的经济和社会治理模式：在经济方面，进一步推动社会主义市场经济，转变经济增长方式，由粗放式向集约式转变；在社会方面，努力实现国家和社会治理能力现代化，转变社会治理模式。在社会主义发展市场经济条件下，发展志愿服务事业是我国社会治理模式转型的基础。发展志愿服务是转变中国社会治理模式的重要途径。

我国原有的社会治理模式是一种简单的以政府行政管理、控制为主的模式，和计划经济相对应。如同企业和消费者是市场经济的主体，社会组织（包括营利性组织如企业和非营利性组织如志愿组织）和个体亦应为社会治理的主体。市场经济为社会提供产品，社会治理为社会提供服务，管理也是一种服务。与社会主义市场经济对应的社会治理不应该只是一种简单的管理和控制，而应该将其看成是一系列综合性的公共服务，社会治理应该充分发挥各主体的积极性，要以社区、家庭为纽带，为个体提供各种公共服务，使社会和谐发展。

一些标准化的大宗公共服务，可以相对容易地通过政府或市场来提供。但随着我国社会经济的迅速发展，作为社会基本单元的社区越来越从原来的同质性向异质性转变：突出表现为社区居民的需求日趋多元化、复杂化，许多特定公共服务尤其是个性化的服务群众需求强烈，仅仅依靠政府提供的标准化公共服务，显然已经无法满足日益攀升的社区数量和人们丰富多样的物质精神需求。许多个性化的公共服务难以通过政府来覆盖，而且由于成本太高市场也无法提供。志愿组织和志愿者扎根社区，由于相互了解而信任度高、组织灵活、交易成本低，能为社会提供各种精细化的公共服务。

大量实践证明：相对其他群体，志愿者是更具有利他精神、更容易合作、更具有主观能动性的一群，他们自我管理能力强，也更愿意在高度自治的社团组织基础上工作。社区志愿者以及由他们构成的志愿组织是志愿服务事业的主体，政府则发挥监督、引导和推动的辅助作用，让志愿服务为推动社会治理创新、维护社会和谐稳定发挥重要作用。

发展志愿服务是我国创新社会治理模式、激发社会活力的重要途径，能为中国进一步发展带来改革红利，中国的转型和发展离不开志愿服务。笔者曾经有将近十年的参与和组织青年志愿服务工作经历，2010年以后，又对美国的志愿服务事业进行了“零距离”的考察，体会到志愿服务的巨大社会和经济价值。2015年，当我们决定启动真实进步指数GPI（Genuine Progress Indicator）研究工作时，很自然地想到把志愿服务经济价值的测度作为突破口。

GDP是衡量一个国家或地区经济状况和发展水平的重要指标，一般仅指市场活动导致的价值，不能准确反映国民财富和社会的真实进步状况，许多对社会福利有重大影响的非生产性活动以及地下交易等都不计入GDP，如志愿服务、家务劳动、自给自足性生产等；同时，GDP也不考虑生产过程中所造成的损失，比如环境污染、犯罪等，难以全面体现经济发展的可持续性。

GPI是检验一个国家或地区可持续发展水平较为有效的工具，它采用简洁的方法，重新考虑GDP忽略的诸多方面，例如把志愿活动等的经济价值纳入到国民经济核算中。它不仅考虑市场发生交易的经济活动，而且从社会效益、环境可持续方面衡量一个国家或地区的发展趋势，被国际社会公认为可以较全面地考察一个国家或地区的社会进步程度和福利水平。

中国经济增长方式和社会治理模式的转型，亟须将以GDP为导向的评价体系转变为以GPI（或其他能更全面反映社会进步或福利水平的指数）为导向的评价系统，志愿服务经济价值测度是一项基础工作。测量志愿服务经济价值，可以一定程度上反映社会真实进步水平，从而促进社会治理模式转型。

为了获得志愿服务的相关数据，北京师范大学经济与资源管理研究院成立了专门的课题组，在2016年7—9月对志愿服务进行了调查。调查采用家庭问卷调查与网络调查两种方式相结合。家庭调查是对居民住户进行的随机抽样调查，并不限于志愿者群体。由于家庭调查需要消耗大量人力、时间及费用，为了保证工作质量、节约经费，本次家庭调查仅在北京和成都两个城市开展。调查员使用平板电脑入户进行面对面的问卷调查。网络调查是通过全国的志愿者网络注册系统，在北京、贵阳、鞍山、泰安、厦门、西安6个城市的志愿者群体中进行随机抽样调查，由志愿者在网上填写简化版的调查问卷。

本书分总报告和各城市分报告两大部分。总报告主要以家庭调查数据为基础，对北京市和成都市的志愿服务基本情况进行了分析。参与总报告初稿写作的人员包括王志敏、张佑辉、赵薇薇、赵翼、刘春玲、叶飙等。各城市分报告以北京、贵阳、鞍山、泰安、厦门、西安这6个城市的网络调查数据为主，并结合各城市的相关材料，对这些城市的志愿服务情况进行了归纳和分析。参与各城市分报告初稿写作的人员包括朱梦棣、高君陶、王秀峰等。关成华、涂勤在初稿基础上，对全书进行了补充修改。

感谢中国志愿服务联合会、北京市志愿服务联合会、共青团北京市委员会、西南财经大学中国家庭金融调查与研究中心和各城市志愿服务管理机构对本研究的大力支持。

目录

CONENTS

总报告

第1章 引　言

第2章 志愿服务经济价值测度文献综述

各城市分报告

第 12 章 贵阳志愿服务报告

第 13 章 泰安志愿服务报告

第 14 章 鞍山市志愿服务活动报告

第 15 章 政策建议

参考文献

总报告

第1章　引　言

1970 年 12 月联合国志愿者组织（UN Volunteers，UNV）成立，当时其成立的宗旨是动员具有献身精神并有一技之长的志愿人员，帮助发展中国家尽快实现其发展目标。中国自 1981 年起同该组织合作。UNV 成立以来，随着全球志愿服务的规模不断扩大，志愿者和志愿服务对社会福利和经济发展的贡献日益显著，因此，1985 年第四十届联合国大会通过决议，从 1986 年起，将每年的 12 月 5 日定为“国际促进经济和社会发展志愿人员日”（简称国际志愿人员日），其目的是敦促各国政府通过相关的庆祝活动，唤起更多的人以志愿者的身份从事社会发展和经济建设事业。

从 20 世纪 90 年代初开始，共青团组织结合时代要求和青年特点，倡议发起了青年志愿者行动。1994 年 12 月 5 日，由共青团中央等单位发起的中国青年志愿者协会在北京成立，志愿服务逐渐在国内为人所知。志愿服务泛指利用自己的时间、自己的技能、自己的资源、自己的善心为邻居、社区、社会提供非营利、无偿、非职业化援助的行为。但志愿服务和志愿者群体真正大量进入国内公众视野、为社会广泛关注，还是因为 2008 年北京奥运召开之前的一系列志愿活动，以及 2008 年 5 月发生的四川汶川大地震。2008 年发生的这两件截然不同的重大事件，使很多人看到：志愿服务不光能动员大量的人力服务大型赛事活动，还能帮助社会应对突发的严重的自然灾害。此后，志愿服务在地方政府和社区层面都受到了广泛的好评和肯定，与我国传统精神和文化相容的志愿服务理念开始在全国范围内广泛传播开来，大量民众积极参与志愿服务。我国的志愿服务也从 20 多年前的零星、分散，发展到有组织、有规模，成为国家加强对公民的道德教育和维护社会稳定的有效方式之一。

在国际上，一个国家的志愿活动参与水平在很大程度上反映了一个国家或地区的社会发展水平和真实进步程度，是现代社会文明进步的重要标志。20 世纪 90 年代以后国际上已经有研究探讨志愿服务经济价值测度的相关方法，并将志愿服务经济价值作为衡量一个国家或地区真实进步的重要指标之一。为了准确衡量志愿服务所创造的价值和贡献，志愿服务的经济价值测度应运而生。2011 年由国际劳工组织（International Labour Organization，ILO）会同联合国志愿者组织共同发布的《志愿者工作测度指南》，为志愿服务经济价值测度提供了可执行的国际标准。2011 年，美国约翰霍普金斯大学的研究人员（Salamon et al.，2011）尝试对全球 182 个国家和地区的志愿服务经济价值进行测算①，他们的结果出人意料，志愿服务在全球创造了巨大的经济价值：2005 年全球志愿者有 9.17 亿人，他们在一年里共同创造了约 1.348 万亿美元的经济价值，在数量上相当于当年全球 GDP 总量的 2.4%。

在中国，利他精神、志愿精神自古有之。“多财则以分贫也”“天下之人皆相爱，强不执弱，众不劫寡”，这些诸子之言反映出我国古代已经有了利他思想。现阶段我国主要把志愿服务看作是一种精神文明活动，更多地关注其社会效益，忽视了由庞大志愿者群体提供的大量志愿服务所创造的经济价值，没有采用科学系统的方法对志愿服务的经济价值进行测算。准确地测量志愿服务的经济价值，有利于社会、政府、个体对志愿服务的价值进行全面了解，让社会的方方面面更加重视志愿活动，将更多的资源投入到志愿服务之中，让全民一起努力，建设一个经济繁荣、社会和谐的中国，实现国家富强、民族振兴、人民幸福的“中国梦”。

1.1 志愿服务的发展现状

1.1.1 国内志愿服务的发展现状

中国自古以来就是礼仪之邦、文明古国，志愿精神和帮助他人的传统自古有之，传统智慧如“老吾老以及人之老、幼吾幼以及人之幼”“勿以恶小而为之，勿以善小而不为”“病人之病，忧人之忧”，与我们当代倡导的“奉献、友爱、互助、进步”的志愿精神是相融相通的。中国文化一直强调家庭与社区观念，“与邻为善”“修身齐家治国平天下”等传统理念对中国的志愿者们产生了长足的影响，志愿服务可以说是中华文明传统美德在现代的道德实践。中华人民共和国成立以来，“为人民服务”和“学习雷锋，助人为乐”就一直为中国人所推崇。1963 年 3 月 5 日，毛泽东同志发出“向雷锋同志学习”的号召，在全国掀起了“学雷锋”的活动热潮，全国人民响应号召，争做好人好事。进入 20 世纪 90 年代以后，学雷锋活动成为当代中国志愿者精神的一面旗帜。

① 由于缺乏数据，他们对有数据的几十个国家和地区通过回归分析建立预测模型，并用该模型推算出大量没有数据国家的情况。虽然其结果的准确性可能存在一定问题，但这是第一次尝试对世界各国的志愿服务经济价值进行全面系统的测度。

根据联合国开发计划署1999年度的《志愿精神在中国》报告，中国的第一批志愿服务项目是一个1989年在天津市和平区成立的社区志愿项目，负责为社区老年人提供帮助。中国的志愿服务事业从最初的萌芽苏醒，一步一个脚印地推动着志愿服务向着常态化发展，使之成为人们的价值追求和自觉行动。经历了20年的普及推广，我国的志愿服务发展取得了令人瞩目的成就，全国常年参与志愿服务的志愿者已超过了6000万人，志愿服务组织和站点数量已近30万个。这构成了中国志愿服务的基层组织网络，志愿服务在促进社会和谐进步、提升社会文明程度等方面发挥了更加广泛、重要的作用。我国志愿服务事业已经取得了很好的成绩，拥有了进一步深入发展的基础。

一、志愿者队伍组织管理体系初具规模

志愿服务正式引入中国已20多年，志愿者队伍不断壮大。进入21世纪尤其是经历了2008年两个重大事件之后，我国的志愿服务呈现多途径、多形式、多内容的发展进程。志愿者人数不断上升，志愿者组织活跃在各个领域，志愿行动不断创新，形成了青年志愿者、社区志愿者、企业志愿者、公益组织志愿者等多种形态。不同领域的志愿者之间也形成了相互补充、共同进步的良好态势，彰显了志愿者帮助他人、奉献社会的崇高精神追求。

近年来，在全国范围内涌现了大量优秀志愿服务项目，如在城市间开展“学习雷锋”志愿服务、在运动员群体中强化全民健身志愿服务、立足社区发起“邻里守望”志愿活动、集结各地力量组建志愿者服务队、寻找全国最美教师等。各地志愿服务创新形式、多元发展、加强引导，实施了一系列具有广泛影响的品牌项目，初步形成了全国项目与地方项目相结合、短期项目与长期项目相促进的项目体系。建立完善了中国志愿服务的国家级机构，即在政府管理下开展志愿服务的全国性民间组织，例如有中国志愿服务联合会、中国青年志愿者协会、中国红十字基金会、中国慈善总会、中华全国妇女联合会等。

团中央于2013年11月修订出版了《中国注册志愿者管理办法》，2014年11月24日，全国统一的志愿服务信息系统“志愿云”正式发布，解决了全国志愿者实名注册、服务记录转移接续、志愿服务供需对接、志愿服务组织在线管理等问题。这一基于云技术和大数据理念推出的志愿服务信息管理系统“志愿云”，使全国志愿服务数据库互通互联成为现实。

二、党中央大力支持志愿服务制度化

党中央高度重视社会主义核心价值观建设，高度关注志愿服务工作，把推动志愿服务发展作为核心价值观建设的一个重要环节。近年来，随着志愿者和志愿服务在中国的蓬勃发展，志愿服务理念在社会上的传播力度加大，社会各界广泛参与志愿服务的热情不断高涨，政府及社会各界对志愿服务事业的支持力度也在不断加强，相关的制度建设、体系建设得到了进一步推进。

在第十个国家五年规划和第十一个国家五年规划中，政府把积极促进社会福利工程、发展社会互助活动和支持志愿服务活动纳入了国家政策。《中华人民共和国国民经济和社会发展第十一个五年规划纲要》明确提出："支持志愿服务活动并实现制度化。"党的十六届六中全会首次提出要建立社会志愿服务体系，深入开展志愿活动，提出"以相互关爱、服务社会为主题，深入开展城乡社会志愿服务活动，建立与政府服务、市场服务相衔接的社会志愿服务体系"。党的十七大继续强调"深入开展群众性精神文明创建活动，完善社会志愿服务体系"。党的十八大和十八届三中全会明确指出"广泛开展志愿服务""支持和发展志愿服务组织"。党的十八届五中全会对创新社会治理进行了研究和部署，在其公报中明确指出，要"加强和创新社会治理，推进社会治理精细化，构建全民共建、共享的社会治理格局"。

政府职能转变和社会治理体制创新，为各类志愿服务组织提供了发展机遇，也对志愿服务加强组织自身建设和管理提出了新的要求。习近平总书记多次给志愿服务组织回信或批示，提出殷切希望。由"支持"到"建立"，再"完善"到"发展"，一步一个脚印，扎扎实实地按照部署和计划，探索具有本地特色的社会志愿服务体系。为了贯彻落实党的十八届三中全会提出的支持和发展志愿服务组织这一战略任务，2014 年 2 月，中央精神文明建设指导委员会印发了《关于推进志愿服务制度化的意见》，要求完善志愿服务的长效工作机制和活动运行机制。

我国志愿服务的发展历史，就是政府逐渐重视志愿服务并将志愿服务制度化的历史。1993 年，北京志愿者协会在全国率先成立；2007 年，中国志愿服务基金会经民政部批准成立，建立了多渠道、社会化、规范严谨的资金募集运作机制，为全国志愿服务工作开展提供了强有力的支持保障。2013 年 12 月，在中央精神文明建设指导委员会指导下中国志愿服务联合会在北京登记成立，这是由志愿者、志愿者组织自愿组成的全国性、联合性、非营利性社会组织。

三、相关政策条例不断健全

总体而言，与志愿服务发展最为完善的一些发达国家相比，我国的志愿服务还处在初始阶段，不同程度地存在活动开展不充分、体制机制不够完善、服务水平不够高等问题。解决问题的关键在于健全志愿服务制度，推进志愿服务制度化，促进志愿服务活动常态化。这对于培育和践行我国的社会主义核心价值观、在全社会形成向上向善的力量，具有十分重要的意义。

由于早期政府没有充分重视志愿服务的作用，也没有为志愿服务设定专门的管理部门，所以相关的政策性文件很少。但随着政府在“十一五”规划（2006—2010 年）中明确提出要支持志愿服务，尤其是在2008 年北京奥运会和四川汶川大地震这两个重大事件中，志愿服务的作用充分显现，政府越来越重视志愿服务的作用，因而，近年来，党和国家有关部门发布了一系列专门的志愿服务的政策性文件，为规范和促进志愿服务的发展创造了一定的制度环境。比如 1999 年 2 月中国青年志愿者协会通过了《中国青年志愿者协会章程》，2005 年中国社会工作协会和社区志愿者工作委员会联合制定了《中国社区志愿者注册管理办法》，2006 年团中央制定了《中国注册志愿者管理办法》并于2013 年进行了修订，2014 年中央文明委和民政部分别颁布了《关于推进志愿服务制度化的意见》和《中国社会服务志愿者队伍建设指导纲要（2013—2020 年）》；2015 年民政部发布了《志愿服务信息系统基本规范》，教育部颁布了《学生志愿服务管理暂行办法》，中央文明办、民政部、教育部和共青团中央联合发布了《关于规范志愿服务记录证明的指导意见》；2016 年中共中央宣传部、中央文明办、民政部、教育部、财政部、全国总工会、共青团中央、全国妇联联合印发了《关于支持和发展志愿服务组织的意见》，文化部发布了《文化志愿服务管理办法》。

此外，中国的地方政府也一直重视在省、市级层面制定更加明确的扶持政策和创造监管环境来促进志愿服务的发展。1999 年 8 月 15 日，我国第一部关于志愿服务的地方性法规《广东省青年志愿服务条例》颁布，这是我国第一个专门性志愿服务的规范性文件，也是第一个关于志愿服务的地方性法规，标志着我国志愿服务法制化建设的开启。2003 年，《黑龙江省志愿服务条例》出台，首次在法律上将志愿服务的参与主体从青年扩展至全体国民，成为我国第一部全方位的志愿服务地方性法规。截至目前，我国内地已有近 30 个省市通过了地方性的志愿服务条例，地方性志愿服务立法步伐呈现出不断加速的趋势。

2016 年 3 月通过的《中华人民共和国慈善法》（以下简称《慈善法》）对志愿服务相关内容有所涉及，有助于我国志愿服务事业的发展。《慈善法》对慈善活动、慈善组织的形式和概念进行了界定，规定了慈善组织开展志愿服务时志愿者的义务和权利。而且采用构成了“大慈善”概念，相对于以扶贫、济困、扶老、助残、赈灾为主要内容的传统慈善活动，《慈善法》所规定的慈善活动还包括促进教育、科学、文化、卫生、体育等事业的发展，即慈善包括公益活动和传统慈善活动，鼓励社会依法行善。从现代慈善和志愿服务的内涵来看，慈善包括志愿服务，志愿服务是慈善活动的某种具体形式。公民参与慈善，不仅可以捐款捐物，也可以贡献出自己的时间和技能帮助他人。慈善组织包括志愿组织，因此志愿机构和志愿者一定程度上可以依据《慈善法》来保障其权益和权利。但是，《慈善法》对于志愿者、志愿活动、志愿培训、志愿管理等与志愿服务有关的几个关键问题，没有专门法律条文对其进行定义和阐述，仍需要国家颁布专门性法律来保障志愿服务的持续发展。

2016 年，为了规范志愿服务，保护志愿者、志愿服务组织和志愿服务对象的合法权益，民政部起草了《志愿服务条例（草案送审稿）》上报国务院。《志愿服务条例》在 2016 年公开向全社会征求意见，标志着我国志愿服务将拥有专业化的法律行政法规的约束，意味着我国志愿服务将真正实现规范化、专业化，志愿者服务组织和志愿服务对象的合法权益受到了更加明确和专业的法律法规的保护。2017 年国务院颁布了《志愿服务条例》。已经在 2017 年 6 月 7 日的国务院第 175 次常务会议上通过，自 2017 年 12 月 1 日起施行。该条例的颁布，将极大地促进我国志愿服务事业的健康有序发展，是我国志愿服务发展的里程碑式标志。

四、青年志愿者事业蓬勃发展

就全球来看，青年以及 15 周岁以下的青少年都是志愿服务的积极参与者。在我国志愿服务的发展历程中，青年志愿者也发挥了中流砥柱、不可替代的关键性作用。中国青年志愿者事业是党领导的共青团在新的历史条件下创新工作领域、壮大志愿者队伍、服务社会需求的一大创举。自 1993 年全国青年志愿者行动在全国范围启动以来，经过了 20 多年的发展壮大，截至 2013 年 11 月底，全国所有的省区市和市地州盟、2763 个县市区旗，以及 2000 多所高校，都建立了青年志愿者协会，成立了 13 万个志愿服务阵地，形成了较完善的组织体系；中国青年志愿者协会现有团体会员 36 个，经过规范注册的青年志愿者达 4043 万，注册志愿者在 2013 年向社会提供了 6.9 亿小时的志愿服务。

青年志愿者的发展历程主要经历了如下几个阶段：1993 年 12 月，团中央发起实施青年志愿者行动，标志着青年志愿者行动在全国启动；1994 年在共青团的领导下成立中国青年志愿者协会，标志着我国最早的、以促进社会志愿服务事业为目的的全国性社会团体诞生；1998 年 11 月，首届研究生支教团组建，截至 2011 年，从全国 98 所重点院校和示范院校累计选派研究生支教团成员 5666 人；1999 年，广东省颁布第一部关于青年志愿服务的地方性法规《广东省青年志愿服务条例》。从 2000 年起，把每年的 3 月 5 日确定为“中国青年志愿者服务日”。2001 年 3 月，团中央在全国推行志愿者注册制度。

经过 20 多年的发展，青年志愿者的身影已经遍布环境保护、大型赛会、抢险救灾、支教助困、社区建设、海外服务等繁多的志愿项目，甚至在很多场合都发挥了主力军的作用，发扬了我国青年的优秀传统，获得了社会的广泛认可。经历了 1999 年昆明大型园艺博览会、2008 年北京奥运会与残奥会、2010 年上海世博会和广州亚运会，以及2014年南京青奥会等重大大型赛会的考验，更向西部和基层累积输送了20多万的优秀大学生，青年志愿者们打响了“奉献、友爱、互助、进步”的志愿者精神。经过20多年青年志愿者事业蓬勃发展，青年志愿者工作已经成为新时期共青团的重要品牌，成为弘扬和践行社会主义核心价值观、推进中国特色志愿服务事业的重要载体，是广大青年奉献社会、实现自我价值的重要渠道。

1.1.2 国外志愿服务的发展形势

世界各地数以百万计的志愿者和组织，每日都在为促进人类福祉而做出无私贡献。国外的志愿服务起源于19世纪初，其直接来源是宗教性的慈善服务，主要由教会最先推动发展起来。至19世纪末20世纪初，志愿服务才逐渐被政府纳入工作体系中来，甚至被纳入社会发展体系中来，受到了社会各界的高度重视和广泛关注，志愿服务精神开始迅速传播开来。第二次世界大战以后，发达国家的志愿服务发展迅速，并进一步制度化、规范化和系统化，志愿服务成为广泛性的社会服务工作，拓展到社会工作的各个领域。

一、发达国家志愿服务的主要特征

发达国家志愿服务的主要特点，集中体现在志愿服务是建立在高度自治的社团组织之上，强调志愿组织的民主管理和监督。志愿组织被认为是政府部门和市场部门的中介组织，能够弥补政府部门和市场部门的不足，缓解市场缺陷带来的“市场失灵”问题，执行二者所不能完成的或者不能有效完成的社会职能：一方面，志愿服务的主体是公民的自发组织，政府则发挥引导和推动的辅助作用，而且作为公共物品提供者的政府，其行为也只是针对绝大多数人们提供基础的公共物品，志愿组织能够弥补政府部门提供公共服务和公共产品的缺陷；另一方面，由于市场的缺陷会导致市场无法很好地通过资源配置，向社会提供良好和充足的公共物品，而志愿组织能够很好地集中个人或群体资源，以解决他们的共同需求，并向特定人群提供公共物品。志愿组织的存在能够为这些特定群体提供表达其需求、实现其想法的途径。通过志愿组织，这些特殊群体可以获得他们所期望的公共物品，这不仅是单纯的物质帮助，也有精神上的满足。

发达国家志愿服务的特征主要体现在以下几个方面：第一，志愿者素质、专业化水平不断提高。志愿者分层趋势明显，具有一技之长的人员尤受青睐，专业化志愿者层出不穷，如教育、救护、基建、救灾等；并且志愿组织具有完善的志愿者培训体系，极大地提高了志愿服务能力和水平。第二，志愿服务规范化程度高，被纳入其社会保障体系和法律体系，从而使志愿服务工作成为越来越多公民的自觉行为。第三，社区志愿活动普遍、发达，主要是由社区民间团体发起的志愿活动，以社区为基础组织照顾老人、保护妇女、帮助残疾人、儿童日托、移民难民安置等。第四，资金来源广泛。不仅依靠政府资助、全民广泛参与，而且企业也大力扶持志愿服务发展。第五，志愿服务与教育、就业紧密结合。许多时候升学和就业对志愿服务时长有一定要求，有力激励了青壮年参与志愿服务的热情。

二、系统化、法制化的欧美发达国家志愿活动

物质富裕的发达国家，在世界范围内较早地开始建设志愿服务制度体系，起步早、组织庞大、内容多样、管理规范，在政府大力支持和推动下，志愿服务在工作机制上进一步制度化、规范化和系统化，志愿服务渗透在社会生活的各个方面。美国几乎从建国以来，志愿精神就一直是其社会文化中一项不可或缺的要素。志愿服务紧紧地与实现个人抱负联系起来，甚至很多人都会说美国是一个全民践行志愿行动的国度。2015 年，美国的志愿者总数是 6280 万人，一共贡献了 79 亿小时的服务时长，相当于创造了 1840 亿美元的经济价值，相当于美国 GDP 的 1%，与美国农业相当。

美国早在 1973 年就制定了《志愿者服务法》，并针对社会环境变迁做过多次修正。目前，美国已经为志愿服务制定了较为完善的法律法规体系，主要包括《国内志愿服务修正法》、1990 年颁布的《国家和社区服务法案》、1993 年颁布的《全美服务信任法案》、1997 年颁布的《志愿者保护法》，通过法律来合理保障志愿者权益，规定志愿者权利义务，并为志愿者构建了完善的保护体系。同时，美国在其他的相关立法和政策优惠上都显示出对志愿活动的大力支持，对志愿者个人的物质保障方面也有很多相关政策法规。美国税法对慈善组织、社会福利团体和宗教组织所获得的捐款，都给予了不同程度的税务优惠。联邦与州都设有专门机构，每年有专项资金，对志愿者绩效进行评估，良好的志愿者经历对于升学、就业、晋级都有帮助。

在欧洲大陆，英国有着最为悠久的志愿服务传统。早在 12—13 世纪，英国就开始出现了真正的志愿活动。1601 年，世界上第一部慈善法《济贫法》在英国问世，首次以法律的形式明确了慈善事业的影响力。政府将福利彩票收益的一部分专门用于支持志愿服务事业的发展，同时，还一贯遵循“小政府、大社会”的方针，把越来越多的公共服务功能下放到民间。在组织机构上，以 1919 年成立的英格兰志愿服务组织联合理事会（UCVO）为标志，下设多个志愿者机构，分管各种地方志愿者中心和志愿组织，旗下共有大到国家志愿者部门小到民间志愿者中心共 1 万个以上，涵盖教育、医疗、交通、安全、信息技术和环境保护等多个方面。

德国也相当重视志愿服务，于 1964 年制定了《奖励志愿社会年法》与《奖励志愿生态年法》，同时，法律还规定所有年轻人在中学毕业后要入伍服兵役或参与为小区服务的志愿工作。另外，参加者也可获得税收、交通、社会保险等方面的优惠奖励。

志愿服务精神一直是现代法国社会思想观念的一部分。自 1961 年通过《非营利社团法》以后，法国人民享有结社的自由，法国的社团开始蓬勃发展。法国的志愿组织社团法规定，符合条件的年满 18 岁的法国男性，都必须履行国民志愿役；同时，法律也规定了政府应推动、支持民间与社会志愿行为，通过设立长期基金来支持非营利组织社团，并支持其独立与创新经营等。

三、亚洲典型的志愿服务发达国家和地区

与欧美发达国家一样，在亚洲很多国家和地区，志愿活动也已经成为其社会生活的一个重要组成部分。在中国香港，义务工作（志愿服务）是许多社会服务的支柱，义务工作现已深入民心，渗透到各领域、社会各阶层，已经成为一种社会文化。香港志愿服务事业的发展，是采取以人为本的价值取向，侧重人的基本精神和社会需要，强调生活环境的改善和自然与社会的持续发展；义工的范围，涉及社会福利、医疗卫生、专业咨询、生态环境、小区治安、自然灾害、体育赛事、公民参与、行政等方方面面。中国香港的志愿服务呈现出社区发展取向和权利取向的趋势：以小区的发展为介入及服务基地，设计服务受众的能力和维权意识的发展，赋予他们争取合法合理权益的机会。

通过政府的政策与财政支持、民间的公民推动，香港地区大力发展志愿服务。1970 年，在社会福利署资助下，专责发展义务工作的非政府机构——义务工作协会成立（1981 年改名为义务工作发展局）。1997 年，在香港政府牵头下，全城投入，开始筹划全港性义工运动，社会福利署因此成立了义工运动委员会。自 1998 年开展义工运动以来，截至 2014 年 12 月 31 日，参与机构有 2652 家，登记义工有 123 万人。为增加社会的认同，香港地区的义工运动进行了以下推广工作：一是设立义工信息网、设立义工数据库、委任义工大使、提供网上登记加入义工计划。二是设置奖励制度，嘉许和鼓励商户和民众的参与，如通过举办“社区爱心商户表扬计划”，颁发“社区爱心商户”“杰出社区爱心商户”奖等，鼓励社区商户参与；按义工每年累积的服务时数为标准，签发由“义工总领袖”行政长官夫人及社会福利署署长联署的嘉许状等。

日本位于环太平洋地震带上，地震频发，赈灾活动的需求反向推动了志愿服务的完善。1995 年的阪神大地震是日本志愿服务事业发展的转折点，当时，很多市民自发进行救援活动、互助重建家园，形成了一股“志愿者热潮”。民众的普遍参与使志愿精神在日本广泛传播，深受社会各界的好评和肯定，从而推动了民间非营利活动的法制建设。1998 年，日本政府在《地方自治法》基础上颁布了《特定非营利活动促进法》，赋予举办特定非营利活动的团体法人资格，规定了非营利组织的活动和注册制度。此后，日本的志愿活动开始进入体系化、制度化的新的发展阶段。通过借鉴英国、美国等欧美发达国家的做法，日本提出了宽泛的捐赠免税社会政策，企业捐赠不问用途，几乎都可以免税。

新加坡和中国香港一样，也将志愿者称为义工，他们是一个深入普及、运作有序、组织规范的社会群体，志愿服务已成为公民的自觉行动。20 世纪 90 年代，随着失业率下降、经济腾飞，新加坡开始进入经济发达国家的行列，政府通过《社团法案》和《慈善机构法案》，确认了志愿服务机构的法律地位，对志愿服务给予充分的政策支持和法律保障，并对相关机构和活动进行监管。新加坡政府也通过对志愿服务经费进行支持、税收优惠、奖励等，从政策的多层次鼓励志愿服务事业的发展，大力培育志愿服务队伍，提高志愿服务水平。

四、对我国志愿服务发展前景的借鉴意义

从以上国家和地区的政府支持志愿服务的发展历程来看，它们都有两个共同的特点：一是将志愿服务纳入其较为完善的法律体系中；二是强调志愿服务的自主性。志愿服务既受到法律的严格控制和保护又有其自主性和灵活性，这两者看起来是相互矛盾的，但其实两者是矛盾的统一体，是互为补充的。

一方面，推动志愿服务活动的开展需要良好的法律保障，各国和地区针对志愿服务的普遍立法，能有效地保护志愿者，规范和促进了志愿服务的发展和壮大。美国早在 1973 年就制定了《志愿服务法》，并且美国政府在 16 年内根据实际情况的变化，先后对该部法律进行了五次修订，以保证其实用性；德国在 1964 年制定颁布了《奖励志愿社会年法》和《奖励志愿生态年法》，2002 年修正更名为《促进青年志愿服务法》；日本于 1998 年通过了《特定非营利活动促进法》，从四个方面进行了规定来支持日本民间的志愿服务活动；中国台湾地区于 2001 年颁布了《志愿服务法》。

加强对志愿服务的立法，明确志愿服务的法律地位，保障志愿者及相关主体的合法权利和利益，规范志愿服务活动；以我国国情为依据，在充分的实地调研基础之上，研究体制机制建设，设计具体制度，建立配套措施等具体条例，已成为进一步深化我国志愿服务工作的当务之急。法律的制定可以学习和借鉴国外志愿服务理论和实践的优秀成果，从几个方面来规范：一是界定志愿者和非营利组织，怎样才算受法律保护的志愿者和社会组织；二是对志愿者权利和义务的界定，志愿者既有获得基本安全保障的权利，也有在损失发生后要求承担责任的权利；三是对资金来源的明确和保障，合法的资金来源与充足的物质基础是进行志愿活动的保证；四是制定合理的配套措施，如激励机制、培训制度等。

我国近年来陆续出台了一系列与志愿服务有关的法律规定和政策文件，但长期以来，全国性的立法还始终处于缺位状态，各地缺乏统一的规划和标准。2017年国务院颁布，并于当年年底执行的《志愿服务条例》将会彻底改变这一状态。

从各省的实践来看，立法走在前列的地区，其志愿服务也走在全国前列。1999 年，广东省最早通过了《广东省青年志愿服务条例》，截至目前，广东省的注册志愿者数量突破了765 万人，约占常住总人口的7%，志愿服务时长达到1.37亿小时，各类注册志愿者组织累积达近4 万个。北京2007 年通过了《北京市志愿服务促进条例》，截至2016 年年底，北京市志愿服务团体达5 万多个，全市实名注册志愿者达到325 万人，约占北京常住总人口的15%。

另一方面，发达国家的志愿服务是建立在高度自治的社团组织上，政府则扮演监督、引导和推动的辅助角色，社区志愿者成为志愿者的生力军，各类社区志愿者满足了社区居民的多样需求，营造了良好的志愿精神和志愿文化氛围。美国的社区志愿者组织举足轻重，2005 年统计就占到美国总人口的29%，组织形式一般分为两大类：一类是由社会工作者、社区委员会、学校、教区、居民等自发组织起来的综合性服务组织，它所提供的服务项目广泛，既包括各种文化体育娱乐服务活动、各种义务教育活动，也包括居民所需的各种生活服务，甚至住房、就业服务；另一类是由具有专业知识与技能的志愿者组成的专业性服务组织，是依社区需要产生的服务团体。发达国家志愿服务的组织和管理形式，对我国志愿服务事业的发展具有很好的参考价值。我国应该以社区为依托，发展和完善社区志愿服务，推动建设和谐社会与和谐社区，建立健全社区志愿服务长效机制。

中国最早的志愿者就产生在社区服务的层次上，并逐步建立了社区志愿者组织。中国社区志愿服务发展20 多年来，服务内容不断拓展，涉及居民生活的各个方面，社区志愿者和青年志愿者构成了我国志愿服务事业的中流砥柱，是中国目前最为活跃、规模最大、影响最大的两支志愿者队伍。但是社区志愿者队伍建设仍然面临规模小、服务质量不够高等问题。目前，中国社区志愿服务的覆盖面还比较小，服务协调机制也有待健全，同时，有关的政策法规相对滞后，社区志愿者信息平台建设有待加强。

随着我国社会经济的迅速发展，作为社会基本单元的社区越来越从原来的同质性向异质性转变，突出表现为社区居民的需求日趋多元化、复杂化。仅仅依靠政府提供的标准的公共服务，显然已经无法满足日益攀升的社区数量和人们丰富多样的物质精神需求。中央报告也指出，坚持社会主义市场经济的改革方向，必须创新社会治理模式。创新社会治理模式的要义，就是要在党的领导下，适应市场经济条件下社会多元化和流动性强的特点，改变计划经济条件下政府包揽社会治理的传统模式，创造各种有效方式，由人民群众依法进行自我管理，逐步形成“小政府、大社会”的治理模式。中国文化本就以“家庭”和“社区”作为重要单位，社会自治组织或者社会志愿服务组织在中国具有天然的文化渊源，我们应该努力发展壮大社区志愿者队伍，通过完善社会志愿服务体系，促进社区的和谐发展。

1.1.3 中国现阶段发展志愿服务的紧迫性

改革开放近40年来，尤其是改革开放的前30年，中国经济经历了举世瞩目的高速发展。中国30多年高速增长主要还是传统的粗放型的经济增长模式，其中伴随着巨大的人口红利。但随着2010年起15—59岁劳动年龄人口出现负增长，人口红利开始消失，直接表现就是GDP潜在增长率的降低。从宏观到微观，蔡昉（2014）采用详尽的数据进行分析，给出了中国的发展方向是改革，通过合理、适度的改革，将带给中国巨大的改革红利。我国现阶段改革的一个主要方面就是社会治理模式的转变。我国原有的社会治理模式是一种简单地以政府管理、控制为主的模式。社会治理不应该是一种简单的管理和控制，而应该将其看成是一项综合性的公共服务；通过为社区提供各种公共服务，使之和谐发展。

我们需要大力提高社区公共服务能力，这是社会治理的基础之一。但这一切仅仅依靠政府和市场是不行的，良好的社会治理和公共服务离不开志愿服务。随着人们生活水平的提高，大家对公共服务的要求包括服务内容、服务质量等都大幅提高，而且往往有许多个性化的需求，使得社会治理的难度加大。在精准扶贫和应对老龄化社会中出现的一些公共服务，是我国社会发展到一个新时期出现的新问题，仅仅依靠政府和市场无法解决，通过志愿服务来解决相关问题是我国在社会治理中的新模式。志愿服务组织和志愿者通过汇集社会资源、扩大社会参与，已经成为维护社会稳定、促进社会和谐的重要力量。

一、发展志愿服务是我国提高社会治理水平的必由之路

近几十年来，随着中国经济社会的迅速发展，我国经济和社会两个系统越来越庞大、越来越复杂，经济管理和社会治理的难度也越来越大，传统的管理和治理模式已经远远不能满足现实的需求，急需通过市场经济体制改革和社会治理体系创新来大幅度提高我国经济管理和社会治理的能力。在我国的社会治理中，如何为社区提供充足的公共服务、协调社区关系，是实现社会良性运行的基本保证。我国原有的社会治理模式是通过政府为主、市场为辅的方式来为社区提供公共服务，但随着中国经济社会发展，人们的需求日益多样化、个性化，大家对社区的公共服务、公共管理也要求越来越高，如果继续采用政府包办为主的社区管理模式，无法满足大家的需求，无法提高社区治理水平。

中央报告也指出，坚持社会主义市场经济的改革方向，必须创新社会治理模式。创新社会治理模式的要义，就是要在党的领导下，适应市场经济条件下社会多元化和流动性强的特点，改变计划经济条件下政府包揽社会治理的传统模式，创造各种有效方式，由人民群众依法进行自我管理，逐步形成“小政府、大社会”的治理模式。中国文化本就以“家庭”和“社区”作为重要单位，社会自治组织或者社会志愿服务组织在中国具有天然的文化渊源，我们应该努力发展壮大社区志愿者队伍，通过完善社会志愿服务体系，促进社区的和谐发展。

按照国际经验，除了传统的政府和市场之外，组织良好的志愿服务系统能为社区提供充足的公共服务，因此，发展志愿服务是创新社会治理、激发社会活力的重要途径，是我国现阶段提高社会治理水平的必由之路。

二、实现2020年脱贫目标需要社会的互帮互助，志愿服务大有作为

志愿者精神是人们迎接发展挑战，改变发展的步伐和本质的有力手段。通过增强信任、团结和公民互惠，创造人人参与的机会，它得以惠及个人与社会。

我国经济在第九个五年计划（1996—2000年）时期具有全局意义的根本性转变，计划中提出要“实行两个具有全局意义的根本性转变：一是经济体制从传统的计划经济体制向社会主义市场经济体制转变，二是经济增长方式从粗放型向集约型转变”。如果经济增长方式能很好地从传统的低效率的粗放型向现代的高效率的集约型转变，将促进国民经济持续、快速、健康发展和社会全面进步，由中国制造到中国创造。在2010年，中国GDP总量超越日本一跃成为全球第二大经济体，这是中国经济发展的一个里程碑。在经济保持中高速增长的同时，中国政府始终保持清醒的头脑，社会主义的本质是共同富裕，消除贫困、改善民生也是时代赋予我们的伟大使命，因此，2015年11月29日，中共中央、国务院发布《关于打赢脱贫攻坚战的决定》，正式宣布实施精准扶贫战略，发起新一轮扶贫开发攻坚战，明确提出2020年在我国现行标准下农村贫困人口实现脱贫，贫困县全部摘帽，解决区域性整体贫困问题。在2015年年底召开的中央扶贫开发工作会议上，习近平总书记具体说明，要让农村人口“两不愁三保障”：“两不愁”指的是不愁吃、不愁穿，“三保障”是在义务教育、基本医疗和住房安全三方面的保障，除了使农村贫困人口在物质生活上脱离贫困之外，教育、医疗等基本生活需求保障也是必不可少的。

我们需要清醒地意识到，在2020年全面实现脱贫目标，这个任务是非常艰巨的，按照每人每年2300元（2010年不变价）的农村扶贫标准计算，2015年农村贫困人口有5575万人。可以想象，经过30多年经济突飞猛进的发展和扶贫探索，现阶段仍位于贫困线以下的人口和区域，是我国扶贫的攻坚区域，难度大，问题多，贫困人口主要集中在相对欠发达的中西部地区，例如西部地区民族地区和边境地区、中部地区革命老区和山区、东部地区少量集中连片贫困区域，14个集中连片特殊困难地区有3518万贫困人口。因此，不仅需要政府大力扶贫、精准扶贫、创新扶贫形式，更需要整个社会行动起来。志愿服务作为利他行为，利用其灵活的组织形式和广泛的资源，与政府的扶贫项目相结合，为困难群体提供志愿服务，根据实际情况向农村提供支教、扶贫、医疗、信息咨询等关系到农村发展所需的服务项目。

自2003年启动的由共青团中央、财政部、教育部和人事部联合发起的大学生志愿服务西部计划项目执行13年来，西部计划累计派遣了20多万名优秀大学生赴中西部22个省（区、市）和新疆生产建设兵团、2100多个县，围绕教育、卫生、农技、扶贫等开展了为期1—3年的志愿服务，用点滴行动向社会传递着正能量。"本禹志愿服务队"10年来一如既往地致力于关心西部贫困地区儿童的教育以及对社会困难群体的帮扶，展开一次次支教扶贫的接力。"郭明义爱心团队"累计捐款近200万元、资助困难学生3000多名，常年帮扶贫困群体，两支优秀的志愿者服务队更收到了习近平总书记的回信，这不仅是对志愿服务工作的极大鼓舞，更体现了党中央对志愿服务工作的高度重视。

三、改善老龄化引发的社会矛盾离不开志愿服务

社会保障关系到人民的幸福、国家的稳定和发展，是体现和谐文明社会的重要指标。按照现在国际上通用的标准，当一个国家或地区60岁以上老年人口占人口总数的10%，或65岁以上老年人口占人口总数的7%时[①]，即意味着这个国家或地区处于老龄化社会。国家统计局2010年第六次人口普查的数据显示，中国大陆60岁及以上人口为1.78亿人，占全国人口的13.3%；其中65岁及以上人口为1.19亿人，占8.87%。同2000年第五次全国人口普查相比，60岁及以上人口的比重上升了2.93个百分点，65岁及以上人口的比重上升了1.91个百分点，全国人口呈现出加速老龄化的趋势。

中国虽然现在的经济总量超过了日本成了世界第二大经济体，但按照世界银行的分类，中国仍属于中等偏上收入国家，是典型的发展中国家，2015年人均GDP大概仅有日本的1/5。联合国人口司的数据显示，与其他发展中国家相比，中国有明显高出很多的老龄化程度，这一点从2015年60岁及以上人口的比例和全部人口的年龄中位值这两个指标就能清楚看出：发达国家平均水平为23.9%和41.2

① 联合国1956年《人口老龄化及社会经济后果》成为最早对人口老龄化经济影响进项研究的著作，确定了科学的划分标准，当一个国家或地区65岁及以上老年人口数量占总人口比例超过7%时，则意味着这个国家或地区进入老龄化。

岁，不包括中国在内的发展中国家平均为8.2%和25.2岁，中国则分别为15.2%和37.0岁（UNPD，2015）。现阶段中国人口的老龄化意味着中国人口转变的某种特殊性，呈现出“未富先老”的局面。

面临着经济社会发展不平衡、配套的社会保障体系改革和许多基础设施仍在建设中的社会现实，现有的公共服务不能完全满足老龄化的需求。志愿服务可以通过加强邻里互助等方式，有助于缓解由于人口老龄化会出现的社会矛盾和社会问题。中国志愿者联合会已经在2015年开展“邻里守望”系列志愿活动，号召广大志愿者从关爱做起、从身边做起、从你我做起、从日常做起，关爱自己身边的困难群体，如空巢老人、留守儿童、农民工和残障人士等。这些活动通过团结社会各界志愿服务组织和广大志愿者，汇集了大量志愿力量，在活动过程中涌现出了一批优秀志愿服务团队，并已经取得了丰硕的成果。

1.2 志愿服务经济价值测度的重要性

良好的志愿服务系统，除了能帮助我们提高社会治理能力之外，其本身也有很大的直接的经济价值。通过测量志愿服务的经济价值，我们还可以从经济建设的角度了解志愿服务的重要性，促进志愿服务的进一步发展。

1.2.1 志愿服务是转变中国社会治理模式的重要途径

改革开放以来，中国经济经历了30多年的高速增长，取得了举世瞩目的成绩，综合国力和人民生活水平都迅速提高。但经济增长方式还是以传统粗放式为主，以牺牲环境为代价，大量消耗自然资源。巨大的人口红利是中国经济高速增长的主要动力之一，但从2010年起15—59岁劳动年龄人口开始下降，人口红利逐渐消失，中国经济开始从高速增长转入中速增长阶段。中国今后的发展方向是改革，通过合理、适度的改革，带给中国巨大的改革红利（蔡昉，2014）。改革是转变中国经济社会治理模式，在经济方面就是进一步推动社会主义市场经济，转变经济增长方式，由粗放式向集约式转变，在社会方面就是转变社会治理模式。

我国原有的社会治理模式是一种简单地以政府行政管理、控制为主的模式，和计划经济相对应。就如企业和消费者是市场经济的主体一样，社会组织（包括营利性组织如企业和非营利性组织如志愿组织）和个体是社会治理的主体。市场经济为社会提供产品，社会治理为社会提供服务，管理也是一种服务。与社会主义市场经济对应的社会治理不应该只是一种简单的管理和控制，而应该将其看成是一系列综合性的公共服务，社会治理应该充分发挥各主体的积极性，以社区、家庭为纽带，为个体提供各种公共服务，使社会和谐发展。

一些标准化的大宗公共服务，可以相对容易地通过政府或市场来提供，但随着我国社会经济的迅速发展，作为社会基本单元的社区越来越从原来的同质性向异质性转变，突出表现为社区居民的需求日趋多元化、复杂化，许多特定公共服务尤其是个性化的服务群众需求强烈，仅仅依靠政府提供的标准化公共服务，显然已经无法满足日益攀升的社区数量和人们丰富多样的物质精神需求。许多个性化的公共服务难以通过政府来覆盖，而且由于成本太高市场也无法提供。志愿组织和志愿者扎根社区、由于相互了解而信任度高、组织灵活、交易成本低，能为社会提供各种精细化的公共服务。因此，发展志愿服务是我国创新社会治理模式、激发社会活力的重要途径，能为中国进一步发展带来改革红利，中国的转型和发展离不开志愿服务。

1.2.2 从 GDP 到 GPI，帮助改变社会治理模式

改变社会治理模式需要大力发展志愿服务体系。在中国现有的管理模式下，要发展志愿服务事业，必须引起政府主要领导的重视，这就需要通过改革政府官员的评价体系来实现，让他们真正认识到志愿服务的作用和意义。在我国已有的政府官员评价体系中，过分重视经济发展即 GDP 指标，而忽视了经济社会的真实进步。如果评价体系能让政府官员们更关注社会真实的进步将有助于改变社会治理模式。

中国经济增长方式和社会治理模式的转型，亟须将以 GDP 为导向的评价体系转变为以 GPI（或其他能更全面反映社会进步或福利水平的指数）为导向的评价系统，而这一切都需要以志愿服务经济价值测度为基础。

一、GDP 不能很好地反映社会的真实进步

国内生产总值（GDP）是指一个国家或地区在一定时期内经济活动中生产的所有最终产品和劳务的市场价值的总和，这是国民经济核算的核心指标，也是长期以来国际社会用来衡量一个国家或地区经济状况和发展水平的重要指标。各种最终产品的市场价值需要在市场上实现交易后才能获得，没有通过市场交易的最终产品和劳务，由于没有合适的市场价值，无法被政府的统计部门计入国民经济核算体系，因而也没有反映在 GDP 中。

在许多国家和地区，存在着大量对社会福利有重大影响的非生产性活动或地下交易等，这些都没有计入 GDP 中，如志愿服务、家务劳动、自给自足性生产等；同时 GDP 也只计算最终产品的价值，而不考虑生产过程中造成的损失，比如环境

污染问题、犯罪，难以全面体现经济发展的可持续性。越来越多的事实表明，GDP 已不能准确反映一国或地区国民财富的真实状况，也不能反映一个社会的真实进步状况。

总而言之，使用 GDP 衡量国民财富总量存在着严重的不足，这主要体现在以下五个方面：其一是 GDP 只关注市场交易数量，不管这些交易是增加还是减少了社会福利；其二是忽略了一些重要的收益和损失，比如志愿服务、家务劳动等价值，以及环境污染、犯罪等带来的成本；其三是不反映产品和服务的质量及其变化；其四是难以体现经济发展的可持续性；其五是偏离以民众福利为中心的发展要义，容易误导决策。

二、GPI 能更好地反映社会的真实进步

总体而言，人类的经济活动大致可以分为两种类型：增加社会收益和减少社会收益。现行的国内生产总值（GDP）指标体系，由于没有对这两种经济活动进行区分，同时也忽略了一些隐形的收益或损失，因此难以准确评价经济活动的真实效果。一方面忽略了非市场交易活动的积极贡献，如志愿服务、家庭劳动、生态环境等的价值，低估了其社会收益。另一方面把犯罪、自然灾害、环境污染、家庭解体等带来的支出，均视为社会财富，但这些支出实际上是减少了社会收益。GDP 已不能准确反映中国现阶段国民财富的真实状况，针对 GDP 指标的各种不足，许多国家和组织不仅通过改善国民经济核算账户，还提出了不同的替代指标。

针对 GDP 指标的各种不足，许多国家和组织提出了不同的替代指标。其中，真实进步指标（Genuine Progress Indicator，GPI）系统涵盖了社会、经济和环境三个账户，被公认为是检验一个国家或一个地区可持续发展水平较有效的工具。GPI 首先是充分考虑了对真实进步有贡献的因素，甚至包括无偿劳动所提供的价值。其中志愿价值、家务劳动就是经济贡献的要因，这基础上，一方面扣除对资源（主要包括土地、森林、土壤、海洋、矿产、水）、环境（包括生态环境、自然环境、人文环境等）的破坏性影响后的余额；另一方面扣除犯罪、事故、诉讼、破坏等带来的负面因素的影响，因而比较真实地反映了一个国家和地区经济健康程度和社会进步状况。

GPI 具有深厚的理论基础和实践经验，一些国家和地区相继付诸实施。目前，GPI 在北美、欧洲、澳洲、亚洲等地区都有运用，总计超过 20 个国家，如美国、加拿大、英国、德国、荷兰、瑞典、智利、丹麦、意大利、奥地利、韩国、日本、澳大利亚等。有些国家运用 GPI 时间比较长，已经积累了比较丰富的经验，比如加拿大的非营利组织“大西洋真实进步指数（GPI Atlantic）”，为该国新斯科舍省（Nova Scotia）设计的 GPI 指标体系，已经实施了超过 10 年。美国的运用更为广泛。2009 年，马里兰州政府首先决定编撰 GPI 年度报告，作为州内生产总值（GSP）的补充，截至目前，美国共有约 20 个州运用 GPI，对本地区的真实发展水平进行评估，并据以改进公共政策。

GPI 重新考虑 GDP 忽略的诸多方面，例如把志愿活动等的价值纳入国民经济核算中。不仅考虑从市场表面发生交易的经济活动，而且从社会效益、环境可持续方面衡量一个国家或地区的发展趋势，被国际社会公认为可以较全面地考察影响一个国家或地区社会进步的程度，并且该指数已经有了较完整的理论和实践支撑。

1.2.3 度量志愿服务经济价值可以提高公众的参与意识

国内对志愿服务的研究多集中在社会学和公共管理等学科。其实在国际上，度量志愿服务经济价值得到了越来越多的国际组织的重视和推动，2001 年联合国大会决议通过，呼吁各国政府“测定志愿服务的经济价值”；2011 年，国际劳工组织（ILO）联合联合国志愿人员组织（UVN）发布了《志愿者工作测量指南》，为志愿服务经济价值度量提供了国际性标准的标杆，许多相关研究和实践应运而生。但国内从经济学角度分析志愿服务的价值的研究成果有限，知晓度不高，价值测试发展还处于萌芽阶段，并未将衡量志愿服务经济价值的理论变为实践。

通过对志愿者行动经济价值的准确计算，提高公众的参与意识，既可以让大众了解志愿者对社会所做的贡献，也可以让每一名志愿者认识到自己所创造的价值。通过对志愿者行动经济价值的计算，不仅能准确地知道志愿者人数、参加服务时长、所做的工作，甚至可以知道志愿者群体在经济社会生活中的贡献，从而有利于社会公众更加深入地了解志愿者行动，促使他们支持志愿者行动，甚至亲自参与志愿者行动。

衡量志愿服务经济价值可以使志愿者行动所做的贡献更加明晰，以推动政府相应政策的制定。计算志愿者服务的经济价值，特别是其在一国国内生产总值中所占的比例，可以使整个社会认识到志愿者所做出的贡献。目前，世界各国政府之所以开始对志愿者表现出越来越大的兴趣，其中有一部分原因就是把志愿服务作为减少工作人员数量、节约开支的工具。中国志愿者联合会会长刘淇也强调借鉴西方研究成果，组织有关专家探索志愿服务社会经济价值测算的方法和途径，力争纳入 GDP 指标体系以及国家和省区市级年度统计数据，为实现志愿服务科学化制度化常态化奠定基础。

1.2.4 从经济学角度研究志愿服务

学界倾向于将志愿服务划分到社会学或是行政学范畴，往往忽视了志愿活动的经济价值，其实早在1986年Chadeau已将经济活动划分为五类：一是得到报酬并报告，以及一般列入官方统计的活动；二是合法或非法但没有报告的有筹活动；三是无偿的、面向居住在住户之外的人的活动；四是家庭内的无偿活动；五是其他活动。

经过近30年的发展，志愿服务经济价值测度的框架和技术基本成形，可信度和影响力逐步提高。2001年联合国大会通过决议，呼吁各国政府“测定志愿服务的经济价值”。2001年，联合国志愿人员组织（UNV）NGO合作，编写出了《计量志愿服务：实用工具包》。2011年，经过多次探索和改进，《志愿者工作测量指南》问世，标志着志愿服务经济价值测度的发展迈向了新台阶，首次详细系统说明价值测度的方法和体系。2007年澳大利亚统计局发现，该国有520万人提供了总共7.13亿小时的志愿服务，相当于146亿澳元的付薪工作时间。2010年孟加拉国统计局调查显示，该国有1658.6万名15岁以上居民提供了志愿服务，创造了大概16.6亿美元的经济价值，占当年GDP的1.7%。

因此，志愿服务在国民经济中的价值需要继续被挖掘和重视，经济学领域中的志愿服务相关研究也应该被学者重视，开拓新的研究方向。从经济学角度出发研究志愿服务，有利于扩展研究视野、开拓研究方向。

1.3 志愿服务调查的重要性

1.3.1 国内没有专门针对志愿服务的全国性大型调查

近年来，随着国内研究水平的突飞猛进和大数据时代的到来，仅仅依靠普查数据已经无法满足学者研究经济社会的需要，为了更好地记录社会变迁和经济转型，满足更加微观与严谨的研究需要，依靠探讨具有重大理论和现实意义的社会议题。许多研究机构有针对性地系统收集中国社会某方面的数据，为政府决策和社会科学研究提供重要的数据支撑，如中国综合社会调查（China General Social Survey，CGSS）、中国家庭动态跟踪调查（Chinese Family Panel Studies，CFPS）、中国健康与养老追踪调查（China Health and Retirement Longitudinal Study，CHARLS）、中国家庭收入调查（China Household Income Projects，CHIPS）。

综观已有的全国大型社会调查，主要分为两类：一类是系统地收集中国人与中国社会各个方面的数据，CGSS就是一个全国性、综合性的大型社会调查项目；一类是主要专注于某个特定的研究领域，CHARLS多用以分析我国人口老龄化问题跨学科研究。CHIPS被称为中国收入分配与劳动力市场研究领域最具权威性的基础性数据资料。但是侧重于我国志愿服务的调查基本是空白，数量成果非常有限，即使在综合性调查中稍有涉及，但是由于变量有限使相关研究受限，没有专门围绕志愿服务设计的问卷内容，导致缺失全国性的志愿服务经济价值测度数据，无法为相关研究提供坚实的数据基础。

1.3.2 现有志愿服务调查样本受限、内容单一

丁元竹（2001）带领志愿服务计量课题组开展国内真正意义上第一次全国性志愿服务调查时，在北京、上海、新疆、四川、黑龙江和广东采用随机抽样方法选择样本2000个，用自填问卷和入户访谈相结合的方法采集数据，这是在我国开展的第一次大规模志愿活动调查。根据这次抽样调查估计，我国2001年共有7.69亿年满18岁以上的居民以正式或非正式的方式参加志愿服务，志愿服务参与率为85.2%，他们总共贡献时间为189亿小时，人均年志愿服务时间为77小时，相当于2980万个全日劳动力，其贡献值折合人民币1968亿元。但是此次调查样本量较小，得出结论可能是有偏差的，不能真实准确地衡量全国志愿服务情况。

张网成（2011）2010年在六省市（北京、浙江、湖南、黑龙江、云南、甘肃）作了5400户家庭的抽样调查，估算得出2009年10月至2010年9月全国18岁以上的志愿者贡献志愿时长为158.39亿小时，折合人民币1088.37亿元。

北京师范大学社会发展与公共政策学院在2011年完成中国27个省108个城市对超过5000个家庭社区的共计14210人的当代中国公民公益行为全国抽样调查数据，在国家统计局数据基础上更注重考量了非正式志愿者的情况，虽然覆盖面广、参与人数多，但是在每个抽中的城市中仅抽取4个社区进行入户调查，样本存在偏差的可能性较大，样本的代表性不强，倾向于从社会学角度分析中国社区志愿服务现状，关注经济条件、受教育程度和志愿者群体参与率的情况，对于志愿服务的经济价值探讨较少，无法直观衡量志愿服务对经济的贡献程度。

1.3.3 中国志愿服务经济价值测度的目标

借鉴西方研究成果，探索志愿服务社会经济价值测算的方法和途径，力争纳入GDP指标体系及国家和省区市级年度统计数据，为实现志愿服务科学化、制度化、常态化奠定基础，扩大志愿服务的持续性和影响力，不仅向社会宣扬志愿服

务的精神文明建设成果，更可以向社会直观展示其创造的经济价值，

自中国志愿者联合会成立以来，大力普及志愿理念，弘扬志愿精神，培育志愿文化，组织开展志愿服务活动，推动志愿服务理论研究，不断扩大志愿服务的影响力。为了获得中国志愿服务发展的最真实资料和第一手数据，深入准确了解中国志愿服务的发展状况，测算志愿服务对经济社会的贡献，中国志愿服务联合会委托北京师范大学开展“中国志愿服务价值调查”课题研究项目。本次“中国志愿服务价值调查”旨在准确了解中国志愿服务发展的现状、趋势与问题，测算志愿服务对经济社会的贡献，从而为下一步的志愿服务工作提供数据支持，推动我国志愿服务的发展。

第 2 章　志愿服务经济价值测度文献综述

2.1　志愿服务的价值

志愿服务在许多领域都能发挥重要的作用，这已经成为国际社会的共识。这些领域包括消除贫困、改善基础健康与教育事业、提供安全饮用水和基础卫生条件、缓解气候变化与环境问题、防灾减灾与应急救援、打击社会排斥和暴力冲突等，志愿服务能为社会和人民带来幸福，为和平与发展作出贡献。志愿服务也成了许多非政府组织、其他民间社会组织以及社会活动的中坚力量（Leigh et al.，2011）。大部分针对志愿服务的文献与报告均认为，志愿服务的价值体现是多维的；在志愿者进行志愿服务的过程中，个人、企业、社区、政府都能从中受益（Mukwashi et al.，2015；Fujiwara et al.，2013；Hayward & Colman，2012；Salamon，2011；Leigh et al.，2011；Graff，2009）。

Graff（2009）通过一个多维模型对现实中志愿服务价值的传导机制和复杂性进行了描述。从图 2－1 中可以看出，志愿服务不仅会为接受服务的人带来直接的福利；同时，其价值也会体现在与志愿服务有关的每个要素之中。

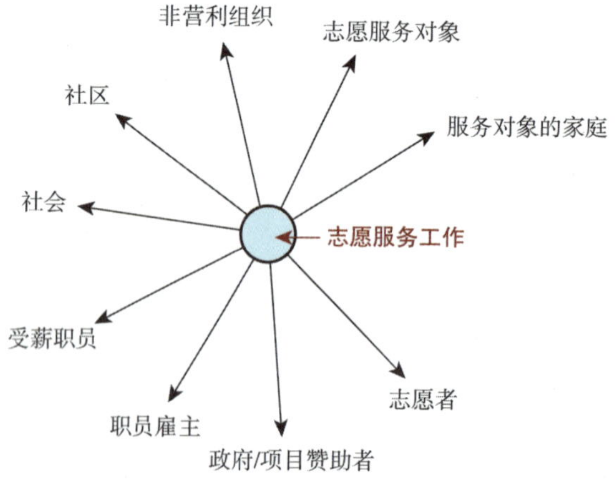

图 2－1　志愿服务价值的多维模型

来源：Graff（2009）。

2.1.1 志愿服务的经济价值

随着志愿服务事业在全球的迅速发展，越来越多的国家开始将“志愿服务者”视为本国劳动力的重要组成部分之一。据美国约翰霍普金斯大学的研究人员 2011 年的估计，全世界每年约有近 10 亿人参与志愿服务工作。根据 Salamon and Sokolowski（1999）基于 37 个国家的数据测算结果，上述国家中每年共有约 1.4 亿人参与志愿服务活动，占这些国家成年人口总数的约 12%。这些志愿者每年提供的劳动力等同于 2800 万全职工人，远高于这些国家的公共事业总雇员数。在加拿大，2010 年共有 1330 万人参与志愿服务活动，服务时长共 21 亿小时，等同于加拿大全国全职工作者提供的劳动力的 8%。

志愿者们无私奉献的劳动，创造了 GDP 未统计在内的巨大经济价值。如果用重置成本法进行估计，2005 年全球志愿服务创造的经济价值高达 1.348 万亿美元。如果将这些经济价值视为一个经济体的总产出，则该经济体的 GDP 等同于当年中国 GDP 的一半多，排在加拿大、西班牙之前，位居世界第七位（Salamon et al.，2011）。据加拿大统计局估计（Statistics Canada，2006），加拿大志愿者每年所创造的经济价值，既高于农业，也高于汽车制造业。2010 年加拿大的志愿服务总经济价值高达 500 亿美元，等同于该年度加拿大 GDP 总量的约 3%（Alexander & Gulati，2012）。

2.1.2 志愿服务对社区与社会的价值

志愿服务能为社区与社会创造的价值不只是经济价值。志愿活动不仅能通过提供义务劳动提升社区的生活质量，志愿者的无私奉献也会建立人与人之间的信任，促进社会团结，让社区充满关爱，从而提升人们的幸福感。

大量的社会科学研究表明，志愿服务工作可以通过累积社会资本（social capital）对社区带来社会和经济效益。社会资本的形成是经济可持续发展的关键。实证研究表明，社区社会资本的增加，会伴随着暴力犯罪和死亡率的下降，以及教育投入回报和家庭收入的增加（Sander & Putnam，1998）。与此同时，社会资本的积累也能促使更多人参与到志愿服务中，从而形成新的社会关系，促进了人与社会的和谐发展。因此，志愿服务和社会资本会互相促进，形成一个良性循环。

2.1.3 志愿服务对政府治理的价值

在政府治理层面，志愿服务可以为公共事业管理发挥重要的补充和监督作用。志愿者可以作为政府管理的辅助，在例如应对重大自然灾害与大型活动举办等许

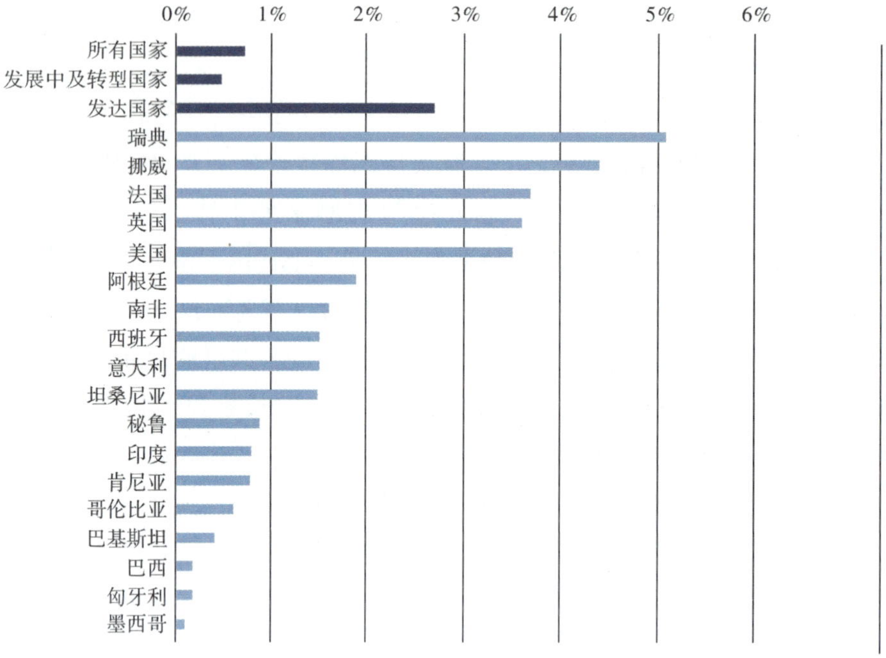

图 2－2　志愿服务经济价值与一国 GDP 的对比

来源：Salamon（2008），第一行“所有国家”为 36 国平均值。

多方面都能发挥非常重要的作用。以中国为例，不论是应对 2008 年的汶川大地震，还是在 2008 年北京第 29 届奥运会、2010 年上海世博会和广州亚运会期间，志愿者们无偿提供的志愿服务都作出了重要贡献。

此外，很多志愿服务活动在举办过程中，也可以通过与政府和其他权力机构的合作，对政策制定者产生一定的影响。志愿者通过为贫困人口和社会边缘人群发声，建言献策、表达观点，促使政府采取更加有针对性的处理方式与政策工具，在减少不平等方面作出了很大的贡献，使得政府治理更加公平、有效。例如，巴西在 1988 年通过了“公民宪法”，规定生命健康是公民的基本权利。在之后的 20 年中，巴西公共卫生资源在区域间的分布更加均衡，不仅区域间和区域内的不平等现象有所减少，整体的健康不平等情况也有所缓解。在整个发展过程中，不断争取全民医疗权利的志愿者，通过促进政策制定者、卫生专业人员与用户代表之间的沟通，为减少公共卫生资源分配不均作出了重要贡献（Mukwashi et al.，2015）。

志愿服务在一定程度上也促进了政治参与度，尤其是有利于年轻人政治参与度的提升。Kurtz（2012）认为，社区内进行的志愿活动会增进青年对政治参与、对重要议题产生影响等方面的自信，从而促使青年在政治领域投入更多的精力。Youniss 和 Yates（1997）也指出，在志愿者项目中，与他人协作的经历有助于对抗青年以自我为中心的习惯，使他们在存在不同的观点和视角时能够更加全面地思考，并通过协商的方式解决问题，从而提升了青年的公民意识。

2.1.4 志愿服务对企业与组织的价值

慈善捐助、员工志愿服务等企业实现社会责任的手段可以上溯至19世纪。近年来，随着现代企业的发展与时代的变革，越来越多的企业从过去仅仅向慈善机构提供捐赠，转向通过员工提供志愿服务以更深入的形式参与慈善活动。在2010年，仅有约10%的美国企业增加了慈善捐赠，而16%的企业选择减少捐赠。然而，与此同时，大部分企业鼓励员工增加志愿服务的时间（Barton et al.，2010）。

企业的这种转变与志愿服务为其带来的价值密不可分。作为志愿服务提供者的企业，其员工参与志愿服务对企业本身也会产生回报。在员工通过志愿服务为社会免费贡献自己的知识和技能的同时，企业员工也可以在志愿服务的过程中拓宽自己的视野，得到更广泛的社会经验。此外，企业参与志愿服务活动，有时在活动过程中也可能为企业带来看待其核心业务的新视角。

对于接受和提供志愿服务的企业和组织来说，志愿服务与有偿劳动并不是相互排斥，而是相辅相成的。一方面，志愿者提供的一般是临时性的劳动，一般无法替代普通员工的工作；志愿者一般也不具备参与专门工作的经验与技能。另一方面，志愿者在进行服务的过程中，能以与普通员工不同的方式（例如师徒式的经验传授等）为企业作出贡献。如果组织得当，志愿服务和普通员工的有偿劳动可以相辅相成，在共同完成任务的过程中发挥各自的作用（Salamon，2011）。

2.1.5 志愿服务对志愿者自身的价值

志愿服务对志愿者自身的价值也不可忽视。志愿服务工作不仅会通过提供无偿劳动为社会带来经济价值，也会为志愿者自身带来心理满足与幸福感的提升。大量文献（Fujiwara et al.，2013；Meier & Stutzer，2008；Greenfield & Marks，2004）均表明，参与志愿服务与个人心理健康程度、满足感、幸福感等因素显著正相关。Meier和Stutzer（2008）通过针对东、西德统一设计的自然实验，发现人们由于“被迫”无法每周或每月参与志愿服务活动，对生活的满意程度下降了约2%。Fujiwara等.（2013）使用英国家户长期追踪数据库（British Household Panel Survey，BHPS）数据，利用2000年、2002年、2004年、2008年四年的数据对志愿服务活动的价值进行了测算。其研究结果显示，以2011年价格折算，经常参与志愿活动的志愿者由于每年参与志愿服务活动导致生活满意度的提升，相当于年收入增加了约 13500 英镑。

此外，参与志愿服务的经历也可以为志愿者提供一定的就业培训和就业机会，提升志愿者的社会参与度，例如多哥政府于 2011 年 9 月发起的 PROVONAT 项目。在项目实施前的 3 年中，共培养青年志愿者 4280 名。志愿者通过在通信、健康、农业、环境等领域进行志愿服务，得到了锻炼并提高了自己的就业能力，其中超过 40% 的参与者由于志愿服务经历找到了工作（Mukwashi et al. , 2015）。

2.2 志愿服务经济价值测度的意义

2.2.1 真实反映一国劳动力水平与社会进步

由于对志愿服务活动的经济价值进行度量在技术上存在一定的困难，因此，传统 GDP 核算系统一直没有将志愿服务的发展计入国家和地区的发展成果。2005 年，联合国秘书长在国际志愿者年的补充报告中重申，强调各国应将志愿服务纳入国家发展规划，并指出这一目标的主要制约因素仍然是对志愿服务经济价值测度的数据有限（UN General Assembly, 2005）。

然而，志愿服务作为非正规劳动的一部分，已经在越来越多的领域发挥其重要作用，为社会创造了巨大的价值与贡献。据英国国家统计局在其代表联合国展开的一项研究结果中称，“地下经济与非正规劳动”是成员国“在劳动统计中最应当优先关注的三个领域之一”（UN Economic and Social Council, 2008）。第十八届国际劳动统计学家会议在其会议报告中指出，对志愿服务的经济价值进行测度，不仅体现了对志愿服务工作在应对自然灾害、普及农村教育等项目中重要贡献的认可，而且有助于劳动统计数据更真实全面地反映一国劳动力情况（International Labour Organization, 2009）。将志愿服务作为非正规劳动纳入劳动统计，不仅能提高劳动统计的覆盖面、质量和成效，而且能更真实地反映一国劳动力的水平与构成。

表 2－1　GPI 指标设置举例

序号	符号 （“+”为贡献，“—”为成本）	名称
一、经济指标（7 个）		
1	+	个人消费支出
2	—	收入分配不均
3	+	调整后的个人消费支出
4	+	耐用消费品服务
5	—	耐用消费品成本
6	—	失业
7	+	净资本投资
二、环境指标（9 个）		
8	—	水污染
9	—	大气污染
10	—	噪声污染
11	—	湿地减少
12	—	农田减少
13	—	森林覆盖面积减少
14	—	气候恶化
15	—	臭氧损耗
16	—	不可再生资源消耗
三、社会指标（10 个）		
17	+	家务劳动
18	—	家庭破裂
19	—	犯罪
20	—	个人污染减排
21	+	志愿服务
22	—	休闲时间减少
23	+	教育投入
24	+	高速公路和街道服务
25	—	通勤
26	—	交通事故

事实上，GDP对于经济发展、人民生活水平提升的反映也有诸多不尽如人意之处。1934年，西蒙·库兹涅茨在首次向美国国会提交GDP报告时，就曾警告说："一个国家的福利如何，几乎无法从国民收入的数量来判断"（Kuznets，1934）1967年，美国参议员罗伯特·肯尼迪对GDP进行了公开的激烈批评："在GDP中，大气污染、香烟广告、为救助交通事故负伤者而出动的救护车，都被作为经济效益计算进去了。但是，GDP不包括孩子们的健康状况、教育质量和游戏的快乐，也不包括诗歌的优美、公共辩论的智慧和公务员的廉正……总之，它测算一切，但是真正使生命有意义的东西却被排除在外。"

多年来，经济学家们一直在积极研究更加科学的宏观经济核算体系。1995年，美国经济学家约翰·科布提出了新的核算体系——"真实进步指数（Genuine Progress Indicator/Index）"，缩写为GPI。GPI扩展了GDP的核算框架，设立了经济、环境和社会3个账户，下设26个指标（各地具体情况会有所不同，指标举例见表2-1）。GPI重新考虑GDP忽略的诸多方面，把非市场服务的价值计入，同时减去自然和社会资源等的消耗，因而能够更好地反映出现行经济模式是否可持续。

由于计算的加项与减项不同，GPI与GDP的计算结果可能会有明显差异。以美国为例，在1950年到2004年这长达50多年的时间里，GDP一直在稳定增长，说明美国变得越来越富裕；而GPI所反映的情况则有所不同，20世纪50年代和20世纪60年代，人均GPI与GDP增长率基本相同，但从1970年到2000年，人均GDP在上升，而人均GPI却基本持平，甚至少数年份还略有下降（见图2-3）。

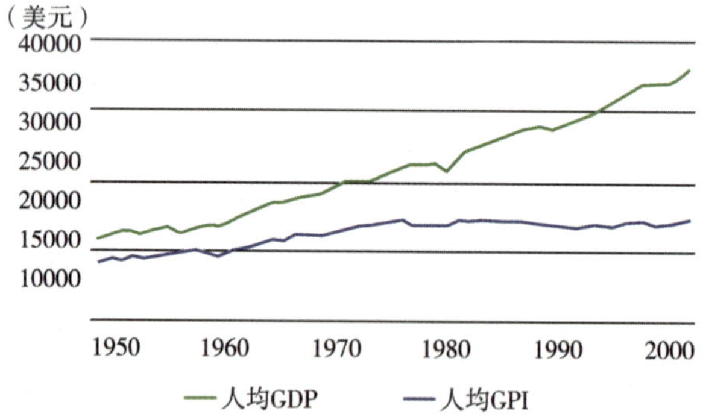

图2-3　美国1950—2004年实际人均GDP与人均GPI比较
（以2000年不变价格计算）

来源：Talberth et al.（2006）。

GPI自问世以来，受到了国际社会越来越广泛的关注、接纳和应用。目前，全世界有20多个国家和地区、美国约有20个州，在运用GPI来衡量发展成效。有些国家如加拿大，已经实施了10多年，积累了丰富经验。志愿服务作为社会账户里的一个指标，也成为衡量社会进步的重要标尺。

2.2.2 提升非营利组织管理与政府治理能力

志愿服务缺乏系统的经济价值测度数据，同时也限制了政府、非营利组织与企业更有效地利用这一重要资源。

从政府角度看，只有准确地了解包括经济价值在内的志愿服务价值，才能在政策制定时更好地纳入与志愿服务相关的因素，进行系统全面的规划。一般而言，没有进行准确价值测度的项目通常受到的重视程度更小，在政策制定时常处于次要地位（Hayward & Colman, 2012）。在没有准确的经济价值测度和系统数据的情况下，政府很难对志愿服务的实施情况和志愿服务所创造的价值有准确、直观的理解。而在政府制定志愿服务相关政策时，也需要可靠的数据作为政策制定的依据，这样才能充分利用志愿服务资源，提升国家的整体福利水平（Leigh et al. , 2011）。

从非营利组织角度看，准确测度志愿服务的经济价值有助于非营利组织增强对志愿者的管理，并获得更多政府的支持。研究表明，志愿服务与有薪工作一样，只有管理得当才能发挥最大的效果。如果不能全面了解、准确评估志愿活动的价值，非营利组织在获取与安排志愿者资源时就会较为随意，从而导致部分志愿服务的收益仅略高于甚至低于其实施成本（Graff, 2006）。只有通过对志愿服务进行准确的价值测度与系统统计，才能将非营利组织的自身情况与世界其他各国、各地区的其他志愿服务项目与组织的情况进行横向对比，并对“什么样的项目会更受志愿者青睐”“哪个地区/哪部分人群志愿服务参与程度更高”“制约人们参与志愿服务活动的主要因素是什么”等这些问题进行回答和预测，从而提升组织的运行效率，吸引更多人参与志愿服务活动，让志愿者更好地服务社会大众。而在非营利组织与政府配合的过程中，也需要提供这些信息，以便政府有针对性地制定政策，鼓励和支持志愿服务活动的发展。

2.2.3 鼓励个人与企业积极参与志愿服务

缺乏对志愿服务经济价值测度的系统数据，一定程度上会降低个人和企业参与志愿服务的意愿。与其他形式的慈善事业一样，在志愿服务中个人获得的回报不是物质方面的，而是社会认同和心理满足。如果在现有的价值核算体系中忽略志愿服务，这种社会认同和心理满足的回报就会大大降低。志愿者参与志愿活动的持续性是很多非营利机构面临的重大问题。在美国，2006 年参与志愿服务的 6100 万名志愿者中，有 1/3 的人在接下来的一年中并未继续参与有组织的志愿服务活动，因此带来的间接经济损失（以劳动力价格估算）高达 380 亿美元（Eisner et al.，2009）。而无法准确获知自身通过志愿活动所创造的价值，是志愿者不愿持续参与志愿活动的重要因素之一。

对志愿服务经济价值进行准确测度，有助于志愿者和企业了解自己参与的志愿服务项目的价值，从而增加他们参与志愿项目的意愿。准确测度并向社会发布志愿服务经济价值的数据，能提高志愿服务的知名度，突出志愿者工作的重要性，激励志愿者参与更多的志愿服务活动，为解决社会、环境和经济问题提供额外的资源。与此同时，获得关于志愿服务的准确信息，也可以为志愿者和企业提供志愿服务项目的整体图景，以便他们对项目进行进一步宣传，或对志愿服务项目进行监督。

尤其对于企业来说，参与志愿服务会对企业自身与员工带来多方面的影响，这些有可能间接影响到员工绩效与企业利益。所以，企业也需要志愿服务价值测度与其他方面的系统数据，对参与志愿服务对员工生产力、满意度方面的影响，或对参与志愿项目导致企业社会影响力提升方面，进行定量评估。根据《中国企业志愿服务调查报告（2015）》的数据显示，在曾组织开展过员工志愿服务活动的被调查企业中，只有三成左右（32.0%）企业曾对开展过的志愿服务项目进行过评估，而很多评估也仅仅局限在对活动层面进行评估，缺乏对志愿服务经济价值的准确测度（王忠平等，2015）。这也要求各相关机构在今后的志愿服务项目实施后进行经济价值测度，为企业提供定量的经济价值等方面的数据，而不仅仅只是关于志愿服务活动内容和成果的简单定性分析。

2.2.4 志愿服务经济价值测度对我国的特殊意义

中国作为世界上最大的发展中国家，建立自身的志愿服务经济价值测度体系尤为重要。近年来，我国志愿服务事业发展迅速，志愿者队伍不断发展壮大。2015年，我国注册志愿者人数超过1亿，占人口总数的7.27%，全年共提供15.59亿小时的志愿服务时间，创造了约600亿元的价值（杨团，2016）。然而，虽然志愿服务的经济价值测度在国际上已有通行的标准和较为系统的统计方法，目前我国依旧缺少全面对本国志愿服务经济价值进行系统测度的学术成果，更遑论在国际标准的基础上，形成适应中国国情的志愿服务经济价值测度体系。

此外，历史上系统地对志愿服务经济价值进行过测度的多为西方发达国家，如美国、加拿大、英国、澳大利亚、新加坡等国家，而发展中国家中仅有不丹、菲律宾等数个国家进行过类似的测度。因此，建立中国自己的志愿服务经济价值测度框架，不仅能够支持中国志愿服务事业的进一步发展，也可以为全球志愿服务事业发展提供“中国经验”。

2.3 志愿服务经济价值测度的方法

2.3.1 志愿服务经济价值测度的基本公式与方法

志愿服务经济价值的测度方法并不复杂，主要的问题是志愿服务没有纳入GDP的核算系统，因而缺乏数据支持。世界各国对志愿服务经济价值的测度基本上分为以下两步：

第一步，折算志愿服务的总工时数。由于缺乏直接的统计数据，志愿服务的总工时数主要通过志愿者人均服务工时数乘以志愿者总数进行折算。如果在折算时缺乏志愿者总数的统计数据，可以在适龄人群中进行随机抽样调查，测算出志愿者的比例和数量。

表2－2 志愿服务经济价值测度公式

测度内容		测度方法	备注
志愿服务总工时数	志愿者比例	调查样本中的志愿者人数/样本总量	若现有统计未包含对志愿者人数的测度。可以通过以上方式进行折算
	志愿者总数	志愿者比例×适龄人群总数	
	服务总工时数	志愿者人均服务工时数×志愿者总数	
志愿服务经济价值		志愿服务工时工资×志愿服务总工时数	

第二步，将折算出的志愿服务总工时数乘以志愿服务工时工资，计算出志愿服务的经济价值。

由于世界各国各地区在进行志愿服务经济价值测度时，存在志愿服务与志愿者定义、数据可得性、是否区分正式/非正式志愿服务、工时工资折算方式等方面的差异，因此在具体处理方面有所不同。

2.3.2 志愿服务经济价值测度的关键问题与处理方法

一、志愿者人数的测度

志愿者是志愿服务的主体，准确界定其范围，是开展价值测算的前提条件。在一部分国家和地区，现有统计已经包含了对志愿者人数的测度。但大多数国家和地区不具备这样的条件，此时就需要在适龄人群中进行随机抽样调查，测算出志愿者的比例和数量。然而，志愿者的概念与文化、历史等因素密切相关，在不同的国家、组织和群体中，往往会有不同的理解。因此，在进行测度之前，首先要准确界定志愿者的范围。

首先，需要确定志愿者的年龄界限。一些国家对此有不同的标准，比如美国的规定为16周岁以上（Bureau of Labor Statistics，2016），而不丹王国“国民幸福总值（GNH）”账户的统计标准是15周岁以上（Hayward & Colman，2012）。Salamon（2011）建议：志愿者应该年满15周岁，因为这个年龄在多数发达国家和很多发展中国家，都作为就业人口常用的最小年龄，也有利于避免强迫情形的发生。他同时又提出：如果当地可以避免强迫问题，也可以选择更低的年龄下限。事实上，就全球来看，15周岁以下的青少年，也是志愿服务的积极参与者。几乎所有的国家，都非常重视培养青少年的志愿精神，积极鼓励其参与志愿服务活动。因此，对于青少年在这方面作出的贡献，应该予以认可。为了提高数据的可用性及可比性，可以对不同年龄段的志愿者分开单独统计。比如，美国劳工统计局（Bureau of Labor Statistics，BLS）每月开展当前人口调查（CPS），其中对志愿者进行年龄、性别、种族等分类统计。据该局数据，2014年9月至2015年9月，美国16周岁以上公民有24.9%（约6260万）至少参与了一次志愿服务活动（通过或服务于某个组织）。分年龄段看，16—24岁、25—34岁、35—44岁、45—54岁、55—64岁及64岁以上公民，参与比例分别为21.8%、22.3%、28.9%、28.0%、25.1%和23.5%（Bureau of Labor Statistics，2016）。

其次，需要确定是否将非注册志愿者提供的志愿服务纳入计算。从理论上讲，志愿者身份的认定，关键在于其是否提供了志愿服务。但是在某些国家，比如美国劳工统计局规定，志愿服务需要“通过或为了某个组织”；加拿大和丹麦的统计局，则明确规定志愿者是为非营利组织工作。这样，志愿者自然就需要在这些组织注册。对此，Salamon（2011）提出这样的建议：志愿服务是否注册或通过某个组织无所谓，只要提供了“无报酬、非强制的工作”即可。同时列举了范围广泛的工作内容，包括为社区或组织筹款，参与学校、图书馆、非政府组织、宗教机构等的管理工作；美化社区，如收集垃圾、整修花园等；帮助家庭成员以外的人，如准备食物，运送人员、物品等。显然，这里面并不涉及注册的问题。由此，志愿者可以分为狭义志愿者与广义志愿者：前者是指以某种形式在一些非营利性组织或志愿组织进行注册，获得正式身份认可的志愿者；后者除了前者，还包括没有经过系统注册，直接向受助者提供服务的志愿者。

非正式志愿服务一直是志愿服务的重要组成部分，有时甚至是主要形式，其规模可能超过正式志愿服务。例如，根据美国国家和社区服务社团网站的数据，2015年美国有1/4左右的居民参与正式的志愿服务，但2013年美国市民生活调查数据显示：美国居民参与非正式志愿服务（如帮助邻居）的比例则高达62.5%。

Colman（1998）认为，在加拿大新斯科舍省（Nova Scotia）所有的志愿服务中，正式志愿服务只占1/3，而非正式志愿服务则占到2/3。由于受尊老爱幼、助人为乐等传统文化和习惯因素的影响，在我国也存在大量非注册志愿者提供的志愿服务，如邻里互助、为陌生人提供临时帮助等。调查显示，虽然世界部分发达国家和地区的注册志愿者比例高于东亚与中国，但东亚受访者进行过“无偿的志愿服务”的比例依旧是最高的。据此，从准确度量志愿服务经济价值的角度来看，非正式志愿服务理应纳入测度范围。通常情况下，由于注册志愿者与非注册志愿者进行的志愿服务会在专业性、工作时长等方面存在系统性的差异，并且注册志愿者服务的具体内容与产生的成本（志愿服务提供过程中由于管理、食宿、通勤等产生的成本）会得到更好的统计和度量，所以，可能在工时工资与成本的测度上应当对二者进行适当的区分。

在界定了志愿者的范围后，如果在测度时缺乏志愿者总数的统计数据，就需要通过随机抽样调查的结果进行测算。此时，要做到真正的随机，使样本反映的情况具有代表性；否则，就必须根据其他数据进行加权调整。

二、志愿服务工时测度

志愿服务工时是价值测算的关键内容，因为这既是志愿者最重要的投入，也是志愿服务经济价值的主要衡量指标。工时测度的主要问题是如何获得比较准确的人均工时数据。一些欧美发达国家，定期开展人口调查、家庭调查或闲暇时间使用调查等，会收集和公布相关数据。即使在这些国家，数据的覆盖年份通常也很有限。而很多发展中国家，则根本就没有这样的官方数据。这时，可以根据有数据的年份，推算其他年份的数据，或者根据文化相近国家或地区的比例进行折算，或者粗略地采用有数据国家的平均值。

除此之外，如果想获得更加精确的数据，就需要有针对性地开展专项调查。联合国经济和社会事务部（2005）提出，如果通过调查来获取数据，主要可以采取两种方法：一是对居民住户进行抽样调查，二是调查参加非营利组织的志愿者。一般来说，第一种方法更为精确，但缺点是操作难度大；第二种方法只对特定人群（志愿者）进行调查，并且还排除了非正式志愿者，不够全面，但优点是操作相对容易。不同的国家和地区，可以根据自身情况选择调查方法。

至于如何认定志愿服务的时长，国际上也有一些争议。比如：应该采用志愿服务的合同小时数还是实际小时数，是否应该包括交通时间等。严格来讲，志愿服务时长应该只包括服务实际发生的时间，即真正提供产品或服务的时间。同时，志愿服务的通勤时间，应该计入成本而非收益，以更加准确地衡量该志愿服务项目的经济合理性。联合国经济与社会事务部（2005）就持该观点：“对于经济分析，最合适的定义是生产活动——无论是有偿还是无偿活动——的实际工作小时数。”我国民政部《志愿服务记录办法》也明确规定：志愿服务时间是指志愿者实际提供志愿服务的时间，以小时为计量单位，不包括往返交通时间（民政部，2012）。

另一个问题，对于非正式志愿服务，是否需要设定时长下限，即至少提供多长时间的志愿服务才算有效。对此，国际劳工组织（Salamon，2011）建议，在调查时间段内（推荐为4周，即调查对象在调查前4周内参与志愿服务情况），志愿者至少应参与志愿服务1小时以上，理由是：少于1小时不方便测算。这个建议有一定的道理，但在现实生活中，短时间的志愿服务非常普遍，比如只用几分钟帮助一位老人过马路等。从鼓励志愿服务及提高测算准确度来说，对于短时间的志愿服务，也不应该排除在外。特别是这种情况数量较多，在网络志愿服务中更为常见，有必要进行统计。解决的办法，可以将这些时间加总，或者根据调查情况，评估一个适当比例，将志愿服务总时长适度上调。

三、志愿服务工时工资的测度

志愿服务是无偿的，没有通过市场交换因而也没有市场价格。要确定志愿服务的工时工资，只能参照其他的工资标准。国际上有很多方法来解决这一问题，比如使用社区雇工的工资、法定最低工资、国家或地区的平均工资等。也正是由于方法较多，工资标准不一，测算出的经济价值往往差异较大。目前讨论较多的方法有两种：一是机会成本法（the opportunity cost approach），二是重置成本法（the replacement cost approach）。

机会成本是经济学分析中常用的词汇。机会成本法是根据志愿者的本职工资，计算如果将参与志愿服务的时间，用来做本职工作所能够获得的收入，即参与志愿服务所放弃的收入，即参与志愿服务的机会成本。重置成本法是根据市场上同类有偿劳动的报酬来进行计算，通常采用同类职业的平均工资，或者本地职工的平均工资。机会成本法在理论上可行，也适用于某些情况，但是对数据统计往往要求过高，需要了解每个参与志愿者的工资水平，因此，实际可行性较低。尤其是如果有无业人员参与志愿服务时，则其工资水平无法确认。另外，根据志愿者身份来确定其服务价值也不太合理。比如清扫社区，无论志愿者是企业家、银行家、官员、学者，还是普通工人、失业者，其服务的成果都是非常相似的，因此价值也不应该有很大的差别。

综合上述几个方面，重置成本法在实际操作中要更好一些，但是也存在不足之处：难以体现专业和非专业志愿者在服务效率及质量上的差异。比如，专业司机帮助开车运送物资或人员，他们通常在经验、效率及安全性等方面要好于一般志愿者，工资水平也理应更高一些。此外，由于缺乏对志愿者进行志愿服务时的具体工作内容的统计，重置成本法在现实运用中也常受限于数据可得性，往往很难将志愿服务进行细化并与同类职业的平均工资一一对应，而只能采取大类职业或本地职工的平均工资。

一些学者如 Pho（2008）、Salamon（2011）等人，通过实证比较研究，认为重置成本法更为合理和适用。但是，大部分国家和地区没有非常精细的、针对志愿服务的问卷调查数据，无法将志愿服务进行细化分类，然后再按细化后的工资使用重置成本法。联合国经济与社会事务部（2005）针对这一情况，建议退而求其次，即按照社区、福利和社会服务等职类的平均工资来计算。这一方法的基本逻辑是：志愿者的大部分工作与此类职业比较接近，而且这些职业的工资率一般都接近收入水平的低端，但还不是最低水平。根据目前许多国家和地区志愿者实际从事工作的数据来看，进行这样的保守估计还是比较合适的。

在对工时工资进行测度时，也需要考虑是否要区分出专业的志愿服务。将志愿服务区分为专业与普通，显然有利于更加精确地测算。目前的情况是，多数的国家和组织不做区分。不区分的原因，并非是没有必要，而是因为数据的可得性差，且分类定价相对更为复杂，工作难度较大。如果有条件获得更为精确的数据，进行这类区分还是很有必要的。比较合理的方法是对志愿服务进行分类统计，主要依据的是志愿服务的工作内容或岗位职责，而非志愿者本身具备的技能或者其本职工作的性质。如果有可能，还应明确志愿服务所发生的行业或领域，通过不同岗位的工资水平对志愿服务的工时工资进行更加精细的核算，以便深入分析各类志愿服务的效益，进一步合理分配社会资源。

总而言之，对于工时工资测度方法的选择，没有绝对的对错之分。在选择时，需要考虑的因素主要有两点：一是合理，适用于测算对象；二是可行，数据可得且成本适当。之所以要确定志愿服务的工资水平，主要是为了测算出一个以货币为单位的志愿服务经济价值，以方便进行比较分析，或者将其纳入国民经济账户。如果仅就志愿服务本身来说，无论是计量还是比较，以工时为单位要更加科学和简便，同时也能减少由于工资水平不同而造成的差异。

四、志愿服务其他成本的测度

通过机会成本法或重置成本法，考察志愿者所付出劳动的价值，从而得出志愿服务的经济价值，这样做会忽视很重要的一点：志愿服务过程中产生的其他成本。事实上，“志愿”服务资源并不是“免费”资源。Gaskin（1999）通过对英国、荷兰、丹麦这三个国家的八个机构进行的研究表明，志愿服务在每创造 1.30—13.50 英镑不等的经济价值时，也会同时带来 1 英镑的成本。美国 Public/Private Ventures 组织通过对志愿者的基本维护成本进行考察后同样发现，志愿项目每年一名志愿者的基础维护费用（遴选、培训、管理等）约为 300 美元（Grossman

& Furano, 1999)。Graff (2006) 对部分非营利机构在志愿者招募与管理方面的随意性进行批评之后也进一步提出，只有在志愿服务项目管理中进行成本—收益分析，才能保证志愿者所创造的价值大于其成本。

表2-3 志愿服务组织支出项目

支出类型	内　容
志愿服务组织管理者工资费用	年工资支出（包括机构雇员在内的）
其他雇员（非专职志愿服务组织工作人员）的工资费用	年工资乘以一年工作中志愿服务工作的占比
广告与招聘费用	制作、印刷、广告投放等
志愿者就职与培训费用	材料准备、其他外部培训等
志愿者花销	需要报销的通勤或其他志愿者的自付费用等
志愿者管理、支持与奖励费用	会议举办，证书颁发等
后勤与装备费用	防护衣、绷带、设备（工具）等
食物与招待费用	志愿者在服务过程中为其提供的点心、招待等
志愿者保险费用	机构缴纳总保费乘以全部保险中志愿者保险的占比
与志愿服务相关的建筑成本	仅用于开展志愿服务活动而搭建、租赁、使用建筑的费用

来源：Volunteer Centre Edinburgh (2013)。

在一般研究中，通常将志愿服务成本分为两类：第一类是负责招募、管理志愿者与发起、跟进志愿活动的非营利机构的运营成本；第二类是志愿者在进行服务过程中个人承担的成本。对于第一类成本，可以通过核算非营利机构的各项支出进行统计；第二类成本一般被称为自付费用（out - of - pocket expense），可以通过对志愿者的抽样调查来进行统计。由于第二类成本很难对非正式志愿者进行调查统计，所以一般假定二者在志愿活动中的自付费用是相近的。据此，Colman (1998) 的测算结果显示，1997 年加拿大新斯科舍省的志愿者在创造将近 20 亿美元的经济价值的同时，也支付了 1.28 亿美元的自付费用。

2.4 志愿服务价值测度的其他角度

2.4.1 关键问题

如前所述，志愿服务的价值体现在很多方面，不仅包含经济价值，也包含提升如生活满意度、社会资本、政府治理能力等其他方面的价值。近年来，有学者也尝试对这一部分价值，尤其是志愿服务对志愿者自身的价值进行实证与量化研究，并得出了比较一致的结论，如志愿者更不容易患抑郁症（Wilson & Musick，1999）；老年人参与志愿服务经历与其生活满意度呈显著正相关（Wheeler et al.，1998）；随着年龄的增长，志愿者的健康状况会好于其他人群（Stephan，1991）等。然而，多数以上针对志愿服务其他价值的研究有三个缺点。

第一，一部分研究使用的志愿服务价值数据来自志愿者的主观评价。相对而言，由于志愿者本人对自己所参与的项目更有可能给出更高的评价（Meier & Stutzer，2008），所以使用这样的统计数据很可能会高估志愿服务的价值。

第二，许多研究无法解决由于志愿者、社区、政府各方面的特征与志愿服务参与互为因果而引起的内生性问题。如果仅仅简单地将志愿者、社区、政府各方面的特征作为自变量，将志愿服务参与数据作为因变量进行回归分析，只能得出二者的相关关系，无法揭示其中的因果关系。事实上，二者是互为因果的：志愿服务会在提升参与者心理健康的同时，更乐观、更愿意为他人付出的人也更有可能成为志愿者；志愿服务在提升社区的人力资本积累的同时，人力资本水平更高的社区其志愿服务活动的开展也有可能更为频繁。如果不能有针对性地对此进行处理，实证研究的结果就很难准确地度量出参与志愿服务的真正价值。

第三，大多数研究使用的衡量志愿服务参与数量与价值度量的尺度不尽相同，难以对这些研究的结果进行横向对比。例如，在研究志愿服务对志愿者自身价值的文献中，就曾采用身体健康水平、心理健康水平、幸福感等诸多不同的度量方式来衡量志愿服务对志愿者自身个人的价值。对志愿服务参与数量的度量，文献中也有较大的差异，如有志愿者汇报的志愿服务参与频率（如每周一次、每月一次等）、志愿服务时长等。这种度量尺度的差别使得不同研究结果之间的横向对比难以进行，从而影响了志愿服务非经济价值测度的系统化与规范化。

2.4.2 志愿服务与生活满意度

在衡量居民某一方面生活水平改善的价值时，如犯罪率下降、空气质量提升、志愿服务提供（对于志愿者本人）等，很难直接度量其经济价值的大小。在实际研究中，比较常用的一个度量方式是生活满意度法（Wellbeing Valuation approach），即通过同时估计收入水平上升与某一方面改善对于生活满意度的影响，并将二者进行对比，从而折算出生活水平改善等同于多少幅度的收入上升。

具体到估算志愿服务的其他价值，可以通过同时估计由于收入水平上升与参与志愿服务对生活满意度的影响，从而折算出参与志愿服务对居民幸福感或生活满意度的提升，是等同于多大幅度的收入上升。Fujiwara 等.（2013）通过以上方法将志愿服务对个人幸福感的影响进行了量化。

为了解决以往研究可能存在的内生性问题，Fujiwara 等.（2013）使用了英国家户长期追踪数据库数据。该追踪调查自 1991 年开始进行，包含了超过 10000 个英国家庭的面板数据。其中，2000 年、2002 年、2004 年和 2008 年这 4 年的数据，包含了与主观生活满意度和参与志愿服务的相关数据。衡量生活满意度的数据，来源于受访者对“整体来讲，你对你的生活是否满意?”这一主观问题的回答，答案为从 1（非常不满意）到 7（非常满意）的离散变量。衡量参与志愿服务的数据，来源于受访者对“你平均多久提供一次志愿服务?”这一问题的回答，答案按频率从高到低排序，分别为 1（至少每周一次）、2（至少每月一次）、3（一年数次）、4（一年一次）、5（从不进行志愿服务）。在进行估计的过程中，Fujiwara 等.（2013）使用了配偶收入作为个人收入的工具变量，这一处理也得到了很多以往文献的支持。

他们的估计结果显示，以 2011 年价格水平计算，经常参与志愿活动的志愿者由于每年参与志愿服务活动导致生活满意度的提升，相当于年收入增加了约 13500 英镑。Fujiwara 等.（2013）同时也显示，使用工具变量法进行估计会显著减少对志愿服务价值的估计。这也说明，在研究中如果不对志愿者特征与志愿活动参与互为因果所导致的内生性问题进行处理，确实会系统性地高估志愿服务的价值。

第 3 章　调查实施情况

3.1　总体概括

本次“中国志愿服务经济价值调查”旨在准确了解中国志愿服务发展的现状、趋势与问题，测算志愿服务对中国经济社会发展的贡献。调查方案的设计和实施充分考虑了本次调查的目标和研究内容。为保证调查数据的质量，调查采取了全过程的质量控制，在问卷设计、抽样设计、样本抽取、调查人员培训、调查过程督导和评估、数据审核清理的全过程中，做了严格的质量把控，按照调查方案规划的时间点和工作标准，最终顺利完成数据收集工作。

3.1.1　问卷设计

问卷设计是本次调查的首要环节，直接关系到调查数据的质量与调查工作的成败。课题组在调查工作开始的初期，搜集和研读了国内外 10 多个著名调查机构的问卷和报告，在确保调查问卷设计的专业性与科学性的同时，突出本调查问卷的特色。为方便调查及后续对调查数据进行有针对性的分析，问卷题目的设计充分考虑了调查对象的文化水平、年龄层次及综合素质的差异，问卷内容除了包括家庭、个人详细的基本情况之外，还涵盖了有关志愿服务的多个方面。课题组通过大量工作之后拿出了问卷草稿，然后组织了多次研讨会，邀请多位与志愿服务相关的经济学、社会学方面的专家，对问卷进行多次论证和修改，并进行了两次预调查，对问卷进行测试、修改，最后形成最终的调查问卷。

3.1.2　抽样与调查方式

为了保证调查数据具有较高的可信度，考虑调查目的和调查对象的代表性，本次调查确定的调查对象为 7 个城市：北京、成都、贵阳、鞍山、泰安、厦门、西安。由于时间和经费的限制，这次调查分为两个部分：

一是入户调查，是针对整个城市居民住户进行的随机抽样调查，并不仅限于志愿者群体。调查的工作量大、调查周期长、成本高，但数据更精确更具有代表性。为了保证工作质量、节约经费，本次入户调查只在北京和成都两个城市开展。

二是针对特定人群（如注册志愿者）的网络抽样调查。网络调查辐射范围比较广，为了能够提高信息反馈效率，节约费用，课题组在中国志愿者联合会和北京志愿者协会的帮助下，在北京、贵阳、鞍山、泰安、厦门、西安共6个城市开展了网络调查，利用其注册志愿者信息管理系统——“志愿云”，对上述六个城市的注册志愿者进行等距随机抽样，并利用互联网进行问卷调查，这样的网络抽样调查对时间和经费的要求都低多了。课题组在上述6个城市都进行了专门针对注册志愿者的网络调查。

入户调查的整体抽样方案采用了分层抽样（Stratified Sampling），并结合概率比例规模（Probability Proportional to Size，PPS）抽样和等距抽样（Systematic Sampling，也称为 Interval Sampling）等方法。

北京地区初级抽样单元（Primary Sampling Unit）为北京市的16个区。首先，课题组依据人口、经济、资源等多个指标，采用聚类分析的方法，将北京市的16个区聚为7类。根据聚类结果在每一类中随机抽取1个区，抽样结果包括了西城、海淀、朝阳、顺义、房山、门头沟、密云这7个区。然后，根据城乡结构及社区/行政村在各区的分布情况，按照PPS抽样方法，对抽中的区进行社区/行政村数量的分配，并且将总样本分为城镇、农村两个样本框，利用等距抽样的办法分别进行抽样，一共抽出40个社区和9个村。最后，采用地图地址法对社区/行政村内的所有家庭进行绘图列表，并在列表中进行等距抽样，抽取出符合条件的家庭样本。每个社区调查45个样本，共1800个样本；每个村调查30个样本，共270个样本。全北京市的样本总量为2070个。

课题组在成都也采取了相同的抽样方法，共抽样出6个区县（市）：成华区、金堂县、龙泉驿区、青羊区、新都区、邛崃市。在这些区县（市）中，一共抽取了20个社区，每个社区调查35个样本，共700个样本；另外，还抽取了10个行政村，每个村调查30个样本，共300个样本，全成都市样本总量为1000个。

入户调查分为实地绘图、随机抽样和入户调查这三个阶段。第一阶段是实地绘图。在入户调查前，需要绘制北京和成都两个城市中样本社区/村的住户地图（以百度地图为基础），以便确定这些地区的住户信息，从而对调查对象进行末端抽样。由绘图员进入社区和村进行实地考察，了解社区/村的地形、范围、居民楼、住户等准确信息，通过绘图标注出该社区/村的所有住户。第二阶段是随机抽样。在完成绘图的基础上，再在所有住户的列表中进行调查对象的抽取，随机抽样出最终调查的住户。第三阶段是入户调查。确定样本住户以后，课题组派出接受过良好培训的调查员对这些住户进行入户调查。调查人员进入样本对象的家中，进行面对面访问。

网上调查首先要对当地所有注册志愿者进行随机抽样，然后课题组的工作人员联系到样本志愿者，说服其完成网上问卷填写。

3.1.3 实施过程

本次调查共分三个阶段进行：

第一阶段：问卷设计。

主要进行问卷的设计、论证和修改，确定调查对象，通过两次入户的预调查对问卷进行修改完善，并对随后的调查工作作出了全面安排部署。

按照以往经验，考虑到网络调查的特殊性，如果问卷太长、填写问卷花费时间较多，在通过互联网自己填写问卷的情况下，整体效果很差。因此，课题组在设计好入户调查所需要的调查问卷之后，根据网络调查和注册志愿者的特点，针对网络调查所用的问卷进行了简化调整。

第二阶段：抽样和实地绘图。

对于入户调查，完成北京、成都两个城市的区县以及社区/村的抽样和实地绘图工作，并根据绘图的结果对末端（具体的要调查的常住居民家庭）进行随机抽样。

实地绘图工作极其重要，其好坏决定了后续的随机抽样质量，以及调查实施过程中的效率甚至数据质量。该项工作首先由课题组招募绘图员、绘图员督导，并对他们进行较为全面的培训；然后，把分好组的绘图员和其督导派往抽中的社区/村进行实地绘图。

第三阶段：组织调查实施。

入户调查：（1）从北京师范大学及附近高校招募调查员、调查员督导；（2）对调查员、调查督导进行系统全面的培训，并进行分组；（3）以组为单位派出调查员和督导，完成北京和成都地区的入户调查。

网络调查的组织实施差异较大：首先通过“志愿云”等志愿者注册信息系统，等距随机抽取调查对象并通知调查对象，提醒他们参加网络调查；然后向被抽中的注册志愿者发放《中国志愿服务经济价值调查问卷》，由其个人在互联网上进行填写；最后完成志愿者网上调查。

3.2　问卷设计

3.2.1　搜集资料

课题组广泛搜集和研读国内外多个著名调查机构的相关问卷和报告，并进行深入分析，从问题的数量、问题的针对性、问题的排列三个基本点确保本次问卷的专业性与科学性。参考资料主要包括美国官方和民间的“志愿服务调查”、中国人民大学和香港大学的“中国综合社会调查”（Chinese General Social Survey，CGSS）、西南财经大学的“中国家庭金融调查”（China Household Finance Survey，CHFS）、北京师范大学和澳洲国立大学的“中国家庭收入项目”（China Household Income Project，CHIP）调查、密歇根大学的“世界价值观调查”（World Values Survey，WVS），以及国内的其他志愿服务调查等。

3.2.2　问卷论证与修改

课题组对问卷进行了4轮的论证与修改。课题组通过组织研讨会的形式，根据研究需要，讨论问卷中需要增加多少问题、什么问题，以最大限度地从调查中获取更丰富的信息，助推课题研究的顺利实施。课题组除了经常开展内部研讨之外，还召开了6次专题论证会，邀请校内外数十人次的专家学者和实际工作者，对问卷进行集中讨论修改。

在完成问卷初稿之后，课题组进行了两次预调查，通过分析预调查的结果，发现问卷中可能存在的各种问题，并初步了解被调查者的认知规律和心理特点，通过反复讨论再次多轮修改问卷，尽量保证问卷内容的逻辑性、严谨性和科学性。

3.2.3　调查问卷电子化

为了控制数据质量，本次入户调查与西南财经大学的中国家庭金融调查与研究中心合作，采用了西财开发的计算机辅助面访系统（Computer Assisted Personal Interviewing，CAPI）——访员使用平板电脑进行调查，通过移动网络与后台的服务器进行数据传送，直接形成电子化问卷和相关数据。电子化的问卷通过计算机程序设定相关的逻辑判断关系，可以保持问卷逻辑的一致性。

在调查过程中，调查问卷由计算机自动管理与呈现，访员可依据平板电脑屏幕上显示的问题进行访问工作，并且将调查对象回答的答案直接输入计算机中。当访问结束或告一段落时，访员透过互联网直接将问卷结果传回后台的质控部门，质控部门可在接收到各调查结果后立刻进行数据有效性分析。CAPI 系统由计算机控制逻辑跳转、输入校验等功能，保证了数据的逻辑及完整性，降低了数据审核和整理的强度，提高了整体效率。此外，在调查过程中访员用平板电脑对关键问题进行录音，使得调查过程可追溯。因此，与传统的纸质调查问卷相比，CAPI 系统还免除了后期的人工数据录入过程及其带来的误差，能有效地保障调查数据及时入库，能极大地提高调查效率和数据质量。

3.3 调查对象的选取

3.3.1 确定调查对象

本次调查确定的调查对象为 7 个城市：北京、成都、贵阳、鞍山、泰安、厦门、西安。城市的选择兼顾了调查目的和实际情况，并且尽量保证在地域、层次、规模等方面的代表性，能够较好地反映中国志愿服务的总体情况。

其中，北京是本次调查的重点城市，同时采用了入户调查和网络调查；成都是西南部的重要代表性城市，合作伙伴西南财经大学位于成都，调查条件比较便利，但由于志愿者网上注册活动开展较晚，网上注册比例很低，因此，只采用了入户调查。其他 5 个城市的志愿服务事业发展良好，志愿者网上注册比例较高，其中贵阳、鞍山、泰安、厦门为全国“学雷锋志愿服务模范城”的试点城市，西安为西北部的代表性城市。因为受调查时间和经费的限制，这 5 个城市只采用了网络调查。

3.3.2 抽样设计

一、抽样设计的要求

根据北京市的特点，北京地区抽取的样本需要尽量满足以下要求：（1）与北京市城乡结构贴近；（2）能够反映北京市经济发展程度、区域分布；（3）由于北京的房价很高，可能不同区域房价的高低代表了收入层次的不同，进而影响民众参与志愿服务的态度，因此，希望抽中样本社区的房价水平能够对北京市城镇地区以及 4 个功能区的城镇地区的房价水平具有较好的代表性。

成都市抽样需要满足以下要求：（1）抽取的样本与成都市城乡结构贴近；（2）能够反映成都市经济发展程度；（3）抽中样本社区的区域分布能够对成都市

具有较好代表性。

二、分阶段进行抽样

抽样分为三个阶段，首先对两个城市的区县进行抽样，然后抽取相应区县的社区/行政村，最后抽取相应社区/行政村的居民家庭。

1. 第一阶段抽样：样本区县抽样

（1）北京区级样本

北京市的抽样以16个区构成一个初级抽样框，按照以下步骤抽取样本区：

通过聚类分析，利用非农人口占比、男性比例、人口密度、人均政府财政收入、人均GDP、人均播种面积等多个指标，将北京市的16个区进行聚类。如果以平方欧式距离约等于2为分界，可以将北京市的16个区分为7类，结果见图3-1。

以上述聚类结果作为分层依据，在每一个分类中，将各区以人口为权重，根据人均GDP进行降序排列，按照PPS方法在每一类中抽选1个区为样本，共7个样本区，抽样结果为：西城、海淀、朝阳、顺义、房山、门头沟、密云。样本区的区域分布如表3-1所示。

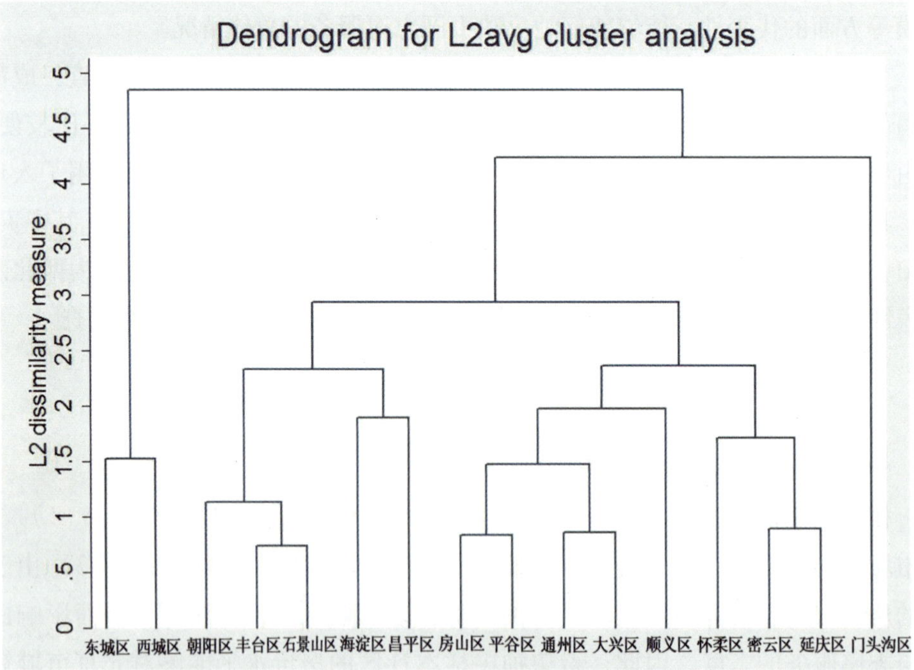

图3-1　北京市16个区聚类分析结果

表 3-1 抽取的区级样本区域分布情况

区域	区级行政区	是否抽中	功能区
中心城区	西城	√	首都功能核心区
	东城		首都功能核心区
	海淀	√	城市功能拓展区
	朝阳	√	城市功能拓展区
	石景山		城市功能拓展区
	丰台		城市功能拓展区
近郊	昌平		城市发展新区
	顺义	√	城市发展新区
	通州		城市发展新区
	大兴		城市发展新区
	房山	√	城市发展新区
	门头沟	√	生态涵养发展区
远郊	延庆		生态涵养发展区
	怀柔		生态涵养发展区
	密云	√	生态涵养发展区
	平谷		生态涵养发展区

按照上述聚类过程中提及的各个维度，分别对抽中的 7 个样本区与北京市的总体情况进行对比。统计结果显示（见表 3-2），在各个维度下，7 个样本区的均值与北京市 16 个区的总体均值相比，偏差都较小，这说明通过该方法抽取的北京市区级行政区的样本具有较强的代表性。

表 3-2 抽样后北京市样本与总体的比较

指标	来源	样本量	均值	标准差	最小值	最大值
非农人口占比（%）	总体	16	78.07	19.43	50.32	100.00
	抽中	7	77.72	19.46	54.68	100.00
男性比例（%）	总体	16	51.12	0.95	49.07	52.83
	抽中	7	51.09	0.78	49.85	52.69
人口密度（人/平方公里）	总体	16	5439.75	7896.64	158	25767
	抽中	7	5556.72	9017.74	211	25767

续表

指标	来源	样本量	均值	标准差	最小值	最大值
人均政府财政收入（万元/人）	总体 抽中	16 7	2.05 1.99	1.47 1.62	0.45 0.95	6.60 6.60
人均 GDP（万元/人）	总体	16	7.93	6.14	3.07	23.44
抽中		7	9.27	6.73	4.37	23.44
人均播种面积（公顷/万人）	总体 抽中	16 7	174.85 169.64	191.91 165.94	0.00 0.00	635.85 409.34

数据来源：《北京区域统计年鉴（2015）》；北京市统计局，http：//www.bjstats.gov.cn。

（2）成都区县级样本

成都市的抽样采取相同方法，以成都市的所有行政区县构成一个抽样框，通过使用四川省统计年鉴以及成都市统计局关于成都市所有区县的GDP、政府财政收入、人口数、非农人口数、性别情况、土地面积、耕地面积等数据，利用人口密度、男性比例、非农人口占比、人均GDP、人均耕地面积、人均政府财政收入等指标将成都市的19个区县进行聚类分析。以平方欧式距离约等于2为分界，将19个区县的样本聚为6类。

按照聚类分析结果作为分层的依据，以人口为权重，根据人均GDP进行降序排列。在上述抽样框中，按照PPS方法在每一类中抽选1个区县，抽中了6个样本区县，结果为成华区、金堂县、龙泉驿区、青羊区、新都区、邛崃市。

与北京类似，课题组按照上述聚类分析过程中所提及的各个维度，分别对抽中的6个样本区县与成都市的总体情况进行对比（见表3-3），统计结果显示，在各个维度下，样本的均值、标准差与总体相比偏差都较小，说明成都的区县样本具有较强的代表性。

表3-3 抽样后成都市样本与总体的比较

指标	来源	样本量	均值	标准差	最小值	最大值
人口密度（万人/平方公里）	总体 抽中	19 6	0.37 0.39	0.49 0.47	0.04 0.04	1.37 1.27
非农人口占比（%）	总体 抽中	19 6	64.34 66.85	24.03 26.57	36.80 36.80	100.00 100.00
男性比例（%）	总体 抽中	19 6	49.74 49.96	0.63 0.66	48.76 49.22	51.34 51.34

续表

指标	来源	样本量	均值	标准差	最小值	最大值
人均 GDP（元/人）	总体 抽中	19 6	61966.74 60227.24	26109.35 28174.90	29778 29778	117854 117854
人均耕地面积（公顷/万人）	总体 抽中	19 6	371.68 357.41	299.90 331.99	2.83 5.74	974.45 783.43
人均政府财政收入（元/人）	总体 抽中	19 6	4401.32 4449.63	1869.12 1871.54	1954.85 2079.55	7220.41 7220.41

数据来源：《成都统计年鉴（2015）》；成都统计局，http：//www.cdstats.chengdu.gov.cn。

2. 第二阶段抽样：社区/行政村抽样

（1）北京的社区/行政村抽样

北京市的社区/行政村抽样框由第一阶段抽取的 7 个样本区内的所有社区/行政村组成，具体的抽样过程由以下三步组成：

首先，根据北京市城乡结构及各区的分布情况，按照抽中的区进行社区/行政村数量的分配，并且将总样本分为城镇、农村两个样本框进行分别抽样；

其次，对于每个需要抽取社区/行政村的样本区，在城镇抽样框和农村抽样框内部，组内按照城镇编码、社区编码等进行排序，分别得到样本区的社区/行政村抽样框；

最后，在每个城镇抽样框内，采用等距抽样的办法随机抽取 40 个社区，农村抽样框同样采用等距抽样的办法，随机抽取 9 个行政村。

抽样结果可以很直观地从空间分布图上看到。北京市样本社区分布的经纬度散点图，展示了抽中的城镇样本社区在各相关样本行政区的分布情况（见图 3－2），从图 3－2 中可以看出抽中的城镇社区在各自样本区内的地理分布上是较为均匀的，样本社区在区级样本行政区内地理分布上有较好的代表性。

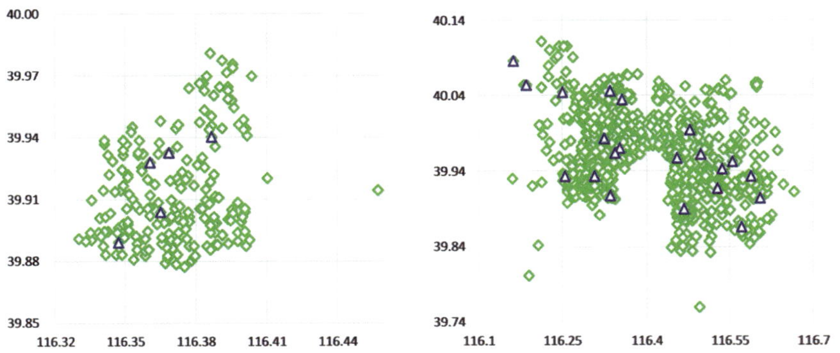

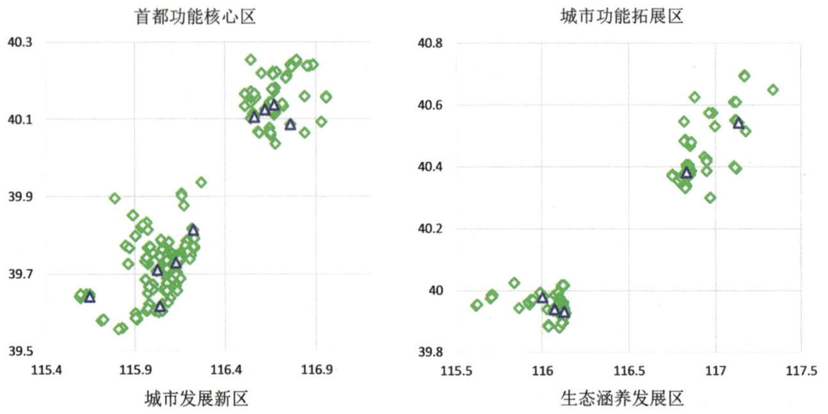

图3－2　北京市各功能区样本分布经纬度散点图1

注：横轴为经度，纵轴为纬度

北京市各功能区样本分布经纬度散点图展示了抽中的城镇样本社区在北京市所有城镇样本社区经纬度的分布情况（见图3－3），由于课题组一开始就采用了聚类分析抽取区级行政单位，未抽中的区没有样本。因此，从散点图上也能清晰地看到：部分未抽中的区县无样本社区进入最终抽中的样本框。

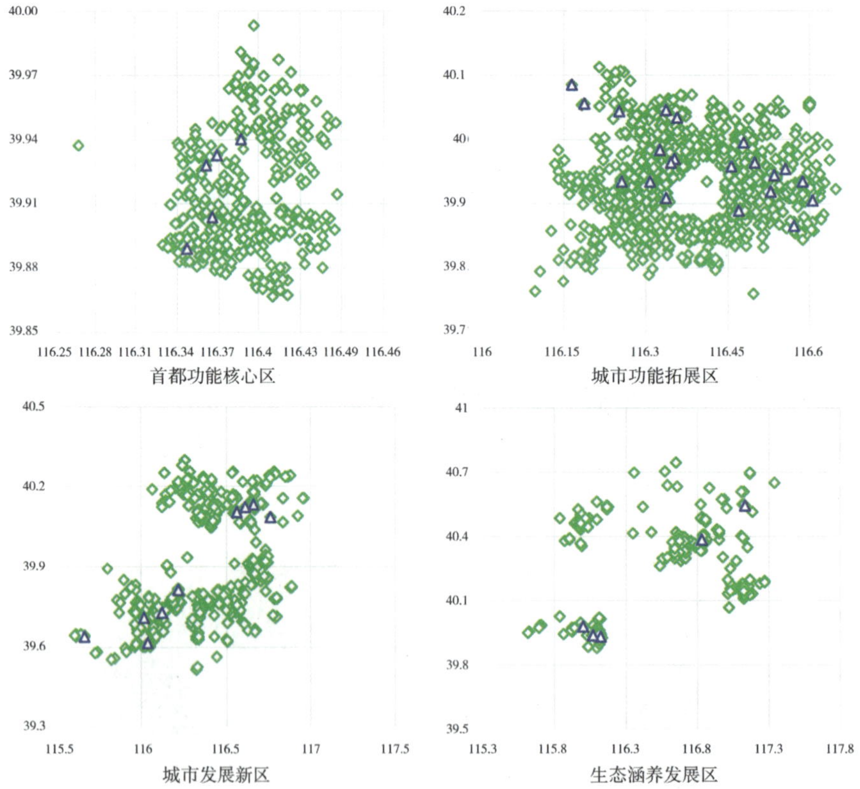

图3－3　北京市各功能区样本分布经纬度散点图2

注：横轴为经度，纵轴为纬度

（2）成都的社区/行政村抽样

成都地区的抽样也采用了同样的方法，首先将整个样本框分为城镇社区和农村行政村这两个子样本框，在城镇样本框内等距抽取了 20 个社区，在农村样本框内抽取 10 个行政村。成都各级样本的分布情况见表 3 – 4。

表 3 –4　成都的样本分布情况

区域	区县	是否抽中	城镇	农村	合计
中心城区	锦江区				
	青羊区	√	4	0	4
	金牛区				
	武侯区				
	成华区	√	4	0	4
近郊区	龙泉驿区	√	2	2	4
	青白江区				
	新都区	√	5	1	6
	温江区				
	双流区				
远郊县级市	都江堰市				
	彭州市				
	邛崃市	√	3	4	7
	崇州市				
远郊县	金堂县	√	2	3	5
	郫县				
	大邑县				
	蒲江县				
合计	新津县	20	10	30	

数据来源：课题组。

3. 第三阶段抽样：末端抽样

为了控制抽样框误差，提高末端抽样框的质量，课题组采用了地图地址法制作末端家庭抽样框，即按照统一的规则，通过绘制样本社区/行政村详细的住址地图，确定每一个住址的地图信息和住户信息，并对其中的空户、非住户、商用、商住两用、一宅多户和一户多宅等特殊问题进行统一的标准化处理，最终得到末端家庭抽样框。在末端抽样框中，按照循环等距抽样方式抽取样本户。

在北京地区，40 个样本社区，每个社区抽取 45 个家庭样本，合计 1800 个家庭样本；9 个样本行政村，每个行政村抽取 30 个家庭样本，合计 270 个家庭样本，预计最终访问成功的样本城乡结构约为农村样本占 13.04%，与北京市整体城乡人口分布情况相近。

在成都地区，同样采取相同的方式，20 个样本社区，每个社区抽取 35 个家庭样本，合计 700 个样本；10 个样本行政村，每个行政村抽取 30 个家庭样本，合计 300 个样本。预计最终访问成功的样本城乡比例约为（7：3），与成都市整体情况相近。

在实际操作中，由于各个样本社区/行政村的具体情况差别较大，末端抽样的样本量将根据实际调查情况略有调整。

3.4 组织调查实施

3.4.1 入户调查

在实施入户调查之前，需要绘图员对样本社区进行绘图，在实际绘图实施前，由样本社区联络人联系各个样本社区，首先和当地联络人联系，在其帮助之下联络接洽街道/乡镇、社区，请街道、社区协助调查员进行样本社区的前期绘图工作，及后期的入户访问工作。

入户调查是由经过培训的调查员手持平板电脑，向被访对象进行面访调查。调查问卷事先存入平板电脑内，调查员按照屏幕上所显示的问答题顺序逐题提问，并及时将答案输入平板电脑。

一、联络沟通

在绘图队伍出发之前，由各大区督导提前联系各区县联络人，然后根据区县联络人名单联系各区县，请其接洽抽中街道/乡镇，请街道/乡镇安排工作人员负责协调入户调查事宜。在与街道/乡镇联络人接洽时，需清楚地向其介绍项目调查的背景、本街道/乡镇的工作计划及需要其配合的事宜等。

二、绘图抽样

通过各街道办了解社区情况，绘图员进入社区和村进行实地考察，了解社区的地形、范围、居民楼、住户等准确信息，通过绘图标注出住户，绘制末端抽样框。

三、入户访问

以绘制的末端抽样框为基础，按照预先计划好的样本数量，随机抽样出该社区的最终调查住户。在确定了样本住户以后，派出调查员对这些住户进行入户调查。

在入户调查阶段，调查人员进入样本社区对社区负责人进行访问，完成社区问卷，对样本户的所有家庭成员进行访问，完成家庭调查。

3.4.2 网络调查

网络调查采取网络电子问卷的形式，通过各地的注册志愿者计算机信息系统，在所有注册志愿者中每个城市随机抽取1000名志愿者进行网络调查。

调查对象为6个城市：北京、贵阳、鞍山、泰安、厦门、西安。城市选取的基本原则有两个：一是志愿者通过当地的计算机系统注册的比例比较高，注册志愿者能较好地代表该城市志愿者、志愿服务的总体情况；二是城市的选择是为了完成调查目的，并且尽量保证城市在地域、层次、规模等方面的代表性，样本城市能够较好地反映中国志愿服务的总体情况。由于成都网络注册志愿者规模小，网络调查没有包括成都市。

北京是本次调查的重点城市，且志愿服务开展广泛，调查条件较好，贵阳、鞍山、泰安、厦门为“学雷锋志愿服务模范城”的试点城市，西安为西北的代表性城市，且所有这6个城市都有较好的志愿者注册网络系统，基础工作较好，能较方便地通过网络抽样。

网络调查首先通过与各城市的志愿者联合会等组织对接，整理注册志愿者的联系方式和基础数据，过滤出志愿者总体样本。在总样本中进行等距抽样，从各样本城市注册志愿者中随机抽取1000名进行网络调查，计划的调查规模共约6000人。

在网络调查前由中国志愿服务联合会网站发布了网络调查项目公告，让注册志愿者可以通过网络查看了解这次调查的目的和意义，提高问卷的回答率。同时，课题组通过发送短信、邮件和电话提醒，完成问卷的推送、发放、回收。

3.4.3 调查成果

一、入户调查成果

到2016年8月底，北京和成都圆满完成了入户调查的任务。全部访员和督导都安全返回，其间未出现安全事故。共计完成3033份家庭问卷，个人问卷3947份。其中，北京完成2031份家庭问卷，个人问卷2658份；成都家庭问卷1002份，个人问卷1289份。

二、网络调查成果

网络调查工作到2016年9月初全部完成。北京网络问卷发送量为4090份，有效问卷回收量为1207份，回收率为29.5%；厦门网络问卷发送量为5210份，有效问卷回收量为1190份，回收率为22.8%；西安网络问卷发送量为5223份，有效问卷回收量为1139份，回收率为21.8%；贵阳网络问卷发送量为4591份，有效问卷回收量为928份，回收率为20.2%；泰安网络问卷发送量为5177份，有效问卷回收量为764份，回收率为14.8%；鞍山网络问卷发送量为5211份，有效问卷回收量为401份，回收率为7.7%。

为了完成各城市计划1000份的调查问卷，课题组多次发送问卷，除北京、贵阳之外，其他4个城市发送量超过5000份。由于泰安、鞍山的问卷回收率较低，实际回收问卷量远低于1000份，贵阳接近1000份，北京、厦门、西安这3个城市的回收问卷量都超过了1000份。

3.5 入户调查样本数据的基本统计

在北京和成都两个城市进行的入户调查，其调查问卷分为家庭问卷和个人问卷两部分。家庭问卷主要是包括家庭的基本情况，个人问卷以个人信息为主。

由于采取了严格的随机分层抽样，尤其是在末端的住户抽样前采用了严格的地图地址法制作样本社区的抽样框，因此，两个城市的家庭样本都有很好的代表性，能代表所在城市的整体情况。但在入户调查中，由于受到调查时间、成本等方面的限制，有许多入户工作是在工作日进行的，在家里碰到在校学生和工作人群的比较相对更低，遇见退休人员的概率更高。因此，与北京和成都常住人口的年龄结构相比，个人样本中年龄偏大的群体比重过高。可能需要在使用数据推算全市情况时，按照全市的人口数据，对不同的年龄组进行权重调整处理。

3.5.1 家庭问卷

北京和成都两个城市，共计完成了3033份家庭问卷，其中，北京完成了2031份家庭问卷，成都家庭问卷1002份。

一、家庭人口情况

在所有的家庭问卷样本中，家庭人口数为3人的比重最高，其次是2人，分别为31.03%和28.59%；家庭人口数为4人和5人的所占比例分别为15.36%和

11.54%；1 人家庭所占比例为 8.24%；6 人家庭占比为 4.06%；家庭人口数在 7 人及以上的占比为 1.19%。

从各地区的情况来看，与成都相比，北京家庭人口规模更小，2 人和 3 人的家庭所占比重较高，所占比重分别为 34.02% 和 32.15%，高于成都；家庭人口数为 4 人的所占比例为 14.03%；1 人家庭占比 9.06%；家庭人口数在 5 人及以上的家庭占比为 10.69%，且北京地区没有 9 人和 10 人家庭。

成都样本家庭也是 3 人最多，占 28.74%；4 人家庭和 5 人家庭占比分别为 18.06% 和 17.86%；2 人家庭占比为 17.56%；有超过 8% 的家庭为 6 人家庭，7 人及以上家庭所占比例为 3%。

表 3－5 样本家庭成员数量情况

家庭总人口	总样本		北京		成都	
	数量	比重（%）	数量	比重（%）	数量	比重（%）
1	250	8.24	184	9.06	66	6.59
2	867	28.59	691	34.02	176	17.56
3	941	31.03	653	32.15	288	28.74
4	466	15.36	285	14.03	181	18.06
5	350	11.54	171	8.42	179	17.86
6	123	4.06	41	2.02	82	8.18
7	23	0.76	4	0.2	19	1.9
8	9	0.3	1	0.05	8	0.8
9	2	0.07			2	0.2
10	1	0.03			1	0.1
11	1	0.03	1	0.05		
合计	3033	100	2031	100	1002	100

数据来源：课题组。

二、家庭收入情况

在两个城市的总体样本中，调查对象家庭收入在 5 万—10 万元的占比最高，为 28.82%；其次是 2 万—5 万元，所占比例为 23.31%；有 19.75% 的调查对象家庭收入为 10 万—20 万元；收入在 1 万元以下的有 9.36%；收入在 1 万—2 万元的有 6.92%；家庭收入在 20 万—30 万元和 30 万—50 万元的所占比例分别为 5.87% 和 3.43%；另有 1.75% 和 0.79% 的家庭收入在 50 万—100 万元和 100 万元以上。

北京的家庭收入明显高于成都，这从两个城市的家庭收入分布中很容易看出来。北京低收入家庭占比更低，高收入家庭占比更高。

北京家庭样本中，家庭收入在5万—10万元的占比最高，为29.64%；其次是10万—20万元，占比为21.37%；北京地区家庭收入在2万—5万元、1万—2万元和1万元以下的所占比例分别为19.79%、5.37%和9.11%；而家庭收入在20万—30万元、30万—50万元和50万—100万元的占比分别为7.19%、4.33%和2.22%；另有不到1%的家庭收入在100万元以上。

成都家庭样本中，调查对象家庭收入在2万—5万元的最多，所占比例为30.44%；其次是5万—10万元，占比为27.15%；家庭收入在1万—2万元和1万元以下的调查对象占比分别为10.08%和9.88%；有16.47%的调查对象家庭收入在10万—20万元；有不到6%的调查对象家庭收入超过20万元。

表3-6　样本家庭收入情况

家庭总收入	总样本		北京		成都	
	数量	比重（%）	数量	比重（%）	数量	比重（%）
1万元以下	284	9.36	185	9.11	99	9.88
1万—2万元	210	6.92	109	5.37	101	10.08
2万—5万元	707	23.31	402	19.79	305	30.44
5万—10万元	874	28.82	602	29.64	272	27.15
10万—20万元	599	19.75	434	21.37	165	16.47
20万—30万元	178	5.87	146	7.19	32	3.19
30万—50万元	104	3.43	88	4.33	16	1.60
50万—100万元	53	1.75	45	2.22	8	0.80
100万元以上	24	0.79	20	0.98	4	0.40
合计	3033	100	2031	100	1002	100

数据来源：课题组。

3.5.2　个人问卷

一、性别结构

在个人问卷中，调查样本总量为3947个，男性调查对象占46.87%，女性调查对象占53.13%。北京地区样本量为2658个，女性调查对象占54.14%，男性占45.86%；成都地区样本量为1289个，男性调查对象占比48.95%，女性占比51.05%。

表 3-7 调查对象性别结构

性别	总样本		北京		成都	
	数量	比重（%）	数量	比重（%）	数量	比重（%）
男性	1850	46.87	1219	45.86	631	48.95
女性	2097	53.13	1439	54.14	658	51.05
合计	3947	100	2658	100	1289	100

数据来源：课题组。

二、年龄结构

本次调查对象的年龄涵盖了各个年龄段。45—64 岁的调查对象居多，其中 45—54 岁占比为 25.11%，55—64 岁占比为 21.1%；有超过 30% 的人年龄在 25—44 岁；65 岁及以上的占总数的 12.44%；另有不到 10% 的人年龄在 24 岁及以下。北京地区样本量为 2658 个，25—34 岁占比为 17.68%，35—44 岁占比为 16.44%，45—54 岁占比为 23.51%；另有 23.02% 的调查对象年龄在 55—64 岁；也有不到 20% 的调查对象年龄在 65 岁及以上和 14 岁及以下。成都地区样本量为 1289 个，调查对象年龄 45—54 岁的调查对象居多，占比为 28.39%；其次为 55—64 岁和 35—44 岁，占比分别为 17.15% 和 17.07%；有 13.89% 的调查对象年龄在 25—34 岁；另外，24 岁及以下和 65 岁及以上的调查对象占比也均超过 10%。

正如前面讨论中所述，由于许多调查时间是工作日，导致个人样本中年龄结构与全市总体人口相比，年龄偏大。这种偏差是家庭调查中经常出现的问题。

表 3-8 调查对象年龄结构

年龄	总样本		北京		成都	
	数量	比重（%）	数量	比重（%）	数量	比重（%）
≤14 岁	70	1.77	35	1.32	35	2.72
15—24 岁	256	6.49	141	5.30	115	8.92
25—34 岁	649	16.44	470	17.68	179	13.89
35—44 岁	657	16.65	437	16.44	220	17.07
45—54 岁	991	25.11	625	23.51	366	28.39
55—64 岁	833	21.10	612	23.02	221	17.15
65 岁及以上	491	12.44	338	12.72	153	11.87
合计	3947	100	2658	100	1289	100

数据来源：课题组。

三、学历状况

表3-9　受访者学历状况

学历	总样本		北京		成都	
	数量	比重（%）	数量	比重（%）	数量	比重（%）
未上过学	132	3.35	64	2.41	68	5.28
小学	669	16.95	256	9.63	413	32.04
初中	1278	32.39	845	31.80	433	33.59
高中	762	19.31	574	21.60	188	14.58
大学专科	386	9.78	289	10.88	97	7.53
大学本科	528	13.38	445	16.75	83	6.44
硕士	153	3.88	146	5.49	7	0.54
博士	38	0.96	38	1.43	—	
合计	3946	100	2657	99.99	1289	100

数据来源：课题组。

调查对象的学历状况，初中学历的受访者最多，占32.39%；小学学历的调查对象占16.95%；有超过45%的人接受过高中及以上学历教育；另有3.35%的人未上过学。北京的受教育程度远高于成都。北京地区样本量为2657个，有一半以上的受访者接受过高中及以上学历教育，初中和小学学历占比分别为31.8%和9.63%；另有2.41%的人未上过学。成都地区样本量为1289个，调查对象学历主要集中在初中和小学，占比分别为33.59%和32.04%；高中学历占比14.58%；调查对象中接受过高等教育的比例为14.51%，且最高学历为硕士。

四、婚姻状态

北京和成都调查对象婚姻状态相近。在总体样本中已婚者最多，占82.73%；未婚者占10.73%，离婚者占2.59%，丧偶者占3.96%。北京地区样本量为2615个，已婚者占84.05%，未婚者占10.36%，离婚者占2.07%，丧偶者占3.52%。成都地区样本量为1252个，已婚者占79.95%，未婚者占11.50%，离婚者占3.67%，丧偶者占4.87%。

表 3－10 调查对象婚姻状态

婚姻	总样本		北京		成都	
	数量	比重（%）	数量	比重（%）	数量	比重（%）
未婚	415	10. 73	271	10. 36	144	11. 50
有配偶	3199	82. 73	2198	84. 05	1001	79. 95
离婚	100	2. 59	54	2. 07	46	3. 67
丧偶	153	3. 96	92	3. 52	61	4. 87
合计	3867	100	2615	100	1252	100

数据来源：课题组。

第4章　志愿服务基本情况分析

近年来，我国的志愿服务事业发展迅速，志愿者数量、参与群体、服务领域等方面均取得了显著的成就。本章根据北京和成都的入户问卷调查数据，从志愿者和志愿服务接受者这两个不同的视角，对当前这两个城市志愿服务的基本情况进行分析。

4.1　志愿者基本情况分析

在本次问卷调查中，在问及对志愿者或志愿服务的了解程度方面，调查对象回答的结果显示（见图4-1）：超过70%的人对志愿者或志愿服务至少是有一些了解，其中表示对志愿者或志愿服务了解一些的调查对象占到总人数的62.62%，而非常了解的调查对象仅为8.36%；接近30%的人对志愿者或志愿服务不了解甚至是没听过，其中有4.81%的调查对象没有听过志愿者或志愿服务，24.21%的调查对象不了解志愿者或志愿服务。

北京和成都在2008年发生了我国志愿服务发展史上的两次重大事件：北京是2008年奥运会，这是国内举行过的最为重大的赛事，北京奥组委组织了奥运史上规模最大的志愿服务队伍；成都作为四川的省会，2008年"5·12"汶川发生的四川大地震损失重大，以救灾服务为主的志愿服务在国内也有很大的影响。即使如此，从总体上来看，虽然志愿者或志愿服务已经受到较大范围公众的关注，但这两个大城市的社会公众对志愿者/志愿服务的认知度也是偏低的，更不用说国内其他中小城市还有偏僻的农村地区。因此，扩大宣传力度、增强公众对志愿者和志愿服务的了解，是有很大提升空间的。

本次入户调查共采集有效个人问卷3805份，其中北京地区2574份、成都地区1231份。本次调查中，曾经提供过志愿服务的有1307人（见表4-1），超过了总样本数的1/3（34.35%），其中北京地区912人，占总志愿者数量的69.78%；成都地区395人，占总志愿者数量的30.22%。

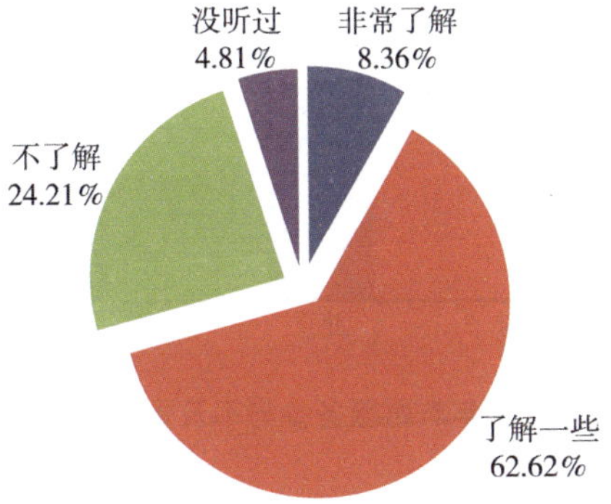

图 4－1　志愿者或志愿服务的了解程度统计

表 4－1　不同地区志愿者数量分布

地区	数量（人）	比重（%）
北京市	912	69.78
成都市	395	30.22
合计	1307	100.00

整体而言，志愿者的活跃度偏低，在所有曾经参与过志愿服务的 1307 人，只有一半多一点的人（52.64%）在 2015 年参与了志愿服务，其他近一半的人在 2015 年全年都没有参与志愿服务、只是在 2015 年以前参与过志愿服务（见表 4－2）。北京比成都的志愿者活跃度略高，两者差别不大。在这 619 名不活跃的志愿者中，北京地区 424 人，占比 68.50%；成都地区 195 人，占比 31.50%。在 2015 年参与过志愿服务的人数为 688 人，其中北京地区 488 人，占 2015 年参与志愿服务总数的 70.93%；成都地区 200 人，占比 29.07%。

表 4－2　参与志愿服务分类描述

地区	2015 年参与了志愿服务		2015 年以前参与过志愿服务		志愿者活跃度［所有志愿者在 2015 年参与志愿服务的比例（%）］
	数量（人）	比重（%）	数量（人）	比重（%）	
北京	488	70.93	424	68.50	53.51
成都	200	29.07	195	31.50	50.63
合计	688	100	619	100	52.64

2015 年志愿服务参与率为 2015 年参与过志愿服务的人数与总样本数的比值（见图 4－2），总体来看，北京和成都两个城市的志愿服务参与率达 18.08%，其中北京地区志愿服务参与率为 18.96%，较成都地区的 16.25% 高

出2.71个百分点。

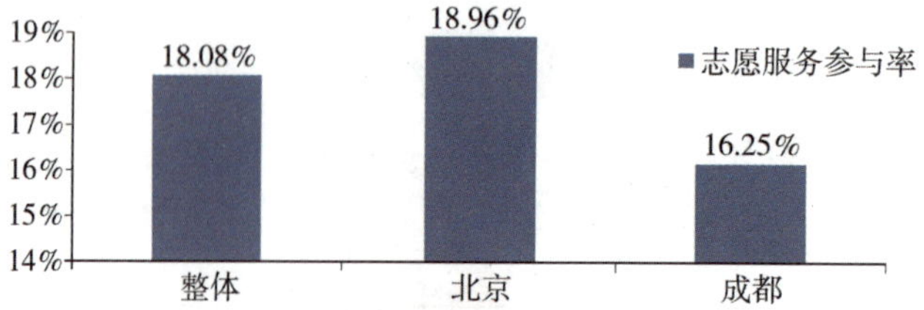

图4-2　2015年志愿服务参与率及地区之间比较

4.1.1　志愿服务的参与形式

2015年提供过志愿服务的人数为688人，按是否以组织形式参与志愿服务，可以把志愿者分为3种类型（见图4-3）：第一种类型，仅参加过有组织的志愿服务为378人，占过去一年提供过志愿服务总人数的54.94%；第二种类型，仅参加过没有组织或直接向受助者提供的志愿服务的有277人，占过去一年提供过志愿服务总人数的40.26%；第三种类型，有33人在过去一年不仅参与过有组织的志愿服务，也同时参与过无组织的志愿服务，占比为4.80%。

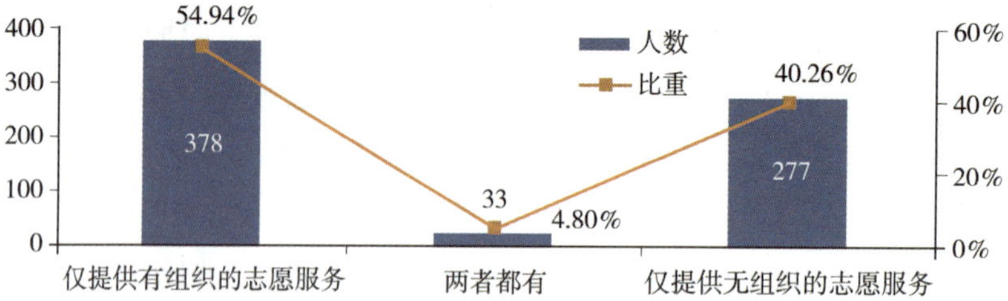

图4-3　志愿者提供志愿服务的形式

北京地区（见表4-3），仅参加过有组织的志愿服务为309人，占过去一年提供过志愿服务总人数的63.32%；仅参加过没有组织或直接向受助者提供的志愿服务的有150人，占过去一年提供过志愿服务总人数的30.74%；29人在过去一年不仅参与过有组织的志愿服务，也同时参与过无组织的志愿服务，占比为5.94%。

成都地区（见表4-3），仅参加过有组织的志愿服务为69人，占过去一年提供过志愿服务总人数的34.50%；仅参加过没有组织或直接向受助者提供的志愿服务的有127人，占过去一年提供过志愿服务总人数的63.50%；4人在过去一年不仅参与过有组织的志愿服务，也同时参与过无组织的志愿服务，占比为2.00%。

两地对比显示，地区之间参与志愿服务的形式差异较大，北京地区志愿者以参与有组织志愿服务为主，成都地区志愿者以参与无组织志愿服务为主。

表 4-3 不同地区志愿者提供志愿服务的形式比较

类　别	北京		成都	
	数量（人）	比重（%）	数量（人）	比重（%）
仅提供有组织的志愿服务	309	63.32	69	34.50
两者兼有	29	5.94	4	2.00
仅提供无组织的志愿活动	150	30.74	127	63.50

按照组织形式分类计算志愿服务参与率，2015 年以组织形式提供志愿服务的志愿服务参与率为 10.80%（“两者兼有”型既属于有组织形式又属于无组织形式）（见图 4-4），其中北京地区为 13.13%，成都地区为 5.93%；2015 年以无组织形式提供志愿服务的志愿服务参与率为 8.15%，其中北京地区为 6.95%，成都地区为 10.64%。

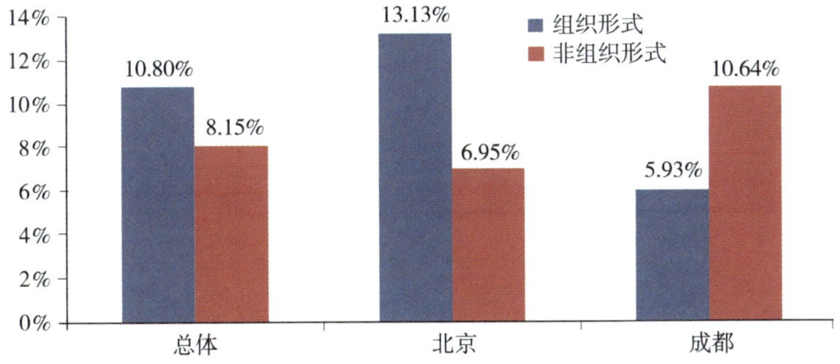

图 4-4 按照组织形式分类，2015 年志愿者志愿服务参与率及地区之间比较

4.1.2 参与志愿服务项目分布

志愿者参与志愿服务项目分布情况（见图 4-5），在 2015 年提供过志愿服务的 688 名志愿者参与的志愿服务项目中，按照参与人次来看，参与人次最高的 4 个项目，依次为“向陌生人提供临时帮助”“邻里守望[①]（包括邻里互助）”“扶贫/助困”“照顾朋友或非直系亲属”，参与人次分别为 264、253、192、149，分别占总人次的比重为 19.66%、18.84%、14.30%、11.09%；其次为“环保/动植物保

① 邻里守望是中国志愿者服务联合会在全国开展的活动，号召广大志愿者从关爱做起、从身边做起、从你我做起、从日常做起，关爱空巢老人、留守儿童、农民工和残障人士，用志愿服务使每一个遇到困难、渴望帮助的人得到及时的关爱。

护”“教育/健康/医疗服务”“文艺表演/文化、艺术保护”，参与人次分别为100、92、81，占总人次比重分别为7.45%、6.85%、6.03%；参与人次比较少的为“信息咨询/法律援助”“抢险或救灾”“赛会服务”，参与人次分别为55、53、45，分别占总人次的4.10%、3.95%、3.35%；参与人次最少的为“宗教服务”“国外/境外服务”；此外还有一些没有被统计在内的其他志愿服务项目累计参与人次47，仅占总人次的3.50%。

综合来看，参与普通的、不需要专业技能的志愿服务的人数较多，而参与专业的、需要专业技能的志愿服务较少。存在这种现象的主要原因可能有两个：一是从机会成本的角度来看，对于有专业技能的人群对应的是收入较高的人群，较高的机会成本可能会降低他们参与志愿服务的意愿。二是从组织志愿服务活动方面，当前，我国志愿服务发展水平还处于起步阶段，普通的或不需要专业技能的志愿服务相比专业的或需要专业技能的志愿服务相对容易组织实施，所以人们参与普通的、不需要专业技能的志愿服务的机会也就会更多。

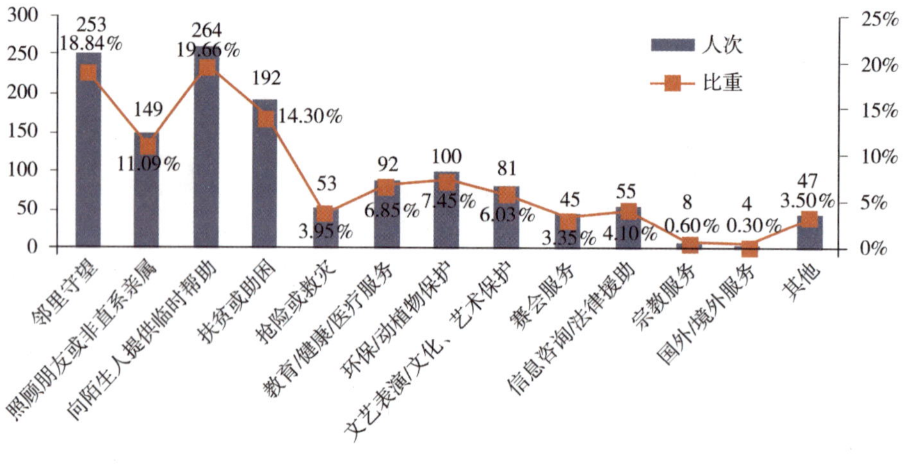

图4-5　志愿服务项目参与人次统计

北京地区（见图4-6），参与人次最高的4个项目，依次为“向陌生人提供临时帮助”“邻里守望（包括邻里互助）”“扶贫/助困”“照顾朋友或非直系亲属”，参与人次分别为201、156、143、90，分别占总人次的比重为21.05%、16.34%、14.97%、9.42%；其次为“教育/健康/医疗服务”“环保/动植物保护”“文艺表演/文化、艺术保护”，参与人次分别为69、66、59，占总人次比重分别为7.23%、6.91%、6.18%；参与人次比较少的是“信息咨询/法律援助”“赛会服务”“抢险或救灾”，参与人次为45、37、33，分别占总人次的4.71%、3.87%、3.46%；参与人次最少的是“宗教服务”“国外/境外服务”；此外还有一些没有被统计在内的其他志愿项目累计参与人次44，占总人次的4.61%。

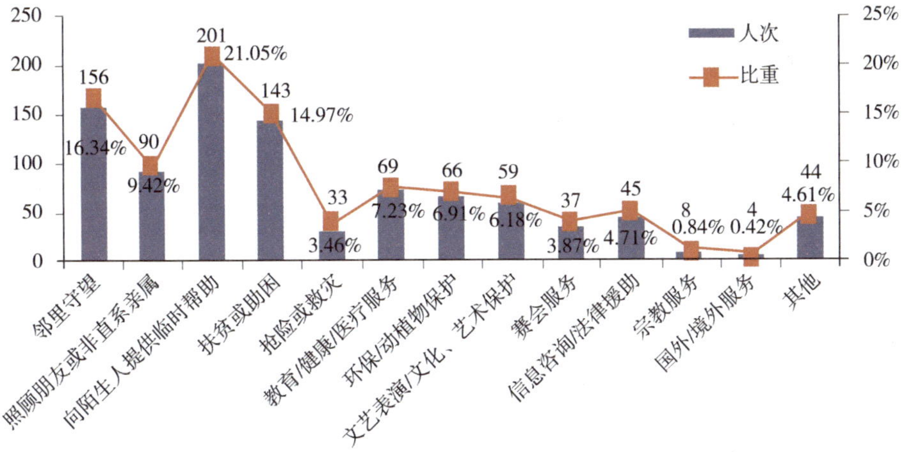

图4-6　北京地区志愿服务项目参与人次统计

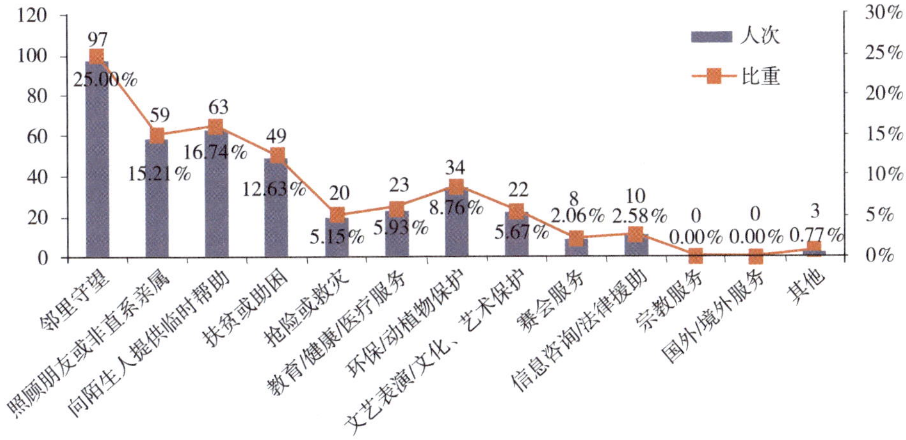

图4-7　成都地区志愿服务项目参与人次统计

成都地区（见图4-7）与北京差别不大，参与人次最高的4个项目，依次为“邻里守望（包括邻里互助）”“向陌生人提供临时帮助”“照顾朋友或非直系亲属”“扶贫/助困”，参与人次分别为97、63、59、49，分别占总人次的比重为25.00%、16.24%、15.21%、12.63%；其次为“环保/动植物保护”“教育/健康/医疗服务”“文艺表演/文化、艺术保护”“抢险或救灾”，参与人次分别为34、23、22、20，占总人次比重分别为8.76%、5.93%、5.67%、5.15%；参与人次比较少的为“信息咨询/法律援助”“赛会服务”，参与人次为10、8，分别占总人次的2.58%、2.06%。以上项目涵盖了该地区志愿者几乎全部可参与的志愿服务，除此之外，该地区其他志愿服务项目开展能力较差或开展后辐射范围较小。

从志愿服务项目参与人次来看，两地主要志愿服务项目分布较为集中在“邻里守望（包括邻里互助）”“向陌生人提供临时帮助”“照顾朋友或非直系亲属”“扶贫/助困”，参与人次累计均超过60%；从整个项目分布来看，北京地区开展的志愿服务项目开展能力较强、项目辐射面更广、志愿者涉及的领域更广泛、志愿服务项目供给更多样化。

4.1.3 正式志愿者（注册）

通过询问参与过志愿服务的调查对象“是否通过网站或其他方式注册为正式志愿者”来测量正式志愿数量，共1305个提供过志愿服务的调查对象回答了该题，其中111人通过网站或其他方式注册为正式的志愿者，注册率为8.51%；1194人没有通过网站或其他方式注册为正式的志愿者，占比91.49%（见图4－8）。

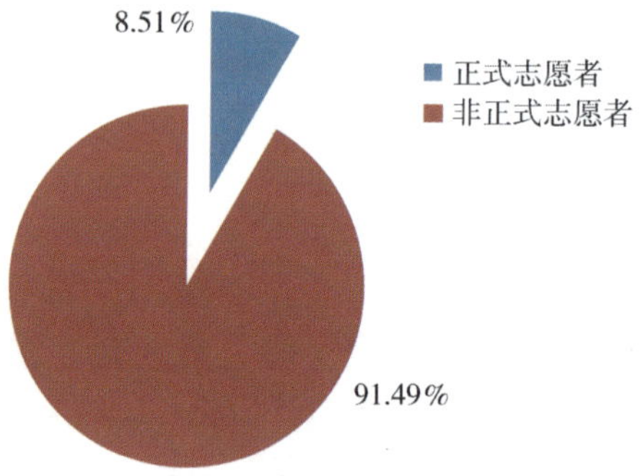

图4－8 志愿者注册率情况

从地区间来看（见图4－9），北京的注册率明显高于成都，因此，相对而言，北京志愿者的组织程度更高。北京地区911个提供过志愿服务的调查对象回答了该题，96人注册成为正式志愿者，注册率为10.54%；成都地区394个提供过志愿服务的调查对象回答了该题，其中，15人注册成为正式志愿者，注册率仅为3.81%。

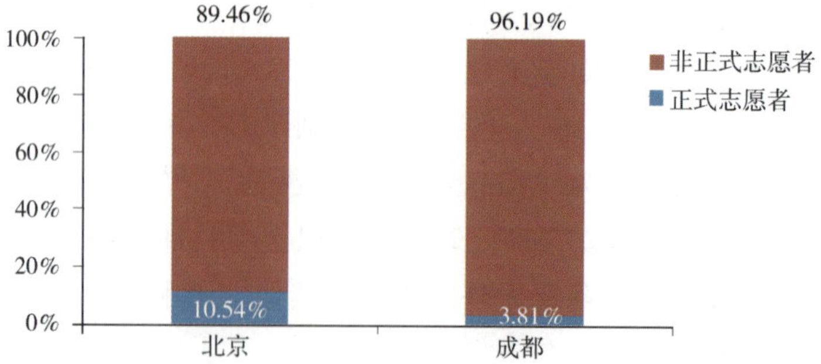

图4－9 北京、成都志愿者注册率情况

可能活跃度和注册率之间存在着正相关关系：活跃度高的志愿者注册率也更高。2015 年参与志愿服务的 688 位志愿者中（见图 4－10），注册率为 12.10%，其中北京地区注册率为 14.17%，成都地区注册率为 7.04%。

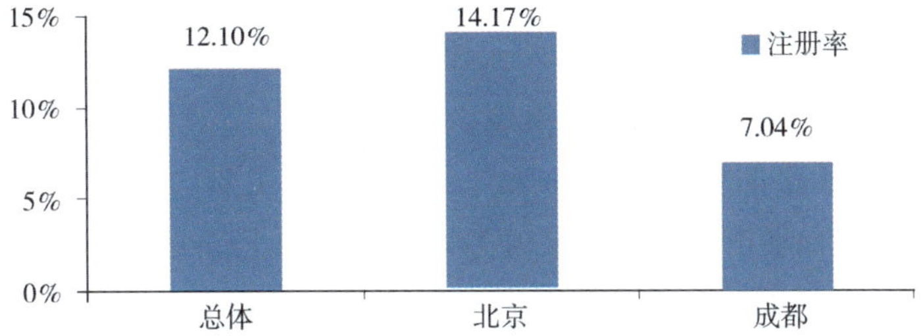

图 4－10　2015 年参与志愿服务的志愿者注册率及地区之间比较

4.1.4　参与志愿服务的动机

对志愿者参与志愿服务的动机测量是通过询问“是什么因素促使你参与志愿服务（多选）”，共 1303 位参加过志愿服务的调查对象回答了该问题，统计结果显示（见图 4－11）：促使人们参与志愿服务的最主要原因还是利他（回答“希望帮助他人”），其他原因集中在“使生活更加充实”“发挥自己的经验和技能”“增加社会见识”“给孩子好的影响”。其中，82.43% 的志愿服务参与者是为了“希望能帮助他人”、42.75% 的志愿服务参与者是为了“使生活更加充实”、35.69% 的志愿服务参与者是为了“发挥自己的经验和技能”、32.31% 的志愿服务参与者是为“增加社会见识”、29.47% 的志愿服务参与者是为了“给孩子好的影响”。志愿服务参与者很少会因“有助于找工作”“有助于升学”“因为宗教信仰”等原因参与志愿服务，说明志愿者很少有纯粹的利己动机。

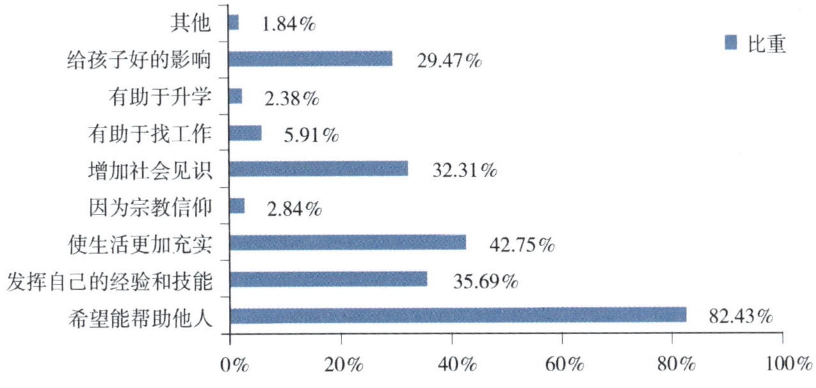

图 4－11　志愿者参与志愿服务的动机统计

北京和成都相比（见图4－12），绝大部分志愿者参与志愿服务是因为利他的动机（回答“希望帮助他人”），两个城市没什么差距。虽然北京地区和成都地区志愿者参与志愿服务的其他动机主要集中在“使生活更加充实”“发挥自己的经验和技能”“给孩子好的影响”，但两个城市还是存在着较大的不同：除利他之外，北京地区更加注重“使生活更加充实”和“发挥自己的经验和技能”，而成都地区更加注重“增加社会见识”和“给孩子好的影响”。虽然“有助于找工作”和“有助于升学”并不是两地区志愿者参与志愿服务的主要动机，但相比北京地区，成都地区出于此两种动机的比重明显偏高，更有接近10%的志愿者出于“有助于找工作”而参与志愿服务，可能是因为成都的工作机会少于北京，参与志愿服务有助于志愿者找到更加理想的工作。

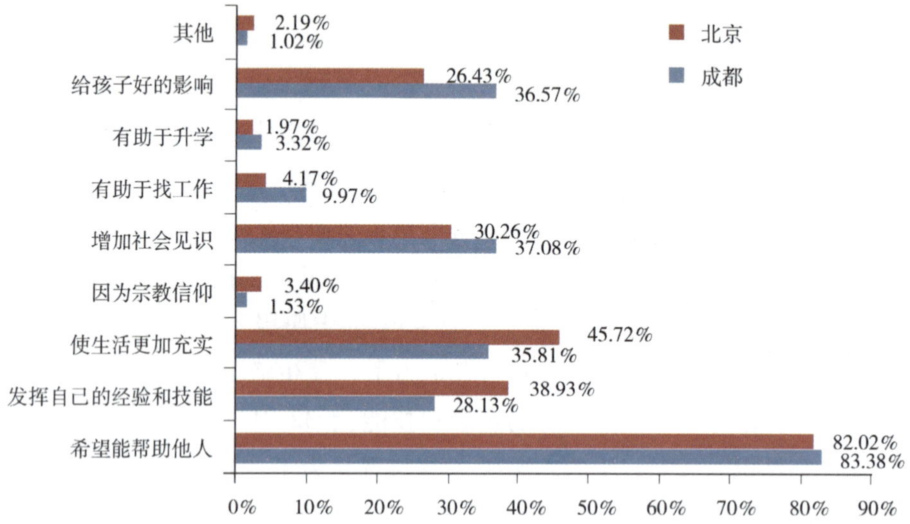

图4－12　北京、成都两地志愿者参与志愿服务的动机统计

4.1.5　志愿服务时长

对2015年参与过志愿服务的调查对象提供志愿服务时长的测量通过询问“过去一年参加志愿服务项目的累计小时数”，结果显示（见表4－4），过去一年样本区志愿者平均提供志愿服务时长为71.5小时/年，按组织分类，参与政府组织的志愿时长为35.4小时/年、参与非政府组织的志愿时长为34.7小时/年、没有通过组织形式提供志愿时长为1.4小时/年，分别占平均总时长的比重为49.55%、48.51%、1.94%；按技能分类，普通志愿服务时长为56.9小时/年、专业志愿服务时长为14.3小时/年，分别占平均总时长的比重为79.56%、20.44%。整体上，志愿者主要以组织形式参与提供普通志愿服务。

表4－4　志愿者提供志愿服务时长描述及地区之间对比

分类		整体		北京		成都	
		小时数	比重(%)	小时数	比重(%)	小时数	比重(%)
平均总时长		71.5	100	80.8	100	48.7	100
按组织分类	参与政府组织的志愿时长	35.4	49.55	38.5	47.64	27.9	57.27
	参与非政府组织的志愿时长	34.7	48.51	40.7	50.42	19.8	40.77
	没通过组织提供志愿时长	1.4	1.94	1.6	1.94	1.0	1.97
按技能分类	普通志愿服务时长	56.9	79.56	64.5	79.80	38.3	78.60
	专业志愿服务时长	14.6	20.44	16.3	20.20	10.4	21.40
样本量		688		488		200	

分区域来看（见表4－4），北京地区平均每个志愿者提供80.8小时/年的志愿服务时间，远高于成都地区的平均水平（48.7小时/年），北京、成都两地区绝大多数参与志愿服务的工作时长都是通过有组织（包括政府组织或非政府组织）的形式提供的，但相比较而言，北京地区更偏重一点非政府组织形式的志愿服务，而成都地区则更偏重参与政府组织形式的志愿服务；按技能分类，北京、成都两地区均以提供普通志愿服务为主，其贡献率接近志愿服务平均总时长的80%。

4.1.6　志愿服务补贴

在组织志愿活动的过程中，许多志愿组织都会自行为志愿者提供餐饮、通勤等各种补贴。对参与有组织的志愿活动的志愿者的补贴，根据调查数据测算结果（见表4－5），在411个参与过有组织的志愿活动的志愿者中，410个调查对象回答了关于补贴的问题，仅有63人得到过补贴，占志愿者数量的15.37%，人均补贴仅为86.18元。当前对参与有组织志愿活动的补贴率比较低，补贴金额较少。

不同地区志愿者得到补贴的比例差别不大（见表4－5），北京地区参与有组织的志愿活动得到补贴人数的比重为15.13%，人均补贴为83.23元；成都地区参与有组织的志愿活动得到补贴人数的比重为16.44%，人均补贴为99.82元。地区之间参与有组织志愿活动的志愿者被补贴的比例差别不大，但在补贴金额方面存在较为明显的差异。相对于北京，成都地区人均收入较低，人们对成本的敏感度相对较高，参与志愿服务成本是当地志愿者参与志愿服务所考量的一个重要因素。因此，会呈现出一种收入水平相对较低的地区其对志愿者的补贴会相对较高的趋势。

表4－5　参与有组织志愿活动的志愿者补贴情况及地区间比较

项　　目	整体	北京	成都
补贴率（%）	15.37	15.13	16.44
人均补贴金额（元）	86.18	83.23	99.82
样本数量	410	337	73

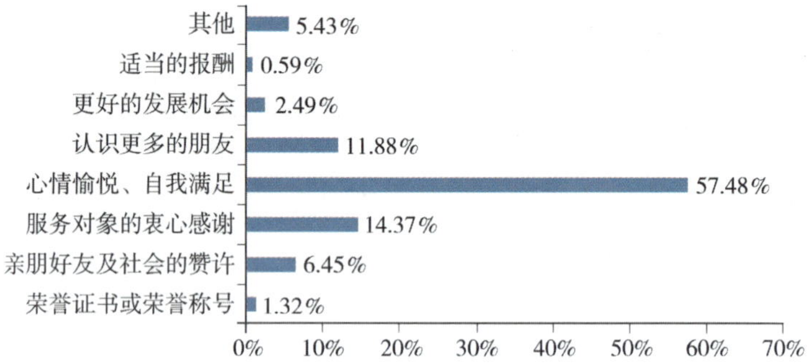

图4－13　志愿者参与志愿服务看重的收获统计

4.1.7　参与志愿服务的收获

通过参与志愿服务活动，志愿者会觉得自己从志愿服务中有所收获，主要可能是精神层面的，但也有可能是物质上的。当被问及“最看重什么方面的收获”的时候，结果显示（见图4－13）：参与志愿服务最看重的收获中，选择“心情愉悦、自我满足”的比例最高，达57.48%；参与志愿服务最看重“服务对象的衷心感谢”“认识更多的朋友”等收获的比例分别为14.37%、11.88%；6.45%的人参与志愿服务最看重的收获是“亲朋好友及社会的赞许”；参与志愿服务最看重“更好的发展机会”“荣誉证书或荣誉称号”“适当的报酬”等收获的比例很低，分别为2.49%、1.32%、0.59%；另外有5.43%的人最看重的收获没有被统计分类。综上分析，志愿者参与志愿服务很少是为满足物质上的需求，更多的是为了满足心理和精神上的需求，尤其是自我实现（“心情愉悦、自我满足”）。

两地区对比来看（见图4－14），北京和成都两地区的志愿者参与志愿服务的动机总体差别不大，都是更倾向于满足心理和精神层面的需求，如获得“心情愉悦、自我满足”“服务对象的衷心感谢”“认识更多的朋友”。回答“更好的发展机会”“亲朋好友及社会的赞许”这两个参与动机的，虽然两地占比都比较低，但是两地之间具有显著差异：北京比成都的志愿者更看重“更好的发展机会”，而成都比北京的志愿者更看重“亲朋好友及社会的赞许”。

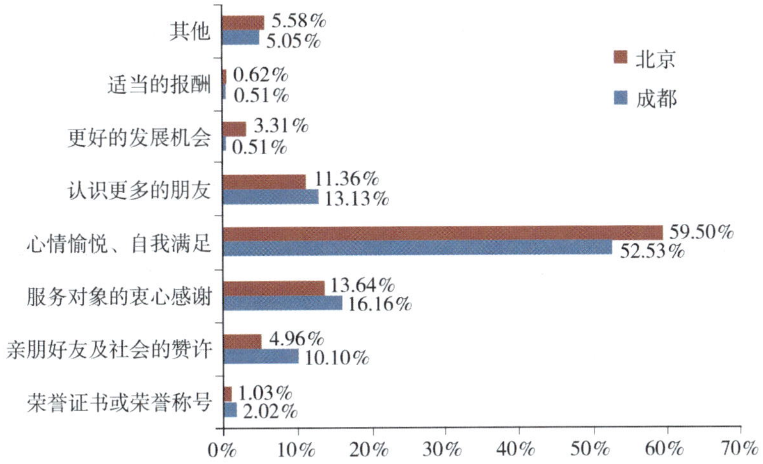

图 4－14　北京、成都志愿者参与志愿服务看重的收获统计

4.1.8　志愿服务信息获取渠道

把志愿服务相关信息传递给潜在的志愿者，这是潜在志愿者能参与志愿服务的最为关键的一环。对于一个志愿服务项目，如果人们不知道它的存在也不会有人参与。对志愿者获取志愿服务信息渠道分布情况的调查显示（见图 4－15），2015 年参与志愿服务的志愿者获取志愿服务信息最主要的两个渠道是社区居委会/村委会、本单位相关部门，分别占到 26.50%、24.60%；其次为熟人之间口口相传、报纸/电台/电视、网络三个渠道，分别占到 13.03%、11.71%、10.40%；最后为微信/微博、户外宣传海报/广告，分别占到 3.81%、2.49%；此外，还有 7.47% 的人获取志愿服务的渠道没有被统计在内。通过以上描述可见，相对而言，志愿者所依附的社区/村、单位是发布志愿服务信息最有效渠道。

对只是在 2015 年以前参与过志愿服务的志愿者来说，其获取信息的渠道主要是报纸/电台/电视、本单位相关部门、社区居委会/村委会获取志愿服务信息，分别占到 20.10%、19.77%、18.46%。

2015 年参与志愿服务的志愿者相比 2015 年以前参与志愿服务的志愿者，其主要志愿服务信息获取渠道发生了显著的变化，随着时间的推移，不光是报纸/电台/电视等传统媒体，甚至是网络这样的新媒体，它们向志愿者传递志愿服务信息的功能越来越弱，随之功能得到强化的是本单位相关部门、社区居委会/村委会，这可能是因为志愿服务的组织化尤其是有政府的组织越来越多所造成的。

分地区来看（见图 4－16），北京地区 2015 年参与志愿服务的志愿者其获取志愿服务信息的主要渠道是社区居委会/村委会、本单位相关部门，分别占总量的 30.99%、28.72%；其次为网络、报纸/电台/电视，分别占总量的 11.16%、

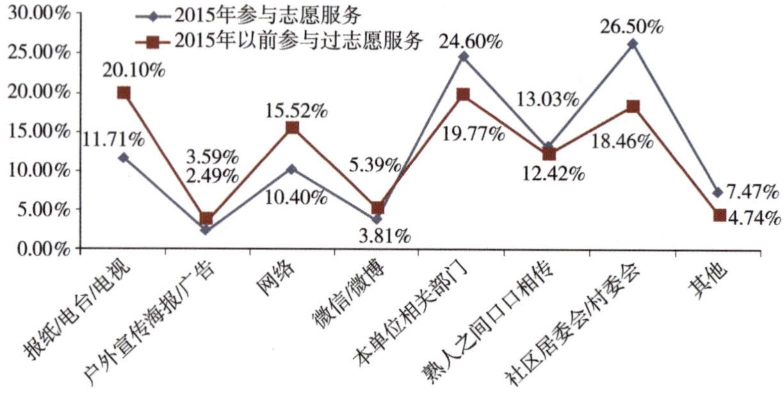

图 4－15　志愿者获取信息的渠道分布情况

10.12%。以上统计可以发现，北京地区志愿者获取志愿服务信息的渠道较为集中，志愿者对其他渠道传递的志愿服务信息获取率不高或虽然获取到信息但转化为实际行动的比率非常低，这可能也是北京地区以正式组织形式参与志愿服务的比重较高的重要原因之一。

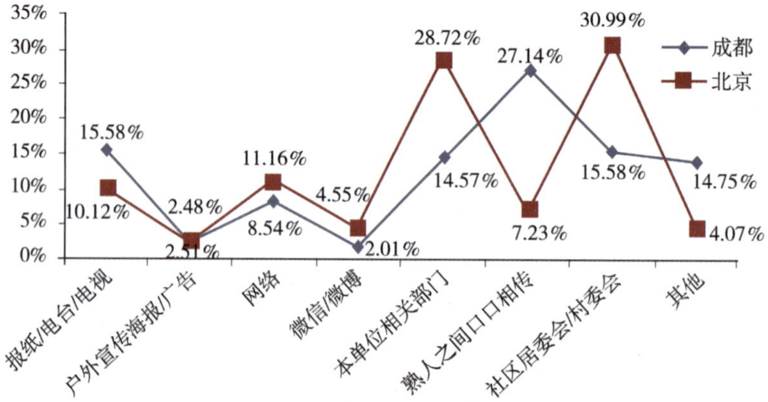

图 4－16　北京、成都两地志愿者获取信息的渠道对比

成都地区 2015 年参与志愿服务的志愿者其获取志愿服务信息主要通过熟人之间口口相传，占总量的 27.14%；其次为社区居委会/村委会、报纸/电台/电视、本单位相关部门，分别占总量的 15.58%、15.58%、14.57%。此外还有 14.07% 的志愿者获取志愿服务信息的渠道未被分类。以上统计可以发现，与北京相比，成都地区更像熟人社会，除熟人之间口口相传之外，志愿者获取志愿服务信息的其他渠道较为分散，这也可能是成都地区志愿者主要以无组织形式向社会提供志愿服务的主要原因之一。

4.1.9 志愿服务中监督保障、培训

随着志愿服务项目数量越来越多、志愿者规模越来越庞大，为保证志愿者工作的有序开展、规范志愿者的行为、提高志愿服务质量，迫切需要建立健全的志愿者保障监督机制和专业的志愿者技能和知识培训系统。本次的调查结果显示，整体而言，在志愿服务中，向志愿者提供的监督保障和培训资源都较为匮乏，这在很大程度上影响了志愿工作的开展、志愿者行为的规范化及志愿服务的质量。

在参与志愿服务时，志愿者是否被告知志愿服务的内容和要求，这一问题的调查结果显示（见图4－17）：70.09%的志愿者在参与志愿活动时每次都被告知志愿服务的相关内容与要求；15.20%的志愿者在参与志愿活动时，多数情况下会被告知志愿服务内容和要求；6.62%的志愿者在参与志愿活动时，只有少数情况下会被告知志愿服务内容和要求；还有8.09%的志愿者在参与志愿活动时一次都没有被告知志愿服务内容和要求。

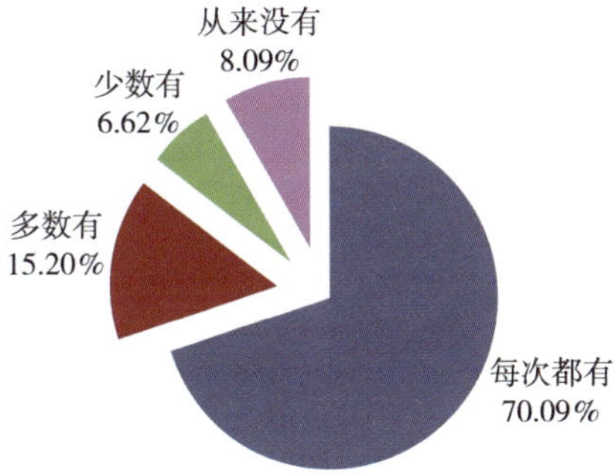

图4－17 志愿者是否被告知志愿服务的内容和要求

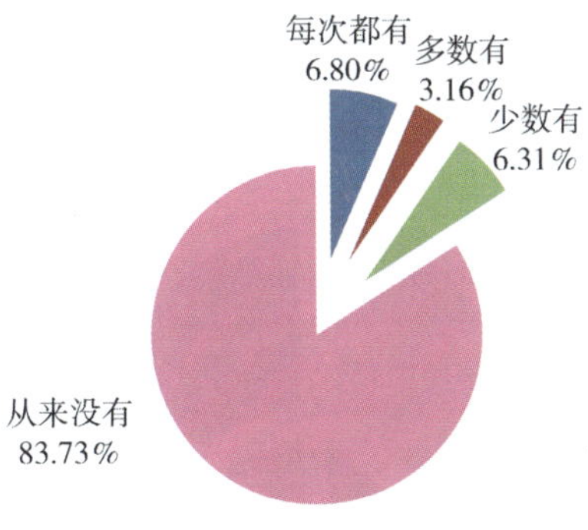

图4－18 是否与志愿者组织签订书面协议

志愿服务中，与志愿者签订书面协议有助于规范志愿者的行为和保障志愿者的权利，有利于志愿服务事业的发展。在与志愿者签订书面协议方面，调查结果

显示（见图4－18）：只有6.80%的志愿者每次都会与志愿者组织签订书面协议；83.73%的志愿者每次参与志愿活动都没有与志愿者组织签订过书面协议。可能书面协议所花费的成本和时间都比较高，尤其是一些耗时较少简单的志愿活动，每次都签订书面协议确实太麻烦，但随着信息和互联网技术的发展，以后可以电子版本的协议，采用电子签名的方式，这样既有利于提高志愿服务的规范化管理水平，又能节约成本提高效率。

志愿服务中，如果志愿者缺乏相关的知识和技能培训，会在很大程度上影响志愿服务的质量。对于志愿者是否获得了必要的知识和技能培训，调查结果显示（见图4－19）：50%以上的志愿者在参与志愿活动时，从来没有获得过提供相关志愿服务所必要的知识和技能培训；17.96%的志愿者在参与志愿活动时，只有少数机会获得相关志愿服务的知识和技能培训；仅有17.23%的志愿者每次参与志愿活动都会获得相关的知识和技能培训；多数情况下会有相关知识和技能培训的志愿者也只占14.56%。

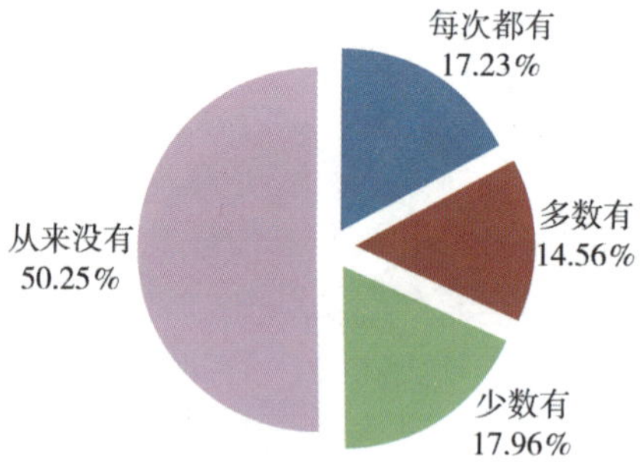

图4－19　是否为志愿者提供必要的知识和技能培训

在志愿服务过程中，为了提高志愿服务质量，规范志愿活动，应更加注重对志愿者工作的监督和指导。对志愿者的工作进行监督和指导方面，调查结果显示（见图4－20）：36.19%的志愿者在提供志愿服务时从来都没有被相关组织者监督

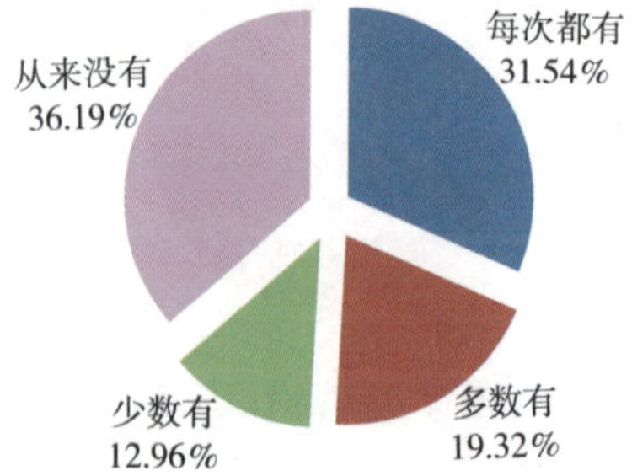

图4－20　是否对志愿者的工作进行监督和指导

或指导，12.96%的志愿者很少被监督或指导；而每次都会有相关监督和指导的志愿者也仅占到31.54%，大多数情况下会有相应的监督和指导的志愿者也仅有19.32%。

在志愿服务过程中，向志愿者提供必要的安全保障和医疗卫生，减少志愿者的安全担忧，将有利于更多人群加入志愿服务的行列。在向志愿者提供必要的安全保障及医疗卫生方面，调查结果显示（见图4－21）：志愿者在参与志愿活动中，每次都会得到必要的安全保障和医疗卫生的比例只有31.68%，多数情况都会得到必要的安全保障和医疗卫生也仅有15.35%；从来都没有得到过必要的安全保障和医疗卫生的比例接近40%，而少数情况下会有的比例为13.37%。

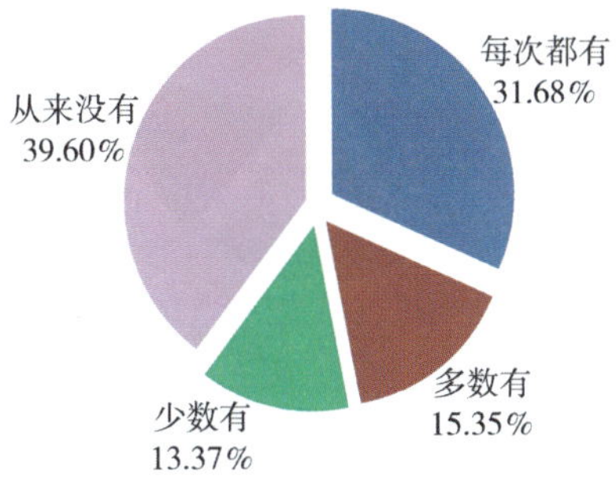

图4－21 是否提供必要的安全保障及医疗卫生

志愿服务中，多数情况下志愿者自己承担了参加志愿活动所产生的费用，这在一定程度上阻碍了低收入群体参与志愿活动。在向志愿者提供人身保险和费用补贴方面，调查结果显示（见图4－22）：高达72.55%的志愿者在参加志愿活动时从来没有被提供过人身保险和费用补贴，12.50%的志愿者少数情况下被提供过，仅有14.95%的志愿者在参加志愿活动时多数或每次都被提供过人身保险和费用补贴。

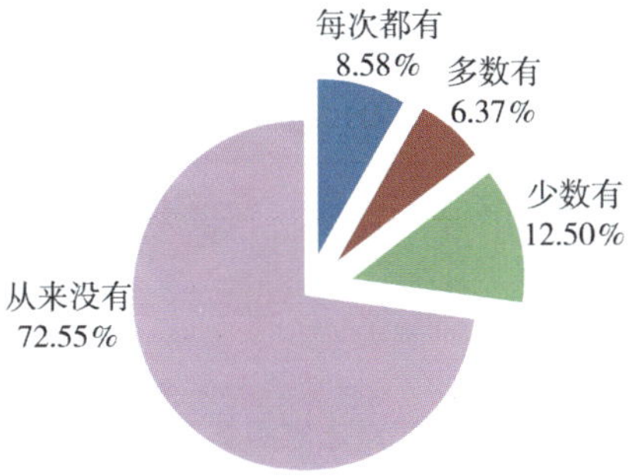

图4－22 是否提供人身保险和费用补贴

在志愿服务中，如果缺乏对志愿者工作的评估和激励，就会很难区分哪些群体提供的志愿服务是高质量的，哪些群体提供的志愿服务是低质量的，也难发现造成低质量志愿服务的原因，也不清楚成就高质量志愿服务的背后动因，不利于志愿服务事业的长期可持续发展。在对志愿者工作评估和激励方面，调查结果显示（见图4－23）：志愿者在参加志愿活动过程中，41.28%的志愿者其工作没有受到评估和相应的激励，19.90%的志愿者少数情况下有，15.23%的志愿者多数情况下有，只有23.59%的志愿者每次参与志愿活动其工作会受到评估并获得相应的激励。

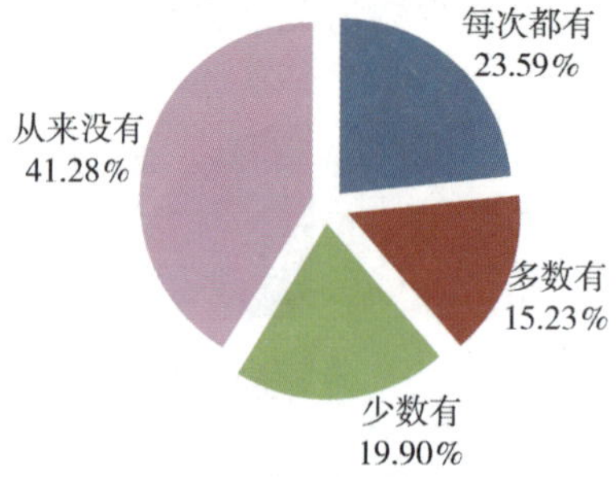

图4－23　是否对志愿者工作进行评估和激励

志愿服务中，如果缺乏对志愿者志愿时长的记录或进行认证，将导致无法精确统计志愿者的服务时长，就无法区分志愿者群体提供志愿服务的不同深度，也无法区分提供1次志愿服务的志愿者群体和提供10次志愿服务的志愿者群体之间的差别，同时也很难估算志愿服务的社会和经济价值。在记录志愿服务时长或进行认证方面，调查结果显示（见图4－24）：63.79%的志愿者在参加志愿活动后并没有记录志愿时长或进行认证，仅有18.97%的志愿者在参加志愿活动后每次都会被记录志愿时长或进行认证。

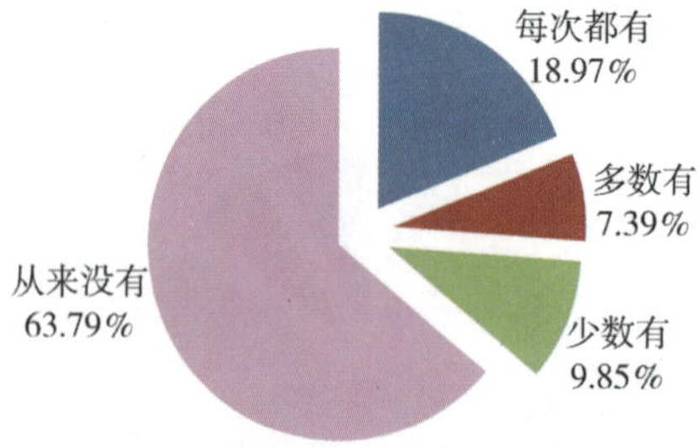

图4－24　是否记录志愿服务时长或进行认证

在志愿服务中，如果忽视志愿者在参与志愿活动时的感受和意见，将不利于志愿服务工作问题的改进，也不利于更好地管理志愿者、提高志愿服务质量。在志愿者意见反馈渠道方面，调查结果显示（见图4-25）：42.51%的志愿者认为他们在参与志愿活动中从来没有被志愿活动组织者询问其感受或意见；22.36%的志愿者在每次参与志愿活动后会被志愿活动组织者询问其感受和意见，并认真改进工作；16.22%的志愿者参与志愿活动多数情况下会被志愿活动组织者询问其感受和意见，并认真改进工作；18.92%的志愿者参与的少数志愿活动会被志愿活动组织者询问其感受和意见，并认真改进工作。

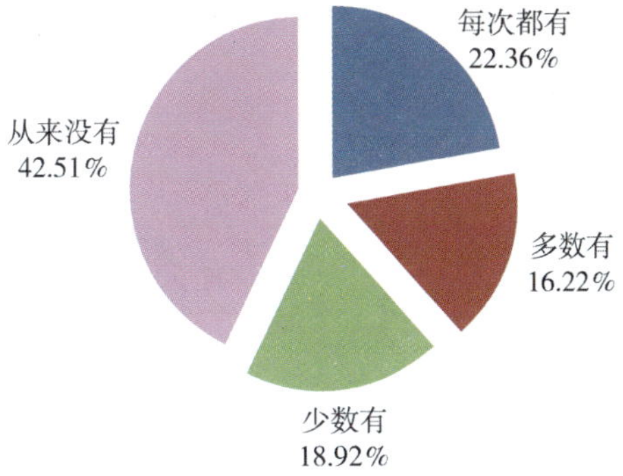

图4-25 是否询问志愿者的感受和意见，并认真改进工作

4.1.10 志愿服务的总体评价

志愿者对志愿服务的总体评价通过询问志愿者“对自己志愿服务经历的总体评价如何?”，统计结果显示（见图4-26）：对自己志愿服务经历非常满意的人数占36.93%，人数占比最高；对自己志愿服务经历比较满意、一般的人数分别占比26.57%、32.70%；对自己志愿服务经历比较不满意或极不满意的人数只占到2.92%、0.88%。对于参与过志愿服务的人来说，只有极小一部分人对志愿活动表示不满意，近2/3的人对于志愿活动是满意的。

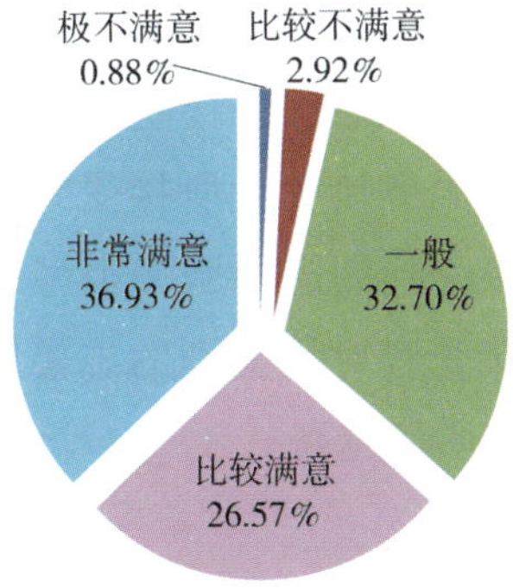

图4-26 志愿者对志愿服务总体评价

地区之间对比来看（见图4－27、图4－28），北京地区、成都地区志愿者对自己参与志愿服务经历比较不满意或极不满意的人群比例都非常低，两者合计都不到4%，整体满意度较高。北京地区志愿者对自己参与志愿服务感觉非常满意的人数比重最高达38.89%、比较满意的人数达29.01%、认为一般的人群占比28.19%；成都地区志愿者对自己参与志愿服务体会一般的人数比重最高，为43.72%，非常满意的人数比重为32.16%，比较满意的人数比重为20.60%。相比而言，北京地区志愿者对自己参与的志愿服务满意度高于成都地区。

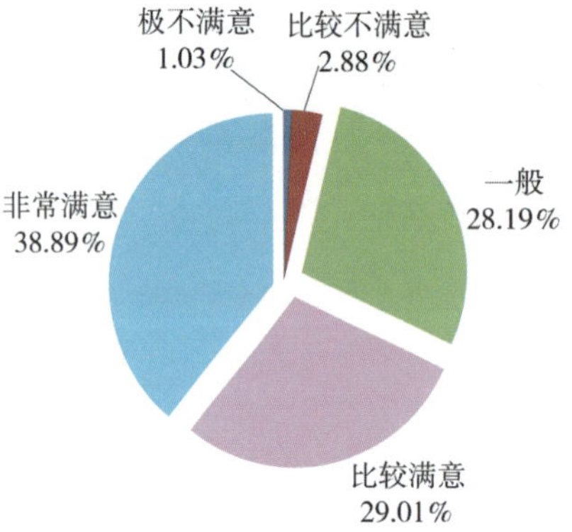

图4－27　北京地区志愿者对志愿服务总体评价

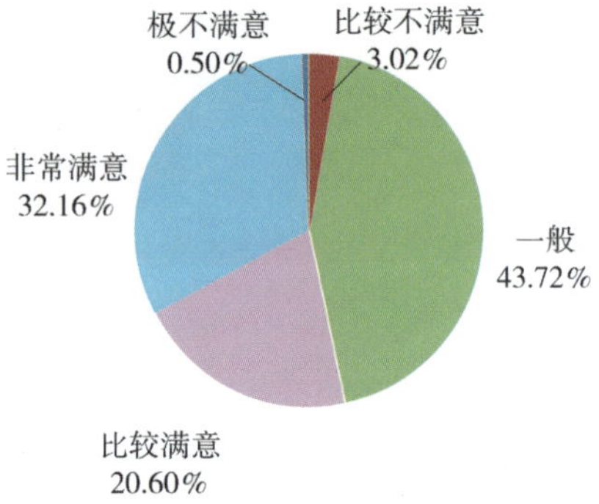

图4－28　成都地区志愿者对志愿服务总体评价

4.2　志愿服务接受者基本情况分析

我们除了可以从志愿服务的供给方（志愿者）的角度来评价志愿服务的发展水平之外，还可以从志愿服务需求方（接受服务者）角度来评价志愿服务发展程度的高低，大致可以从三个方面来判断：第一个方面是志愿服务接受者占总人口的比重，即志愿服务接受比率，志愿服务接受比率越高说明志愿服务的整体发展程度越高；第二个方面是志愿服务接受者所接受到的志愿服务类型，即能否满足志愿服务接受者的需求，可接受到的志愿服务类型越多说明志愿服务涉及范围越广；第三个方面是志愿服务接受者对接受到的志愿服务的满意程度，对接受到的志愿服务越满意说明志愿服务质量越高。

4.2.1　志愿服务接受比率

本次调查的3805个调查对象中，在问及到过去一年是否接受过志愿服务时，其结果显示（见图4－29）：过去一年接受过志愿服务的调查对象有894个，志愿服务接受比率达23.50%。当被问及到是否需要志愿服务时，有54.69%的调查对象表示需要志愿服务（见图4－30）。由此可见当前的志愿服务供给远远不能满足社会对志愿服务的需求，缺口达31.19%。说明当前我国志愿服务整体发展水平还不够高，如果要基本满足大家对志愿服务的需求，仍有较大的提升空间。

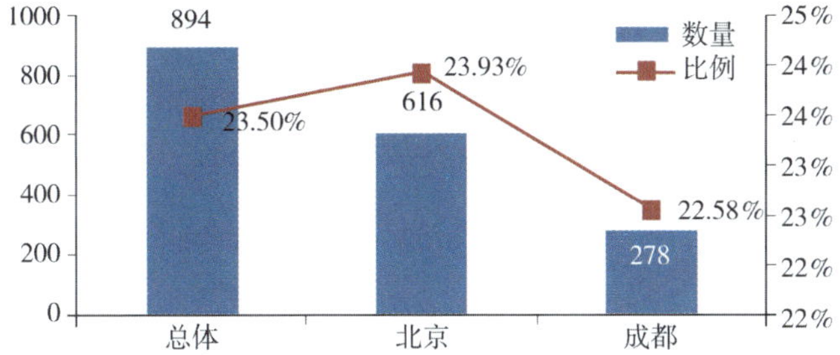

图4－29　志愿服务接受者数量和志愿服务接受比率

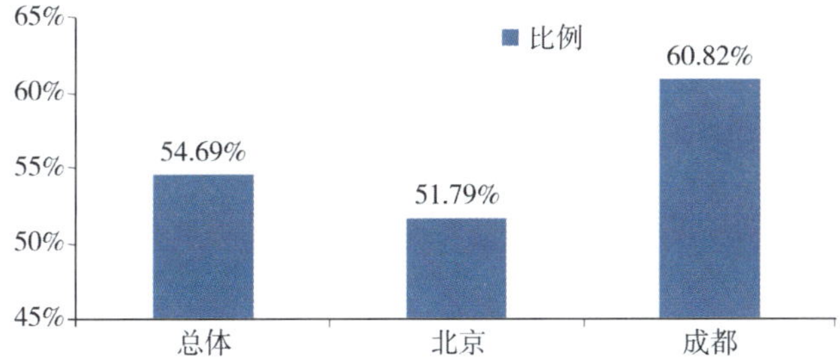

图4－30　需要志愿服务的比例

分不同地区分析（见图4－29、图4－30），北京地区接受过志愿服务的有616人，志愿服务接受比率为23.93%，对志愿服务的需求人数比率达51.79%，超过志愿服务接受比率27.86个百分点。成都地区接受过志愿服务的有278人，志愿服务接受率为22.58%，对志愿服务的需求人数比率高达60.82%，高出志愿服务接受比率38.24个百分点。相比北京地区，成都地区志愿服务供给水平相对略低，但对志愿服务的需求水平更高，导致志愿服务缺口更大，说明成都地区志愿服务存在更大的提升空间。

4.2.2　接受志愿服务的类型

894位志愿服务接受者在被问及都接受过哪些志愿服务，结果显示（见图4－31）：有44.30%的志愿服务接受者接受过“邻里守望”志愿服务，接受比例最高；35.23%的志愿服务接受者接受过“陌生人给予的临时帮助”志愿服务；

30.98%的志愿服务接受者接受过“朋友或非直系亲属给予的生活照顾”志愿服务；接受过“教育/健康/卫生/医疗服务”“信息咨询/法律援助”“扶贫/助困”“抢险/救灾”“宗教服务”的比例分别为18.01%、10.18%、9.06%、2.13%、1.68%；还有1.12%的人接受到的志愿服务类型没有被统计在内。从志愿服务接受者的人次比例来看，志愿服务相对集中，说明志愿服务供给类型多样化水平相对较低。

从不同的地区来看，虽然北京和成都两个地区志愿服务接受者接受志愿服务项目最多的三个均为“邻里守望”“陌生人给予的临时帮助”“朋友或非直系亲属给予的生活照顾”，但成都地区主要集中在邻里守望（51.44%）、朋友或非直系亲属给予的生活照顾（39.93%），北京地区则集中在陌生人给予的临时帮助（41.72%）、邻里守望（41.07%）。

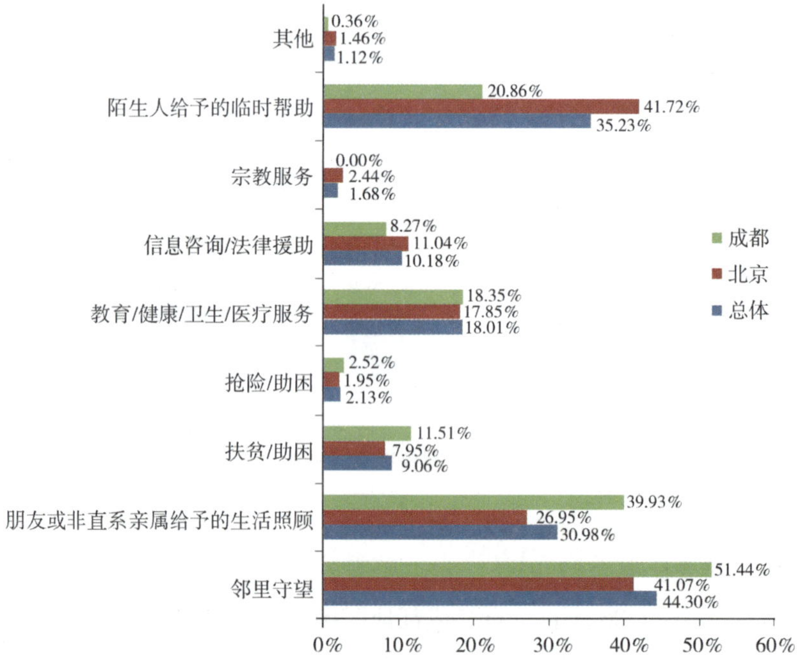

图4-31 志愿服务接受者接受志愿服务类型分布

4.2.3 满意程度

志愿服务接受者对接受到的志愿服务满意程度是反映志愿服务质量高低的重要指标之一。当志愿服务接受者被问及对志愿服务满意程度时（1=非常不满意、2=比较不满意、3=一般满意、4=比较满意、5=非常满意），894位志愿服务的接受者中，有893人回答了该问题，结果显示（见图4-32、图4-33）：平均值为4.36，处于比较满意和非常满意之间，平均满意程度还是较高的；仅有不到2%

的人对过去接受的志愿服务不满意，其中0.90%的志愿服务接受者对接受到的志愿服务比较不满意，对接受的志愿服务非常不满意的人仅占0.56%；超过98%的人对接受的志愿服务满意，其中58.45%的志愿服务接受者对接受的志愿服务非常满意，比较满意、一般满意的志愿服务接受者人数分别占21.50%、18.59%。整体来看，志愿服务接受者对所接受到的志愿服务比较认可，说明志愿服务的内容、质量基本符合社会的需求。

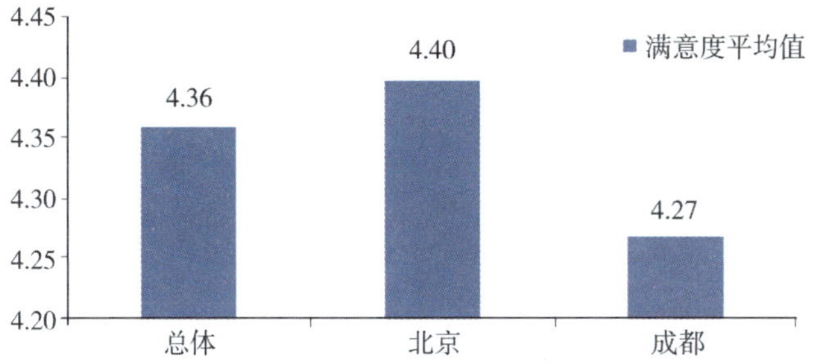

图4－32　满意度平均值统计描述

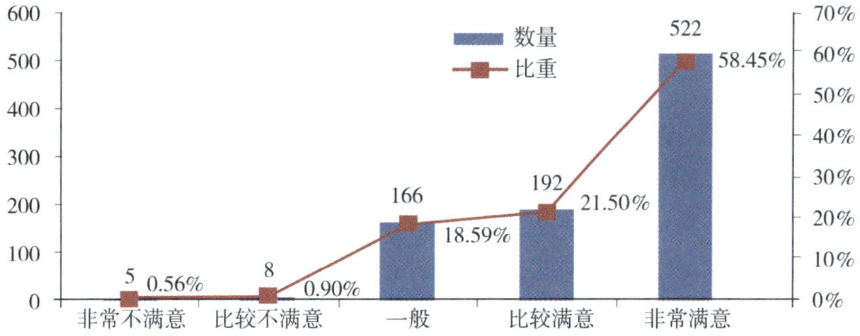

图4－33　志愿服务满意程度统计描述

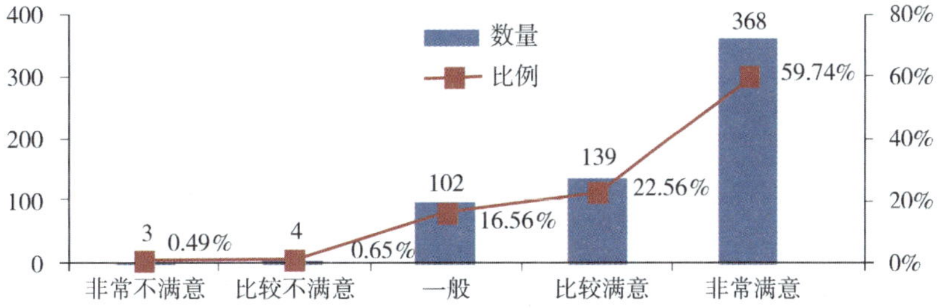

图4－34　北京地区志愿服务满意程度统计描述

分地区来看，北京地区平均值为4.40，处于比较满意和非常满意之间（见图4－32），其中表示比较不满意和非常不满意的仅占0.65%和0.49%，对接受的志愿服务感觉非常满意、比较满意和一般满意的分别占到59.74%、22.56%和16.56%（见图4－34）。

成都地区平均值为4.27，略低于北京的水平，也处于比较满意和非常满意之间（见图4－32）。其中表示不满意的和非常不满意的占1.44%和0.72%，均略高于北京地区；对接受志愿服务感觉非常满意、比较满意和一般满意的分别占55.60%、19.13%和23.10%（见图4－35）。

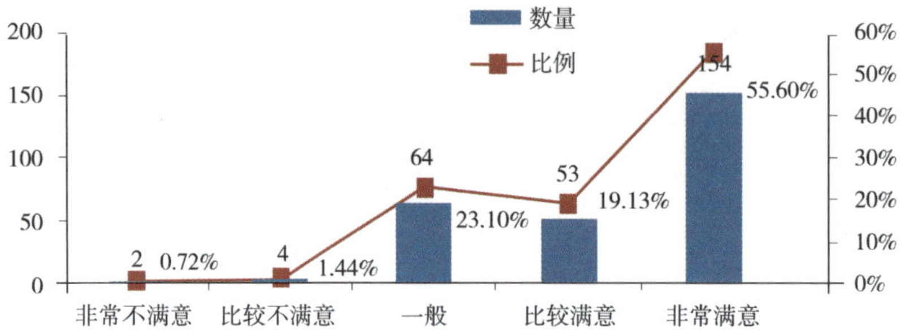

图4－35　成都地区志愿服务满意程度统计描述

比较两地区整体满意度，虽然北京、成都两地区的志愿服务接受者满意度都处于比较满意和非常满意之间，但通过t检验发现（P＝0.0313），北京地区志愿服务接受者的满意度在5%的水平上显著高于成都地区，这可能说明北京地区志愿者提供的志愿服务质量高于成都地区，使得接受志愿服务的需求方更为满意。

第 5 章　中国志愿服务的经济价值分析

5.1　志愿服务的经济价值测度方法

志愿服务的经济价值，是指志愿者在开展志愿服务过程中所创造的经济价值，通常以投入（主要指志愿者提供服务的小时数）或产出（包括产品与服务）的货币价值来表示。该价值长期以来被官方统计所忽略，重要原因可能是观念和技术上的障碍。正如联合国经济和社会事务部统计司（UNSD，2005）所说："在经济学领域里，志愿工作是一个比较麻烦的概念，因为没有市场价格来确定其相对于供需变化的价值。"这种认识的一个直接后果，就是这部分经济价值没有被计入国家和地区的发展成果。

20 世纪 80 年代以来，全球志愿服务的规模不断扩大，对经济和社会福利的贡献与影响日益显著。为了准确衡量这些贡献与影响，志愿服务的经济价值测算（以下简称"价值测算"）应运而生。经过近 30 年的发展，价值测算的框架和技术基本成型，可信度和影响力逐步提高，越来越多的国家和地区将其纳入国民账户，并作为推动志愿服务乃至整个经济社会可持续发展的重要决策依据。鉴于志愿服务在经济、社会、环境等领域中的独特作用和突出贡献，2001 年联合国大会通过决议，呼吁各国政府"测定志愿服务的经济价值"；2005 年联合国大会进一步鼓励各国政府，建立关于志愿服务的知识库，以促进该领域的数据传播和研究工作。此后，价值测算在全球范围内得到日益广泛的认可和实施。

当然，经济价值并非志愿服务的全部价值，甚至可能不是主要方面。志愿服务产生与发展的最重要动力，也不是源于经济考虑，人们关注的重点往往是社会价值，比如对于人们保持身心健康、提高工作技能、改善人际关系、优化生活环境等方面的积极作用。但是，这些价值与经济价值密不可分，测算经济价值与强调其他价值相得益彰，并为全面反映志愿服务价值进行了有益的探索。同时，志愿服务对经济发展作出了很多直接贡献，比如现在越来越多的国家注意到，志愿服务对于减少财政开支具有不可替代的重要作用。"不能被计量，就不能被真正重视。”测算志愿服务的经济价值，有利于更加清晰地展示志愿者的贡献，提升他们的成就感和自信心，有利于激励和吸引更多人参与到志愿服务中来。

在我国，价值测算的知晓度不高，研究与应用较晚。相比近年来我国志愿服务实践的快速发展，价值测算明显滞后，没有发挥出应有的积极作用。我国“十三五”规划明确提出：到2020年，注册志愿者人数要达到居民人口的13%。研究价值测算的方法及其应用，有利于促进国内相关理论与实践的发展，有助于加快我国志愿服务事业的现代化与国际化进程。

5.1.1 方法选择

志愿服务是无偿的，要确定工时工资，只能参照其他的工资标准。目前，国际上测度志愿服务经济价值方法主要从两个角度来计算：一种是产出法（output－related method），包括社会效益法（the social benefits method）；另一种是投入法（input－related method），主要包括机会成本法（the opportunity cost method）、重置成本法（the replacement cost method）。

一、产出法——社会效益法

社会效益方法（the social benefits method）度量志愿服务的社会效益，将无偿的志愿服务所生产的产品及服务折算成货币价值。因此，该方法需要评估志愿服务的产品/服务的市场价格，或者服务接受者的支付意愿。但该方法不适用本书所掌握的调查数据。

二、投入法

投入法是用总志愿服务时长乘以总志愿服务工时工资进行计算。国际上使用较多的是投入法，测算公式非常简单，具体如下：

志愿服务参与率 = 调查样本中的志愿者人数 / 样本总量

志愿者总数 = 志愿者比例 × 适龄人群总数

志愿服务总工时数 = 志愿者人均工时数 × 志愿者总数

志愿服务价值 = 志愿服务工时工资 × 总志愿服务工时数

1. 机会成本法

机会成本法是将志愿者的本职工资作为志愿服务工时工资，若将参与志愿服务的时间用来做本职工作能够获得的收入，即参与志愿服务放弃的机会成本。

$$志愿服务经济总价值 = \sum_{i}^{n} = 1 w_i h_i$$

其中，n 表示志愿者总量，n_i 表示第 i 个志愿者的本职工作的小时工资，h_i 表示第 i 个志愿者的过去一年提供的志愿服务工作时长（小时）。

该种方法无法确定如学生、退休人员、由于身体或心理疾病无法参与工作人群、失业者、不愿参与工作等没有工作人员的小时工资。同时，根据志愿者身份来确定其服务价值也不太合理，比如清扫社区，无论志愿者是官员、学者、银行家，还是普通工人、失业者，其服务的成果都是非常相似的，因此利用机会成本法会高估某些志愿服务的经济价值。

2. 重置成本法

重置成本法是根据市场上同类有偿劳动的小时工资作为志愿服务工时工资对志愿服务经济价值进行计算。根据参照小时工资标准不同，测算的结果差异也相对较大，通常取同类职业的平均工资，或者本地职工平均工资。该种方法需要我们对每种志愿服务进行严格的归类，同时需要获得每种志愿服务的市场价格。同时，该方法难以体现专业和非专业志愿者在服务效率及质量上的差异。比如，专业司机帮助开车运送物资或人员，在经验、效率及安全性等方面，通常要好于一般志愿者，工资水平也理应更高一些。

$$\text{志愿服务经济总价值} = \sum_{i}^{n} = 1 w_i h_i$$

其中，n 表示志愿者总量，w_i 表示第 i 个志愿者提供的志愿服务内容的市场小时价格（重置价格），h_i 表示第 i 个志愿者的过去一年提供的志愿服务工作时长（小时）。

基于以上方法的分析，根据数据的可得性，同时考虑志愿服务经济价值测算的合理性，我们选择重置成本法对志愿服务经济价值进行测算。

5.1.2　志愿服务总经济价值测度技术路线

一、样本平均志愿服务经济价值

样本平均志愿服务经济价值是指在某一个时间段内，按照某一规则计算出样本中所有志愿者提供志愿服务工作时长的经济价值总和与样本总数的比值。

$$\text{样本人均志愿服务价值} = \frac{1}{m} \sum_{i}^{m} = 1 h_i w_i$$

其中，i 为第 i 样本，m 为调查样本总数，h_i 为第 i 样本在过去一年中提供的志愿服务工作时长，w_i 为第 i 样本的参与志愿服务工作所能获得的小时工资。因为本章随后采用重置成本法测算志愿服务的经济价值，所以 w_i 应为市场上类似工作所能获得的小时工资。

二、权重调整

本次调查对象年龄范围在 12—70 周岁，对于 12 周岁以下和 70 周岁以上的群体没有纳入我们调查范围内，因此，在核算地区志愿服务总经济价值时，12 周岁以下和 70 岁以上的群体提供的志愿服务价值没有统计在内。

根据ILO（2011）的建议：志愿者应该年满15周岁，如果当地可以避免强迫问题，也可以选择更低的年龄下限。为了便于国际比较，本章参照这一建议和国际常规做法，测算15—70周岁年龄段的志愿者，调查共实际完成家庭问卷3033份，符合本章节需求的有效个人问卷3786个样本，其中北京市样本2574个，成都市样本1212个。

美国2015年志愿服务调查数据显示①：不同年龄组的志愿服务参与率差距很大，参与率从最高的28.9%（35—44岁）到最低的18.4%（20—24岁），两者差距超过了10个百分点。本次调查数据也存在着类似现象，即不同年龄组的志愿服务参与率有较大差异。如果调查样本的年龄分布与北京市常住人口实际的年龄分布不一致，就需要对测算结果按年龄组实际人口数量的比重进行调整。

由于本次在北京和成都两个城市的调查都是采取随机抽样、入户调查的方式，工作日在家里碰到年龄较大人群的概率相对更高，因此，测算结果需要根据北京市常住人口的实际年龄结构进行调整。但由于成都市总体人口年龄结构的统计数据缺失，盲目地进行人口结构调整更不利于计算的精度，因此，成都市志愿服务总经济价值测算没有进行人口结构的调整。

此外，由于调查在暑假期间，没有对高校和科研院所的学生宿舍进行调查，因此样本中大学专科及以上在校生（以下简称“在校生”）比例较小。但是，北京市拥有较多的高校和科研院所，作为北京市常住人口的在校生规模很大，且根据北京市实际情况，该群体志愿服务参与率相对更高，且样本数量具有一定的代表性，所以本章对北京在校生进行单独分类测算，根据全市常住人口的结构进行调整，更有助于提高计算的精度。由于成都市样本中在校生数量极少，不具有代表性，因此，成都市志愿服务总经济价值不做在校生群体区分。

基于以上的分析。对北京市志愿服务总经济价值（TVV）的测算包括两个方面：一方面是15—70岁不包括大学专科及以上群体志愿服务经济价值（VV_P）；另一方面是大学专科及以上在校生的志愿服务经济价值（VV_S）。

$$\text{TVV} = VV_P + VV_S$$

15—70岁不包括大学专科及以上群体志愿服务经济价值（VV_P）的计算方法：根据总体年龄分布，计算出每个年龄段的样本平均志愿服务价值。x年龄段的平均志愿服务价值（$\overline{VV_{P-X}}$）计算公式：

$$\overline{VV_{P-X}} = \frac{1}{m_{p-x}} \sum_{i=1}^{m_{p-x}} h_i w_i$$

① 美国劳动统计局每年组织劳动就业方面的抽样调查，样本量为6万户，这个调查也包括了志愿服务。调查结果见其网站https：//www. bls. gov/news. release/volun. nr0. htm。

$$VV_P = \sum_{x=1}^{h} n_{p-x} \overline{VV_{P-X}}$$

其中，i 为第 i 样本，m_{p-x} 为调查对象在 15—70 岁（不包括大学专科及以上在校生）人口数中 x 年龄段的样本数量，n_{p-x} 为调查地区 15—70 岁（不包括大学专科及以上在校生）人口数中 x 年龄段的总人口数量，h 为 15—70 岁（不包括大学专科及以上在校生）人口分为 h 个年龄段。在实际操作中，我们把北京市总体人口分为 15—34 岁、35—54 岁、55—70 岁三个年龄段，成都市不做人口年龄结构区分。

大学专科及以上在校生的志愿服务经济价值（VV_S）的计算方法：首先我们先要计算大学专科及以上在校生志愿服务参与率、志愿服务工作时长，然后计算出大学专科及以上在校生平均志愿服务经济价值（$\overline{VV_S}$），计算公式：

$$\overline{VV_S} = \frac{1}{m_s} \sum_{i=1}^{ms} h_i w_i$$

$$VV_S = n_s \cdot \overline{VV_S}$$

其中，i 为第 i 样本，m_s 为调查对象中大学专科及以上在校生样本数量，n_s 为调查地区大学专科及以上在校生人口数。

三、确定志愿服务工时工资

本文以 2015 年北京市、成都市居民服务和其他服务业从业人员的工时工资①，作为志愿服务的工时工资（见表 5－1）。按照年工作日 250 天、日均 8 小时工作时间（共 2000 小时）标准，计算出北京市和成都市工时工资分别为 24.7 元/小时和 16.6 元/小时。由于正式与非正式志愿服务的分类标准是组织形式，而非技术含量，因此根据国际通行方法，这一工资标准同时适用于正式与非正式志愿服务。为了更加准确地体现技术性和非技术性志愿服务工作经济价值的差距，本章在后文中还会根据是否需要专业技能将志愿服务分为专业与普通两类。

表 5－1　行业平均小时工资（元/小时）（2015）

行　业	成都	北京
城镇全部单位就业人员	28.7	56.5
农、林、牧、渔业	18.0	25.6
采矿业	26.3	44.2
制造业	24.9	43.8
电力、燃气及水的生产和供应业	43.6	65.7

① 北京市各行业平均工资的数据来源：北京统计信息（http://www.bjstats.gov.cn/）。

续表

行　业	成都	北京
建筑业	24.3	42.0
交通运输、仓储和邮政业	35.2	40.8
信息传输、计算机服务和软件业	38.4	79.1
批发和零售业	21.9	47.3
住宿和餐饮业	18.0	27.4
金融业	51.5	142.9
房地产业	27.5	43.5
租赁和商务服务业	24.5	52.3
科学研究、技术服务业	43.2	68.3
水利、环境和公共设施管理业	25.6	37.1
居民服务和其他服务业	16.6	24.7
教育	36.5	57.8
卫生、社会保障和社会福利业	42.2	71.5
文化、体育和娱乐业	26.6	66.3
公共管理和社会组织	39.8	48.3

数据来源：北京的数据来自北京统计信息网，http：//www.bjstats.gov.cn/，成都数据来自成都统计信息网，http：//www.cdstats.chengdu.gov.cn/，2015年各个行业类型年均工资，按照年工作日为250天、日均8小时工作时间的标准计算得到各行业的平均小时工资。

四、志愿服务总价值分解

1. 分解

按专业类型分解：志愿服务可以分为专业志愿服务和普通志愿服务两大类，则志愿服务经济总价值也可以分为专业志愿服务经济价值（$TVV_{profession}$）、普通志愿服务经济价值（$TVV_{ordinary}$）。

$$TVV = TVV_{profession} + TVV_{ordinary}$$

按正式与非正式志愿服务分解，该分类方法，是将志愿服务分为正式与非正式两大类。正式志愿服务是指通过或者为某个组织提供志愿服务；非正式志愿服务是指不通过组织，直接向受助者提供帮助。举例来说，如果某人在一个机构的组织管理下开展志愿服务，如通过医院、学校、企业等组织的活动，则其所完成的是正式志愿服务；如果某人自发替邻居老人义务做饭、购物等，则为非正式志愿服务。

本文所使用的调查数据，将志愿服务分为政府组织的志愿服务、非政府组织的志愿服务、非组织志愿服务这三类，按照正式与非正式志愿服务的界定方式，我们将有组织的志愿服务视为正式志愿服务，包括政府组织的志愿服务和非政府组织的志愿服务；将无组织的志愿服务视为非正式志愿服务。通过以上技术路线可以分别测算正式志愿服务价值（TVV_{type1}）、非正式志愿服务价值（TVV_{type2}）。

$$TVV = TVV_{type1} - TVV_{type2}$$

2. 贡献率

贡献率（ρ）表示按某一标准将总体分成若干类后，每一类占总量的比重，具体公式为：

$$\rho_j = \frac{TVV_j}{TVV}$$

其中，ρ_j 表示第 j 类型志愿服务经济价值对志愿服务经济总价值的贡献率（$j = 1, 2, 3, \cdots, n$），$\rho_1 + \rho_2 \cdots + \rho_n = 1$。

5.2 志愿服务经济价值测算结果分析

5.2.1 北京市志愿服务经济价值测算

一、核算人口数量

根据2015年北京市常住人口的年龄分布①，15—69岁人口数有每五岁为一组的明确记录，70岁没有单独统计。本章按照简单平均的分配原则，将70—74岁年龄段的人口数（50.6万）平均五等分，假设北京70岁的人口数约为10.12万人。由此，汇总后的北京市15—70岁年龄段的总人口数约为1815.42万（见表5－2）。

为了更加准确地测算北京志愿服务的经济价值，我们需要考虑到北京人口分布和志愿服务的两个特点：一是北京有大量的在校高校学生；二是北京各年龄段人群的志愿服务参与率差距较大，尤其是高校学生的参与率明显偏高。因此，本文将15—70岁细分为15—34岁、35—54岁和55—70岁这3个不同的年龄段（见表5－3）。另外，假定在校生全部处于15—34岁这一年龄段，2015年北京全市在校生数量为114.8万②，将在校生从该年龄段（766.4万人）中剔除并单独进行测算，由此，

① 数据来源：北京统计信息网（http：//www.bjstats.gov.cn/tjsj/ndsj/ndsjfpfb/2015n/index_1.html）。

② 数据来源：北京统计信息网（http：//www.bjstats.gov.cn/tjsj/tjgb/ndgb/201603/t20160329_346055.html）。

形成了15—34岁（不含在校生）、35—54岁、55—70岁和在校生这四个群体。

表5-2　北京常住人口年龄构成（2015）

年龄组	常住人口数（万人）	比重（%）
合计	2170.5	100
0—4岁	93.8	4.32
5—9岁	74	3.41
10—14岁	51.3	2.36
15—19岁	71.4	3.29
20—24岁	207.7	9.57
25—29岁	254.1	11.71
30—34岁	233.2	10.74
35—39岁	177.1	8.16
40—44岁	177.2	8.16
45—49岁	170.7	7.86
50—54岁	169.3	7.8
55—59岁	150.2	6.92
60—64岁	117.7	5.42
65—69岁	76.7	3.53
70—74岁	50.6	2.33
75—79岁	45.7	2.11
80—84岁	31.6	1.46
85岁及以上	18.2	0.84

数据来源：北京统计信息网，http：//www.bjstats.gov.cn/tjsj/ndsj/ndsjfpfb/2015n/。

表5-3　北京全市人口和调查样本人口的结构

分类	全市人口结构		样本人口结构	
	人数（万人）	比重（%）	人数（人）	比重（%）
15—34岁（不含在校生）	651.60	35.89	582	22.80
35—54岁	694.30	38.24	1062	41.60
55—70岁	354.72	19.54	880	34.47
在校生	114.80	6.32	29	1.14
合　　计	1815.42	100	2553	100

数据来源：北京统计信息网，http：//www.bjstats.gov.cn/tjsj/ndsj/ndsjfpfb/2015n/。

从表 5－3 来看，全市和样本的各群体人口分布存在较大的差异：15—34 岁、在校生这两个群体，样本中的比重分别小于全市人口中的相应比重；35—54 岁和 55—70 岁两个群体，样本中的比重分别大于全市人口中的相应比重。这一情况与本次入户调查的方式有关：年纪越大的人，在家的概率越大，也更愿意接受调查。同时，本次入户调查只针对普通居民户，没有对高校宿舍区进行调查，在校生的数量和占比明显偏少，因此，如果需要对志愿服务的经济价值进行非常精确地测算，就有必要对在校生人群进行单独的问卷调查。

二、志愿者的比例和数量

根据样本中各群体的志愿者比例，分别确定各群体的样本参与率。如果不对年龄进行加权处理，北京市总参与率等于全部样本的总参与率，为 18.88%，按此参与率算出的志愿者数量为 342.75 万人（即：总人口 × 样本的总参与率）；根据全市人口结构分为四个人群，分别以“参与率 × 人口数量”计算北京各个人群的志愿者数量，则全市志愿者总数约为 402.47 万人，因此，根据全市人口的年龄结构调整后的总参与率约为 22.17%（见表 5－4），高于样本总参与率 3 个多百分点，两者存在较大的差距。

表 5－4　样本志愿者数量和参与率、全市志愿者数量

分　类	样本志愿者数量（人）	样本参与率（%）	全市志愿者数量（万人）	全市参与率（%）
15—34 岁（不含在校生）	117	20.10	130.99	20.10
35—54 岁	184	17.33	120.29	17.33
55—70 岁	159	18.07	64.09	18.07
在校生	22	75.86	87.09	75.86
合　计	482	18.88	402.47	22.17

三、志愿服务时长

1. 全市志愿服务总时长

根据样本数据计算得出：样本志愿者的人均志愿服务时长为 90.15 小时。我们可以比较一下用两种不同的方法计算一下全市志愿服务总时长：

（1）简单算法。如果不进行加权处理，只是按“样本志愿者人均时长 × 全部样本的参与率 × 北京 15—70 岁人口数”简单的方法计算，北京市志愿服务总时长约为 3.09 亿小时。

（2）加权算法。根据人口结构加权处理，计算出各群体志愿者的人均时长，并以此作为全市相应群体志愿者的人均时长，再计算出全市四个群体的总时长，

从而得到全市志愿服务的总时长（见表5－5），得到的结果约为3.39亿小时。

由于人口年龄结构及各群体人均时长存在差异，所以全市志愿者人均时长与全样本志愿者的人均时常不同。根据推算出的全市志愿服务总时长及志愿者总数，可以计算出全市志愿者人均时长约为84.27小时，略低于90.15小时的样本志愿者人均志愿服务时长。

2. 专业志愿服务时长与普通志愿服务时长

不进行权重处理，北京市专业志愿服务时长约为0.63亿小时（即：342.75万人×18.48小时/人），普通志愿服务时长约为2.46亿小时（即：342.75万人×71.67小时/人）。

表5－5　样本志愿者人均时长、全市志愿服务总时长

分类	样本志愿者人均时长（小时）	全市志愿服务总时长（亿小时）
15—34岁（不含在校生）	74.96	0.982
35—54岁	75.97	0.914
55—70岁	118.50	0.759
在校生	84.54	0.736
合计	90.15	3.39

根据人口结构加权处理，分别计算出各群体中的志愿者人均专业志愿服务时长和人均普通志愿服务时长，再根据全市相应群体中的志愿者人数，分别计算出专业和普通志愿服务的时长。将计算结果分别加总后，全市专业志愿服务时长约为0.91亿小时，普通志愿服务时长约为2.48亿小时（见表5－6）。

表5－6　专业和普通志愿服务的志愿者人均时长、全市志愿服务时长

分类	样本志愿者人均时长（小时）		全市志愿服务时长（亿小时）	
	专业	普通	专业	普通
15—34岁（不含在校生）	23.31	51.65	0.305	0.677
35—54岁	13.21	62.77	0.159	0.755
55—70岁	18.29	100.21	0.117	0.642
在校生	38.16	46.39	0.332	0.404
合计	18.48	71.67	0.914	2.48

3. 正式志愿服务时长和非正式志愿服务时长

不进行权重处理，全市正式志愿服务时长约为2.90亿小时（即：342.75万人×84.47小时/人），非正式志愿服务时长约为0.19亿小时（即：342.75万人×5.67小时/人）。

表5-7 志愿者提供的正式和非正式志愿服务人均时长、全市志愿服务时长

分类	样本志愿者人均时长（小时）		全市志愿服务时长（亿小时）	
	正式	非正式	正式	非正式
15—34岁（不含在校生）	72.96	2.00	0.956	0.0263
35—54岁	67.28	8.69	0.809	0.105
55—70岁	112.94	5.56	0.724	0.0356
在校生	83.82	0.72	0.730	0.00630
合计	84.47	5.67	3.22	0.173

根据人口结构加权处理，计算方法与上文中专业和普通志愿服务时长的计算方法相同，全市正式志愿服务约为3.22亿小时，非正式志愿服务约为0.17亿小时（见表5-7）。

四、工时工资

本章以2015年北京市居民服务和其他服务业从业人员的工时工资①，作为普通志愿服务工作的工时工资，工时工资为24.7元/小时。

普通志愿服务的工时工资，仍以居民服务和其他服务业的小时工资为准，即24.7元/小时。专业志愿服务的工时工资，则根据调查中专业志愿服务在相关行业中的时长比例，计算出其加权平均的工资水平（见表5-8）②。

由此，专业志愿服务的工时工资 $w_p = 20.84\% \times 48.3 + 26.42\% \times 64.65 + 10.21\% \times 68.3 + 29.86\% \times 66.3 + 12.68\% \times 52.3 = 60.54$ 元。

表5-8 按行业分类样本专业志愿服务人均时长分布（北京市）

行业分类	平均小时工资（元）	样本专业志愿服务人均时长（小时）	占专业志愿服务总时长的比重（%）
公共管理和社会组织	48.3	3.85	20.84
教育、卫生、社会保障和社会福利业	64.65	4.88	26.42

① 北京市各行业平均工资的数据来源：北京统计信息（http：//www.bjstats.gov.cn/）。

② 同上。

续表

行业分类	平均小时工资（元）	样本专业志愿服务人均时长（小时）	占专业志愿服务总时长的比重（%）
科学研究、技术服务业	68.3	1.89	10.21
文化、体育和娱乐业	66.3	5.52	29.86
租赁和商务服务业	52.3	2.34	12.68
合　计		18.48	100

注：教育、卫生、社会保障和社会福利业的工资水平，根据“教育”与“卫生、社会保障和社会福利业”两个行业的平均小时工资计算。

五、志愿服务经济价值测算结果

本章按不同工时工资，计算出北京市2015年志愿服务的经济总价值。

不进行权重处理，以24.7元/小时为单一工资标准，全市志愿服务经济价值（Ⅰ）为76.32亿元，约为当年全市GDP（22968.6亿元）的0.33%；如果将专业和普通志愿服务采用不同的工资标准分别测算，全市志愿服务经济价值（Ⅱ）为98.90亿元，约为当年地区生产总值的0.43%，其中专业和普通志愿服务经济价值分别为38.14亿元和60.76亿元，占总经济价值的38.56%和61.44%。

如果根据人口结构进行加权处理（见表5－9），以24.7元/小时为单一工资标准，全市志愿服务经济价值（Ⅰ）为83.77亿元，约为当年全市地区生产总值（22968.6亿元）的0.36%；如果将专业和普通志愿服务采用不同的工资标准分别测算，全市志愿服务经济价值（Ⅱ）为116.52亿元，约为当年地区生产总值的0.51%，其中专业和普通志愿服务经济价值分别为55.31亿元和61.20亿元，占总经济价值的47.47%和52.53%。

不进行权重处理和按人口结构加权处理后志愿服务经济价值测算结果存在一定的差异，但并不特别明显，不进行权重处理北京市志愿服务经济价值占地区生产总值在0.33%—0.43%；按人口结构加权处理后北京市志愿服务经济价值占地区生产总值在0.36%—0.51%，两种样本处理方式结果的差异仅为0.03—0.08个百分点。

表5－9　北京市志愿服务的经济价值

分　类	志愿服务经济价值（Ⅰ）		志愿服务经济价值（Ⅱ）	
	数量（亿元）	比重（%）	数量（亿元）	比重（%）
15—34岁（不含在校生）	24.25	28.95	35.20	30.21
35—54岁	22.57	26.95	28.27	24.26

续表

分 类	志愿服务经济价值（Ⅰ）		志愿服务经济价值（Ⅱ）	
	数量（亿元）	比重（%）	数量（亿元）	比重（%）
55—70 岁	18.76	22.39	22.96	19.71
在校生	18.19	21.71	30.10	25.82
合计	83.77	100	116.52	100

由上文所说，志愿服务可以分为正式与非正式两类，经济价值（I）也可以据此分为两个部分。不进行权重处理，按照 24.7 元/小时的工资标准，正式与非正式志愿服务的经济价值分别为 71.63 亿元和 4.69 亿元，其中正式和非正式志愿服务经济价值分别占总经济价值的 93.85% 和 6.15%。

根据人口结构加权处理（见表 5－10），按照 24.7 元/小时的工资标准，正式与非正式志愿服务的经济价值分别为 79.51 亿元和 4.27 亿元，其中正式和非正式志愿服务经济价值分别占总经济价值的 94.91% 和 5.09%。各年龄段提供正式志愿服务的经济价值比较接近，但是非正式志愿服务的经济价值差异明显。其中，35—54 岁年龄段提供的非正式志愿服务占比最多，超过 60%；在校生群体提供的比例最少，不到 4%。差距巨大的原因可能是：北京高校共青团的力量巨大，绝大部分活动都是共青团系统组织好的，所以其志愿服务的形式以正式有组织的为主；而 35—54 岁人群是主要的工作人群，工作繁忙时间紧张，很难参加有组织的正式志愿服务，大量的志愿服务是不通过组织、直接向受助者提供帮助。

表 5－10　全市正式与非正式志愿服务的经济价值

分 类	正式志愿服务的经济价值		非正式志愿服务的经济价值	
	数量（亿元）	比重（%）	数量（亿元）	比重（%）
15—34 岁（不含在校生）	23.61	29.69	0.65	15.20
35—54 岁	19.99	25.14	2.58	60.52
55—70 岁	17.88	22.49	0.88	20.63
在校生	18.03	22.68	0.16	3.65
合计	79.51	100	4.27	100

5.2.2　成都市志愿服务经济价值测算

一、地区核算人口数量

由于成都市统计局没有像北京一样发布按五岁年龄段计算的人口数。我们只能依据成都市第六次人口普查的人口年龄构成比例①，调整2015年成都市常住人口（见表5-11），2015年成都市常住人口1465.8万人②，其中0—14岁年龄段群体数量为160.4万人、15—64岁年龄段群体数量为1163.1万人、65岁以上群体数量为142.3万人，这个构成比例整体上与北京地区相似（见表5-11），我们根据结构相似性以北京人口年龄构成比例调整65—70岁年龄段群体数量，调整后65—70岁人口数量分别为108.12万人，成都市15—70岁人口数为1271.22万人。

表5-11　成都、北京常住人口年龄构成（2015）

年龄组	成都常住人口数（万人）	比重（%）	北京（2015）比重（%）③
0—14岁	160.4	10.94	10.09
15—64岁	1163.1	79.35	79.63
65岁及以上	142.3	9.71	10.27

二、志愿者的比例和数量

根据调查数据计算，成都市15—70岁龄段的样本为1212人，其中2015年参与志愿服务有194人，样本的总参与率为16.01%。不进行权重处理，成都市志愿者数量为203.52万人（即：1271.22万人×16.01%）。

三、志愿服务时长

1. 全市志愿服务总时长

根据样本数据计算样本志愿者人均时长为56.12小时。不进行权重处理，成都市志愿服务总时长为1.14亿小时（即：56.12小时/人×203.52万人）。

2. 专业志愿服务时长与普通志愿服务时长

根据样本数据计算样本专业志愿服务和普通志愿服务人均时长分别为11.21小时/人和44.91小时/人。不进行权重处理，全市专业志愿服务时长约为0.23亿小时（即：203.52万人×11.21小时/人），普通志愿服务时长约为0.91亿小时（即：203.52万人×44.91小时/人）。

3. 正式志愿服务时长和非正式志愿服务时长

根据样本数据计算样本正式志愿服务和非正式志愿服务人均时长分别为42.99

① 数据源于《成都市2010年第六次全国人口普查主要数据公报》。

② 数据源于北京统计信息网（http：//www.bjstats.gov.cn/tjsj/ndsj/ndsjfpfb/2015n/）。

③ 根据北京统计信息网（http：//www.bjstats.gov.cn/tjsj/ndsj/ndsjfpfb/2015n/）人口年龄结构数据计算获得。

小时/人和13.13小时/人。不进行权重处理，全市正式志愿服务时长约为0.87亿小时（即：203.52万人×42.99小时/人），非正式志愿服务时长约为0.27亿小时（即：203.52万人×13.13小时/人）。

四、工时工资

本章以2015年成都市居民服务和其他服务业从业人员的工时工资[①]，作为志愿服务的工时工资，工时工资为16.6元/小时。

普通志愿服务的工时工资，仍以居民服务和其他服务业的小时工资为准，即16.6元/小时。专业志愿服务的工时工资，则根据调查中专业志愿服务在相关行业中的时长比例，计算出其加权平均的工资水平（见表5-12）[②]。

由此，成都市专业志愿服务的工时工资 w_{p2} = 28.80% ×39.80 + 22.79% ×39.35 + 17.4% ×43.20 + 14.80% ×26.60 + 16.21 ×24.50 = 35.85元。

表5-12　按行业分类样本专业志愿服务人均时长分布（成都市）

行业分类	平均小时工资（元）	样本专业志愿服务平均时长（小时/人）	占专业志愿服务总时长的比重（%）
公共管理和社会组织	39.80	3.23	28.80
教育、卫生、社会保障和社会福利业	39.35	2.56	22.79
科学研究、技术服务业	43.20	1.95	17.40
文化、体育和娱乐业	26.60	1.66	14.80
租赁和商务服务业	24.50	1.82	16.21
合计		11.21	100

注：教育、卫生、社会保障和社会福利业的工资水平，根据“教育”与“卫生、社会保障和社会福利业”两个行业的平均小时工资计算。

五、志愿服务的经济价值

本节按不同工时工资，计算出成都市2015年志愿服务经济总价值。

不进行权重处理，以16.6元/小时为单一工资标准，全市志愿服务经济价值（Ⅰ）为18.96亿元（即：1.14亿小时×16.6元/小时），约为当年全市地区生产总值（10801.2亿元）的0.18%；如果将专业和普通志愿服务采用不同的工资标准分别测算，全市志愿服务经济价值（Ⅱ）为23.68亿元，约为当年地区生产总

① 成都市各行业平均工资的数据来源：成都统计信息网（http：//www.cdstats.chengdu.gov.cn/）。

② 同上。

值的0.22%，其中专业和普通志愿服务经济价值分别为8.18亿元（即：0.23亿小时×35.85元/小时）和15.17亿元（即：0.91亿小时×16.6元/小时），占总经济价值的35.03%和64.97%。

由上文所说，志愿服务可以分为正式与非正式两类，经济价值（I）也可以据此分为两个部分。不进行权重处理，按照16.6元/小时的工资标准，正式与非正式志愿服务的经济价值分别为14.52亿元（即：0.87亿小时×16.6元/小时）和4.44亿元（即：0.27亿小时×16.6元/小时），其中正式和非正式志愿服务经济价值分别占总经济价值的76.60%和23.40%。

5.3 小结

在重置成本法下，采用相关行业平均工资和地区平均工资，对北京和成都两地区志愿服务经济总价值测算结果显示：志愿服务创造了大量的经济价值，对于经济社会发展意义重大。这种情况一方面说明，不论是北京还是成都，志愿服务事业都取得了显著成绩，志愿服务的积极作用已经逐步显现；另一方面也说明，政府需要顺应时代发展趋势，持续开展价值测算工作，并将这部分价值纳入国家和地区的发展绩效。

其中北京地区志愿服务经济总价值占地区生产总值的0.33%—0.51%，成都地区志愿服务经济总价占地区生产总值的0.18%—0.22%。不进行权重处理和按人口结构加权处理后志愿服务经济价值测算结果差异并不明显，不进行权重处理北京市志愿服务经济价值占地区生产总值为0.33%—0.43%；按人口结构加权处理后北京市志愿服务经济价值占地区生产总值为0.36%—0.51%，两种样本处理方式结果仅为0.03—0.08个百分点。这也在一定程度上说明，即使没有进行人口结构调整，北京市志愿服务经济价值测算结果也具有较好精度。

测算结果分解显示：从专业性来看，虽然普通志愿服务创造的价值高于专业志愿服务创造的价值，但不论是北京市还是成都市专业志愿服务创造的经济价值已占到总志愿服务经济价值的35%以上，北京市更是接近50%；从正式和非正式来看，志愿服务经济总价值主要由正式（包括政府组织和非政府组织）志愿服务创造的，而非正式志愿服务创造的经济价值非常低，尤其是北京市非正式志愿服务创造的经济价值占总志愿服务经济价值的比重不到6%。可见，在不论是成都还是北京，专业志愿服务的比例仍相对过小，对总体经济价值贡献有待提高；正式志愿服务占绝对优势，非正式志愿服务明显偏少，如果要大幅提高志愿服务经济价值，可能需要各级政府采取有效措施，激发居民自发开展志愿服务的热情。

本章分析的不足之处：从测算精度考虑，在校大学生群体作为志愿服务主力军，参与率最高，因此，要想非常精确地测量志愿服务的发展水平及其经济价值，可能需要针对在校大学生做一次志愿服务的专项调查，这有助于提高地区志愿服务总经济价值测算的精度，尤其是对高校和科研院所较多的城市。

第 6 章　参与志愿服务的影响因素分析

近些年来，志愿服务工作受到社会的广泛关注和好评，越来越多的人加入志愿者行列，但国内志愿服务的发展水平还是远低于发达国家，而且根据第 5 章的数据显示，北京和成都两个城市的志愿服务都满足不了当地广大人民群众的需求。为了促进志愿服务事业的健康可持续发展，我们应更加关注为什么有些人不能、不想或没被要求参与志愿服务，而另一些人却可以参与志愿服务，为以后更好地吸引更多的人参与志愿服务提供分析基础。为此，本章将从两个视角对影响人们参与志愿服务的因素进行深入分析。

6.1　阻碍潜在志愿者参与志愿服务的因素分析

志愿服务作为一种利他行为，一直是世界各国包括中国的主流价值观，受到社会和舆论赞美。许多非志愿者不是因为他们不愿意帮助别人、没有利他精神，而是因为各种外在条件影响了他们参与志愿活动，他们中的许多人是潜在的志愿者。

6.1.1　非志愿者的参与意愿较强

我们通过问卷询问未参与过志愿服务的调查对象："如果有机会愿意成为志愿者吗?"来测算潜在志愿者的规模，其结果显示：若有机会，表示非常愿意成为志愿者的人数比重占 37.48%、表示比较愿意成为志愿者的人数比重占 39.10%、持无所谓态度的人数比重占 16.84%、表示比较不愿意和非常不愿意的人数比重合计仅占 6.58%。

这个结果说明，可能受中国传统文化和多年来"学雷锋做好事"风气的影响，我国民众有比较强烈的利他精神，参与志愿服务的意愿较强，从根本上来说，志愿服务有着巨大的发展潜力，超过 3/4 的非志愿者明确表示如果有机会愿意成为志愿者。那么，如何把相当一部分的潜在志愿者转化为实际行动的志愿者，将是今后进一步推动志愿服务事业发展的关键所在。

6.1.2 影响参与志愿服务的原因

通常来说，空闲时间越多的人，其时间的机会成本可能也会更低，他们参加志愿服务的意愿相对来说也应该较高。因此，现有的国际研究显示，没有时间是人们没能参与志愿服务的最主要因素。在英国的一项调查中，超过一半的调查对象认为他们没有参与过志愿服务的主要原因是他们没有时间（Smith，1998），在加拿大相关的研究中也显示出缺少时间是人们没有参与志愿服务的主要原因（Hall el al.，1998）。

本次问卷调查，在向没有参加过志愿服务的人询问：他们“没有参加志愿服务的最主要原因”时，调查结果显示（见图6－1）：近一半的人（45.91%）认为没有参与志愿服务是因为没有时间，20.86%的人认为找不到合适的志愿组织或项目是导致没有参与志愿服务的主要原因，还有19.69%的人对志愿服务没有关注过/不感兴趣，认为自己经济条件不好而没有参加志愿服务的人只占到7.61%。我们的结果也显示，对不同国家或地区而言，没有时间可能是人们没能参与志愿服务的共同原因也是最主要原因。

按今后可能参与志愿服务成为志愿者的意愿程度分类（见表6－1），分析结果显示：对若有机会非常愿意、比较愿意成为志愿者的潜在志愿者来说，阻碍他们成为志愿者的最主要因素是“没有时间”和“找不到合适的志愿者组织或项目”，其次为“没有关注过/不感兴趣”和“经济条件不好”；对成为志愿者抱着无所谓态度的群体来说，其主要原因是“没有时间”和“没有关注过/不感兴趣”，再次为“找不到合适的志愿者组织或项目”和“经济条件不好”；对于那些比较不愿意和完全不愿意的群体，其主要原因是“没有时间”和“没有关注过/不感兴趣”，而“找不到合适的志愿者组织或项目”就变得很不重要。

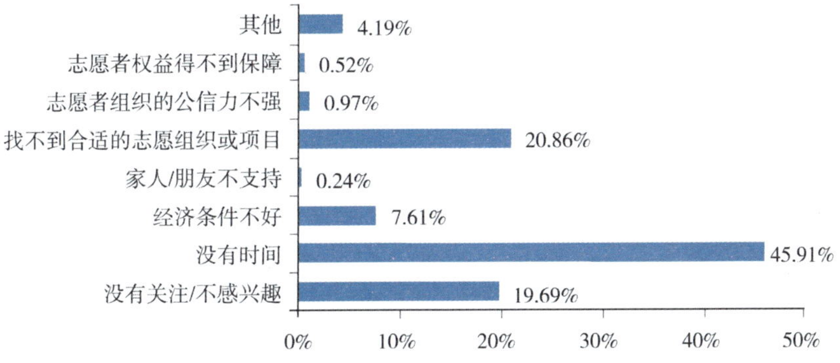

图6－1 没有参与志愿服务的最主要原因分布

若有机会，不管是愿意还是不愿意成为志愿者的群体，“没有时间”都是阻碍他们成为志愿者的最主要因素，这可能也是一个“硬约束”，而其他因素基本上都可以看成是“软约束”，可以通过有针对性地对外宣传、改进志愿服务的工作流程等，提供志愿服务活动的吸引力，引导大家参与志愿服务活动并成为志愿者。

对于无所谓或不愿意成为志愿者的群体来说，他们不愿意参与志愿服务的另一个重要因素是他们对志愿服务“没有关注过/不感兴趣”，这部分群体对志愿服务不够了解或不愿意去了解，或对了解到的志愿服务项目不感兴趣，如果通过加大志愿者理念的宣传力度，拓宽志愿服务的项目，让更多的人找到自己感兴趣的项目，将有助于改变该群体（约占“无所谓或不愿意”群体的1/3）参与志愿服务的意愿。

表6-1　不同意愿程度潜在志愿者，没有参与志愿服务的原因分布

原　因	非常愿意(%)	比较愿意(%)	无所谓(%)	比较不愿意(%)	完全不愿意(%)
没有关注过/不感兴趣	9.76	14.13	33.4	31.93	39.29
没有时间	46.55	52.07	43.19	44.54	32.14
经济条件不好	9.15	6.12	5.57	4.2	4.76
家人/朋友不支持	0.35	0.17	0	0	1.19
找不到合适的志愿者组织或项目	25.99	22.4	14.4	8.4	8.33
志愿者组织的公信力不强	0.95	1.16	0.77	1.68	2.38
志愿者权益得不到保障	0.6	0.58	0.58	0	1.19
其他	6.65	3.39	2.11	9.24	10.71

对于愿意成为志愿者的群体来说，“找不到合适的志愿者组织或项目”是导致他们没有成为实际行动的志愿者的另一个重要因素，该部分群体虽然有强烈的意愿参与志愿服务，但由于没能找到自己可以参加的项目或不知道通过何种渠道加入志愿组织，因此，志愿者组织的多元化、志愿服务项目的多样化，将有助于该群体转化为实际行动的志愿者（约占“愿意”群体的1/4）。同样，我们也要关注到“经济条件不好”对潜在志愿者的影响，通过建立健全的志愿者补贴机制，减轻他们在参与志愿服务时承担费用的压力，同样有助于将这部分潜在志愿者转化为实际行动的志愿者。

6.1.3 参与志愿服务的潜力分析

总而言之，通过对非志愿者参与志愿服务的意愿和他们没有参与志愿服务的原因进行综合分析，我们发现：超过一半以上的非志愿者有转化成志愿者的可能，尤其是那些参与意愿比较强烈的人群。通过改进志愿服务的对外宣传和工作的组织形式等，应该有超过1/4以上的非志愿者能转化成志愿者，参与志愿活动。我们对参与志愿服务的潜力进行一个简单的分析。

根据调查数据，我们可以将现有的所有样本分为三类人群：活跃志愿者（过去一年参与过志愿活动）、非活跃志愿者（曾经参与过志愿活动但过去一年没有参与志愿活动）、非志愿者（从来没有参与过志愿活动），根据调查数据的结果：其比例分别为18.08%、16.27%和65.65%。

按照上节的数据统计结果显示：在非志愿者中，超过3/4的人明确表示如果有机会愿意成为志愿者。对这些愿意成为志愿者的潜在志愿者来说，阻碍他们成为志愿者的主要因素分别是“没有时间”（45.9%）、“找不到合适的志愿者组织或项目”（20.9%）、“没有关注过/不感兴趣”（19.7%）、“经济条件不好”（7.6%）。

如果我们假设：通过一些激励措施鼓励人们参与志愿活动，有90%的活跃志愿者、50%的非活跃志愿者、25%的非志愿者将来可能会参加志愿活动，则北京和成都两个城市的志愿服务参与率可能达到40.8%，这大概是目前两个城市志愿服务参与率的2倍左右。40%的志愿服务参与率大概是北京和成都两个城市志愿服务潜力的下限，如果激励措施得力，志愿服务参与率可能会有更大的潜力。这个简单的数据分析结果显示，如果各级政府和社会组织积极推动，我国志愿服务有着巨大的发展潜力。

6.2 参与志愿服务影响因素分析

人们参与志愿服务受到多方面的因素影响，如社会环境方面、个体发展方面等。本节我们主要探讨个体的因素对参与志愿服务的影响，这些因素可以分为两个方面：一方面为主观因素，包括参与志愿服务的动机、志愿者的价值观等；另一个方面为客观因素，包括人口统计学特征（年龄、性别、教育、婚姻、政治面貌等）、社会经济地位（收入、就业状况等）等因素。深入分析这些因素将可以帮助我们了解人们参与志愿服务的深层次原因，有助于我们更好地开展志愿服务工作，推动志愿服务的进一步发展。

6.2.1 主观因素

按照国际组织的定义，志愿服务的特征之一就是自愿参与。在我国长期集体主义精神教育下，人们的行为会更多地受外界因素的影响。帮助他人、参与志愿服务是一种完全的自愿行为还是在自愿基础上同时较多地受其他因素的影响？我们通过对过去一年参与过志愿服务的调查对象进行分析发现，44.33%的志愿者表示参与志愿服务是自愿行动，24.27%的志愿者表示他们参与志愿服务是受到领导要求或单位统一安排的，18.17%的志愿者是受社区组织动员参与的志愿服务，10.17%的志愿者是受到家人或亲人或同事带动下参与的志愿服务，另有3.05%的志愿者受到媒体广告影响或是被街头宣传吸引而参与志愿服务。所以，只有44.33%的志愿者参与志愿活动是因为自己纯粹的自愿行为，而超过一半的人参与志愿服务是因为更多地受到了种种外界因素的影响，包括领导要求或单位统一安排、社区组织动员、亲友带动等。

一、动机

现有文献显示：如果人们认为参与志愿服务可以满足其一个或更多的心理需求时，他们就会主动参与志愿服务（Snyder et al.，2000）。通过直接询问志愿者参与志愿服务的动机，可以粗略了解到他们参与志愿服务的动机是单一的还是多元的，调查结果显示（见图6－2）：参与志愿服务只为了满足一个心理需求的仅占到36.20%，为了满足2个心理需求的占到23.36%，为了满足3个心理需求的占到21.02%，为了满足4个及以上心理上需求的占到19.42%，因此，对于绝大部分人来说，参与志愿服务的动机是多元的，要促进志愿服务的进一步发展，应考虑到如何满足志愿者群体的多种需求。

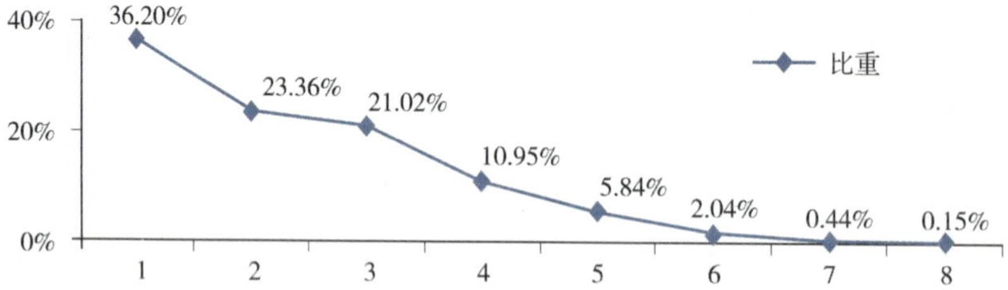

图6－2　为满足不同数量心理需求的志愿者分布

二、信任

在本次的调查问卷中，调查对象被问及标准化的个人信任问题：“一般来说，你认为社会上的大多数人都是值得信任的？还是需要非常小心翼翼地与人交往？”

这一测量信任的问题在国际学术界非常流行，最早来自美国的综合社会调查（General Social Survey，GSS）①。我们的问卷调查结果显示：57.23%的调查对象认为社会上大多数人是值得信任的。

参与过志愿服务的群体对他人的信任是否高于没有参与过志愿服务的群体？调查结果显示：做过志愿服务的群体中61.62%认为“社会上大多数人都是值得信任的”，未做过志愿服务的群体中只有54.93%。与没有参与过志愿服务的群体相比，参与过志愿服务的群体更偏向信任他人，这一结果与许多已有的研究一致（Anhheier and Kendall，2002；Smidt，1999；Dekker and Halman，2003）。

1. 信任与志愿服务参与率

一个对他人有较高信任的人更可能参与志愿服务？对参与志愿服务的意愿测量通过询问“如果有机会，是否愿意成为志愿者?”结果显示：回答“社会上大多数人都是值得信任”的群体中有39.17%的人选择了“如果有机会，非常愿意成为志愿者”、39.70%的人选择了“如果有机会，比较愿意成为志愿者”，而回答“需要非常小心翼翼与人交往”的群体中的比重分别只有35.84%、38.13%。通过对回答“社会上大多数人都是值得信任的”和回答“需要非常小心翼翼与人交往”两组群体在成为志愿者意愿程度进行t检验（P＝0.0002），结果显示，两群体在成为志愿者的意愿程度上有明显的差异，回答“社会上大多数人都是值得信任的”的群体更愿意成为志愿者。

我们根据对他人信任的不同把样本分为两类，对不同类型群体进行志愿服务参与率的测算结果显示：认为“社会上大多数人都是值得信任”的群体志愿服参与率为20.20%，高出认为“需要非常小心翼翼与人交往”的群体志愿服务参与率4.95个百分点。

基于以上简单分析，我们得出了与Bardy等（1999）、Wood（1997）相同的结论：一个信任他人的人更容易成为志愿者。当然，这种简单的分析只能检验两者的相关性，无法测试它们之间的因果关系，既我们无法完全确定是因为信任他人而使人们更容易成为志愿者，还是因为成为志愿者后会提高人们的信任水平。不过，由于信任是一种社会文化，个人的信任水平可能不太容易在短期内发生变化，而是否参与志愿活动可以在短期发生变化，所以，在两者的因果关系中，信任导致人们参与志愿服务的可能性更大。

2. 信任与志愿服务工作时长

按对他人信任的不同把样本分为两类，对不同类型群体进行志愿服务工作时

① 关于GSS的介绍、调查问卷及数据，可以参见其官方网站http：//gss. norc. org。

长测算结果显示：认为“社会上大多数人都是值得信任”的志愿者群体平均志愿服务工作时长为69.91小时/年，认为“需要非常小心翼翼与人交往”的志愿者群体平均志愿服务工作时长为71.87小时/年。同时，显著性检验结果表明，两者之间并没有显著差异。对此，我们认为：信任虽然与志愿服务参与率有关系，但与该群体平均提供志愿服务工作时长并无直接关系。

6.2.2 人口统计学特征

一、政治面貌

为了了解人们对具有不同政治面貌的群体参与志愿服务持何种态度，通过询问“您对共产党员和共青团员参与志愿者有何看法?”调查结果显示（见图6－3）：20.92%的人认为参与志愿服务与政治面貌无关，2.24%的人认为共产党员和共青团员没必要参与，49.45%的人认为共产党员和共青团员有责任参与志愿服务，25.45%的人认为共产党员和共青团员应该成为主要力量。后两者相加达到75%，远远超过志愿服务的参与率。这一结果说明，具有政治面貌的人群参与志愿服务被赋予了更高的期待。

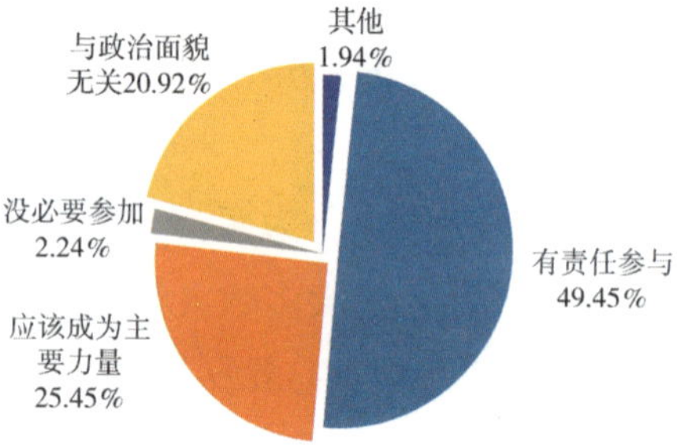

图6－3　对共产党员和共青团员参与志愿服务的态度分布

1. 政治面貌与志愿服务参与率

在实际生活中，具有政治面貌如共产党员、共青团员等的群体志愿服务参与率是否高于一般群众？在对具有不同政治面貌群体参与志愿服务（既包括2015年参与志愿者的群体又包括2015年之前参与志愿者的群体，即活跃志愿者加上非活跃志愿者）的统计结果表明（见图6－4）：共产党员志愿服务参与率为53.73%、预备党员志愿服务参与率为72.00%、共青团员志愿服务参与率为52.07%、民主党派或无党派人士志愿服务参与率为62.50%，而一般群众志愿服务参与率为28.19%。通过对具有不同组织政治面貌群体和一般群众参与志愿服务的比率差异进行t检验（P＝0.0000）得到，具有组织政治面貌的群体，尤其是预备党员，参与志愿服务的比率显著高于一般群众。预备党员可能存在着转正的压力，更愿意参与志愿服务。

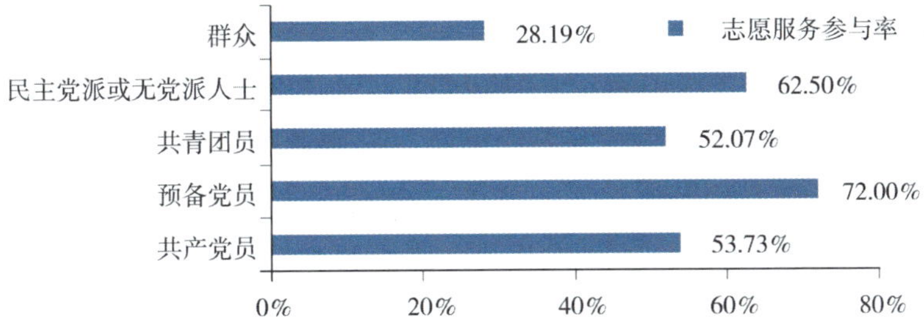

图6-4　不同政治面貌的志愿服务参与率情况

2. 政治面貌与志愿服务工作时长

具有政治面貌的群体是否是参与志愿服务的主力军，他们是否比一般志愿者提高了更多时间的志愿服务？在调查问卷中，只有活跃志愿者（仅为2015年提供过志愿服务的群体）才有志愿服务工作时长的数据，统计结果显示：从构成比例来看，具有政治面貌的志愿者为265人，占总志愿者数量的38.63%；一般群众参与志愿服务的人数为421人，占总志愿者数量的61.37%；从提供的志愿服务工作时长来看，2015年参与志愿服务的志愿者提供的总时长为49159.94小时，其中具有政治面貌的志愿者提供总时长为22578小时，占总时长的45.93%，平均提供的志愿服务工作时长达85.20小时/年；作为一般群众的志愿者提供总时长为26581.94小时，占总时长的53.07%，平均志愿服务工作时长为63.14小时/年。不论从志愿者的数量还是提供的总志愿服务工作时长上看，没有政治面貌的群体都是志愿服务的主力军。但从志愿者个体平均志愿服务时间来看，具有政治面貌的志愿者平均提供的志愿服务工作时长远高于没有政治面貌的志愿者，前者的服务时长比后者多1/3左右。

二、年龄

上一节的结果显示，是否有时间是人们参与志愿服务的最重要因素。一个人的年龄与她/他的工作和家庭状态密切相关，这可能决定了自己是否有时间能参与志愿活动，因此，年龄与是否参与志愿服务有很大的相关性，而且，随着年龄的增加，人们参与志愿服务的动机也可能会随之发生变化。以下我们从志愿服务参与率和志愿服务工作时长来分析不同年龄段之间的差异。

1. 年龄与志愿服务参与率：U形关系

从不同年龄段群体的志愿服务参与率来看（见图6-5），24岁及以下年龄段的志愿者数量占该年龄段样本数的比重最高，达到32.77%，远高于其他年龄段的比重，因为他们有一部分是在校生（或本科或高中等），而这些在校生往往是被学校和社会鼓励去参与志愿服务的群体；其次为65岁及以上年龄段的志愿者数量占该年龄段样本数量的比重为19.00%，这部分人群大部分是从工作岗位上退休，相比在职的群体，有更多的闲暇时间，他们大多数更希望去结识朋友、保持忙碌，也希望感觉到被他人需要的成就感，所以他们更有可能参与志愿服务，但这个年龄段可能会因为年龄大、健康状况差而影响志愿服务的参与率；而其他年龄段的群体，志愿服务参与率低于上述两个群体。从志愿服务参与率分布来看，年轻人（24岁及以下）和老年人（65岁及以上）志愿服务参与率高于其他年龄段的人群，呈现U形。

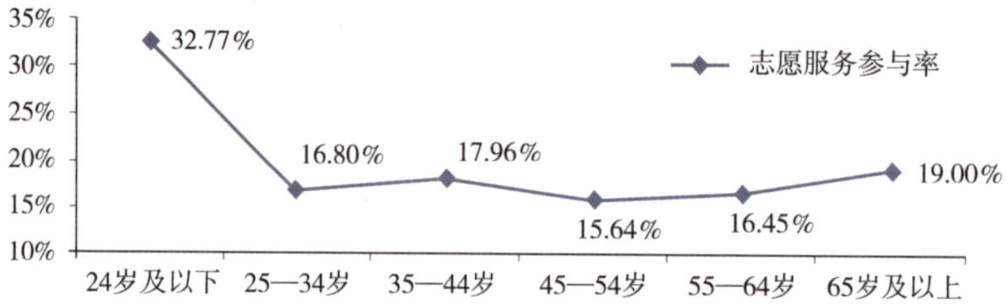

图6－5　不同年龄段志愿占该年龄段总人数的比重

2. 年龄与志愿服务工作时长：U形关系

不同年龄段提供的平均志愿服务工作时长存在着较大的差异（见图6－6），当人们处在24岁及以下时，他们多数还未毕业，他们除了学习以外，还有大量丰富的业余活动，参与志愿服务只是他们众多备选活动库中的一类，这个阶段他们思维活跃、精力旺盛，愿意参与志愿服务，因此有最高的志愿服务参与率，但他们可能并不希望为志愿服务付出太多时间，因为他们可能工作和学业忙碌，而且更愿意在有限的时间中尝试更多的活动项目，体验更多的新鲜感；随着人们走进社会，开始工作时，25—34岁、35—44岁这两个阶段是职业生涯的黄金阶段，因此他们会把更多的精力投入到工作中，而且这两个年龄段往往已经成家，“上有老，下有小”，闲暇时间少，因而会有更少的志愿服务工作时长；45—54岁、55—64岁阶段，他们一般事业稳定，孩子也已经长大，开始有更多的闲暇时间，因此他们愿意提供更多的志愿服务时长；当人们年龄达到65岁及以上，他们成为退休员工，孩子已经独立，有最多的闲暇时间享受退休生活，因此有着充足的时间参与志愿服务。

图6－6的结果显示，年龄和平均志愿服务工作时长也基本呈U形关系：65岁及以上志愿者平均提供的志愿服务工作时长最高，为119.68小时/年；其次为45—54岁、55—64岁年龄段，平均志愿服务时长分别为78.30小时/年和73.73小

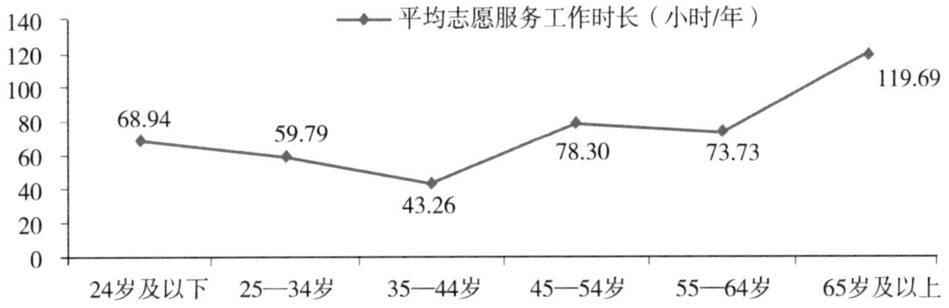

图6－6　不同年龄段平均志愿服务工作时长分布

时/年；然后是24岁及以下年龄段，他们平均志愿服务工作时长为68.94小时/年；最后是25—34岁、35—44岁年龄段，他们平均志愿服务时长分别为59.79小时/年和43.26小时/年。

三、性别

在已有的性别差异影响志愿服务参与的研究中，主要围绕两个方面开展：一个方面是志愿服务参与率在性别上的差异；另一个方面是提供志愿服务工作时长的差异。对于不同国家，相关研究得出的结论也不尽相同，如 Musick and Wilson（2012）的研究结果显示，美国和英国的女性志愿服务参与率高于男性，但这两个国家的男性在提供志愿服务工作时长方面高于女性；而澳大利亚的结果有所不同，女性志愿服务参与率和提供志愿服务时长均高于男性。对加拿大的研究显示：男女之间在志愿服务参与率方面没有显著差异，但在志愿服务时长方面，男性比女性提供了更多的志愿服务（Boraas，2003；Goddard，1994；Reed & Selbee，2000）。对整个欧洲的研究显示：男女在志愿服务参与率和服务时长方面都没有显著的差异（Gaskin & Smith，1997）。对日本的研究显示，女性在志愿服务参与率方面稍微高于男性（Statistics Bureau，2002）。

本次的调查结果显示，在2015年参与志愿服务的688位志愿者中，女性志愿者数量为360人，高于男性志愿者数量（328人）。从志愿服务参与率来看（见图6－7），女性志愿服务参与率为17.74%，低于男性志愿服务参与率0.73个百分点；从参与志愿服务工作小时数来看（见图6－8），男性平均参与志愿服务工作时长为73.82小时/年，女性为69.30小时/年，女性参与志愿服务平均工作时长略低于男性。t检验的结果显示，女性志愿服务参与率、平均工作时长与男性相比，都没有显著的差异。

从生命历程来看（见图6－9），女性在青少年阶段志愿服务参与率最高（24岁及以下，志愿服务参与率为34.39%），随着年龄的增加志愿服务参与率开始下降（25—34岁年龄段、35—44岁年龄段、45—54岁年龄段志愿服务参与

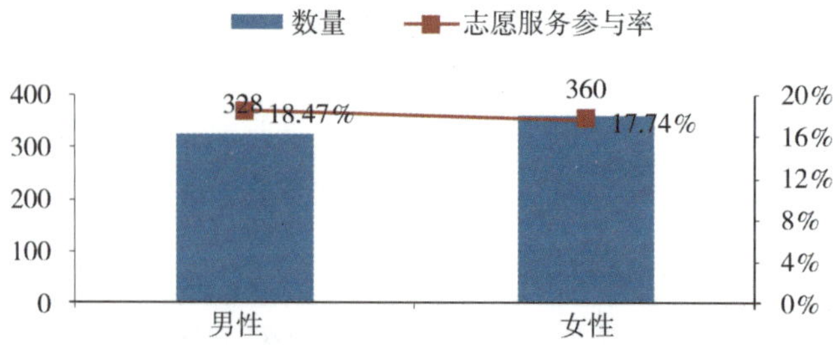

图6-7 按男女性别分类，志愿者数量和志愿服务参与率

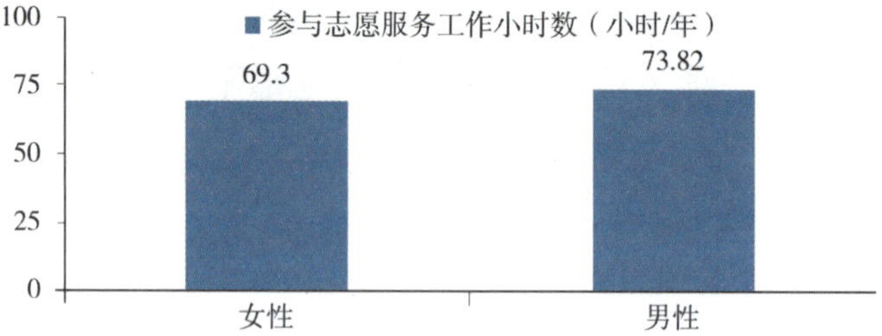

图6-8 按男女性别分类，参与志愿服务工作小时数

率分别为15.43%、17.51%、14.26%），当达到一个年龄段后志愿服务参与率开始上升（55—64岁年龄段、65岁及以上年龄段志愿服务参与率分别为16.22%、21.72%）；男性在青少年阶段志愿服务参与率同样是最高（24岁及以下，志愿服务参与率为30.94%），但随着年龄的增加志愿服务参与率呈现下降的趋势（25—34岁、35—44岁、45—54岁、55—64岁，志愿服务参与率分别为18.39%、18.48%、17.20%、16.71%），65岁年龄段志愿服务参与率最低（16.02%）。

从不同年龄段来看，24岁及以下的年龄段中，男性、女性志愿服务参与率最高，因为在校生都被学校及社会鼓励参加志愿服务活动，但在此阶段女性志愿服务参与率高出男性志愿服务参与率3.45个百分点。该阶段的男性志愿者平均参与志愿服务工作时长达103.33小时/年，远高于女性（41.56小时/年）。

65岁及以上的年龄段中，男、女志愿服务参与率差异最大，女性志愿服务参与率为21.72%，高出男性志愿服务参与率5.7个百分点，同时女性参与志愿服务工作小时也远高于男性，女性平均参与志愿服务工作小时达144.43小时/年，而男性仅有83小时/年。

25—34岁、35—44岁、45—54岁、55—64岁年龄段中，男性志愿服务参与率均略高于女性，参与志愿服务工作时长也均高于女性。

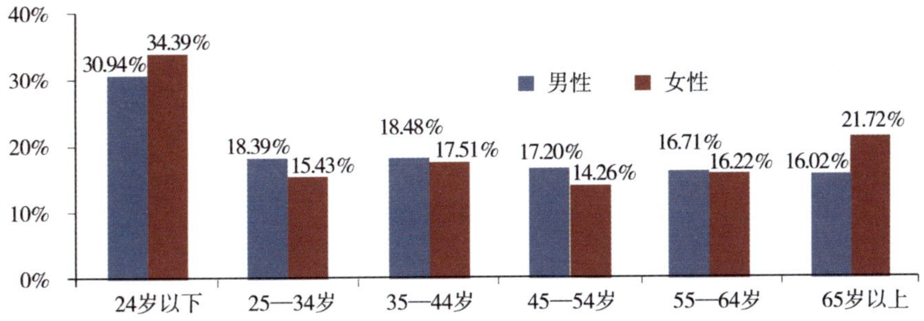

图6－9　不同年龄区间男性、女性志愿服务参与率

四、婚姻状态

社会学研究表明，相比较未婚群体，已婚群体表现出更强烈的幸福感，这对于个体参与志愿服务是一个有利的主观因素（Marc and John，2012）。相比非婚群体，已婚群体是否表现出更强烈的幸福感？具有更强烈幸福感是否会导致更高的志愿服务参与率？

1. 婚姻状态与幸福感

在对调查数据进行处理后发现（见图6－10），已婚群体中有接近75%感觉至少是比较幸福，而未婚群体中仅有不到70%的人有这样的感觉，说明相比较未婚群体，已婚群体表现出更强烈的幸福感。

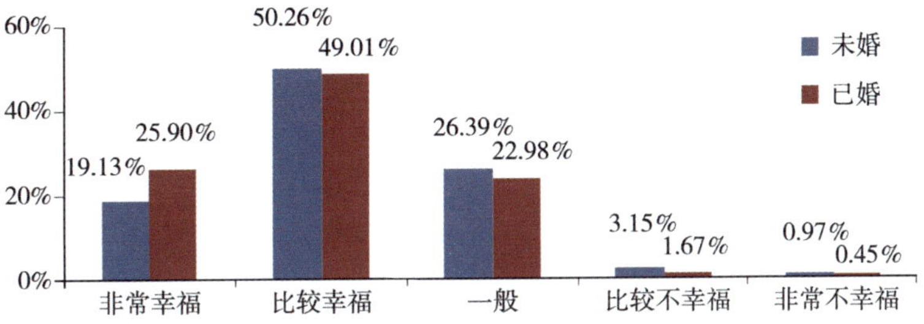

图6－10　未婚、已婚状态下幸福感分布

2. 婚姻状态与志愿服务参与率

幸福感作为个体参与志愿服务的一个重要的有利主观因素，那么幸福感表现得更为强烈的已婚群体是否具有更高的志愿服务参与率？对调查数据处理结果显示（见图6－11）：未婚群体志愿服务参与率达28.09%，远高于已婚群体志愿服务参与率（16.81%），由于未婚群体里包含了志愿服务参与率最高的在校生群体，他们被鼓励参与志愿服务，同时他们拥有大量的休闲时间，所以我们不能判断除了在校生以外的社会成年人未婚群体相对已婚群体是否更可能参与志愿服务，当我们剔除未婚群体里在校生后发现，未婚非在校生的志愿服务参与率（22.30%）

仍高于已婚群体。相对未婚群体，已婚群体虽表现出更强烈的幸福感，但并没有带来更高的志愿服务参与率。

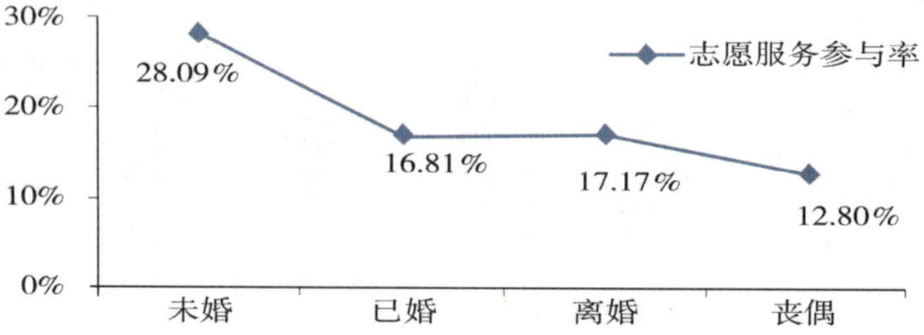

图6－11　不同婚姻状态下志愿服务参与率

与其他几种婚姻状态相比，在调查对象中，丧偶群体志愿服务参与率最低仅为12.80%，低于已婚群体志愿服务参与率；离婚群体的志愿服务参与率为17.17%，高于已婚群体志愿服务参与率。

3. 婚姻状态与志愿服务工作时长

相比已婚群体，单身（未婚、离异、丧偶）群体提供更多的志愿服务工作时长，这可能与单身人群时间更为宽裕有关。如图6－12所示，单身群体平均志愿服务工作时长为85.84小时/年，已婚群体平均志愿服务工作时长为69.14小时/年。

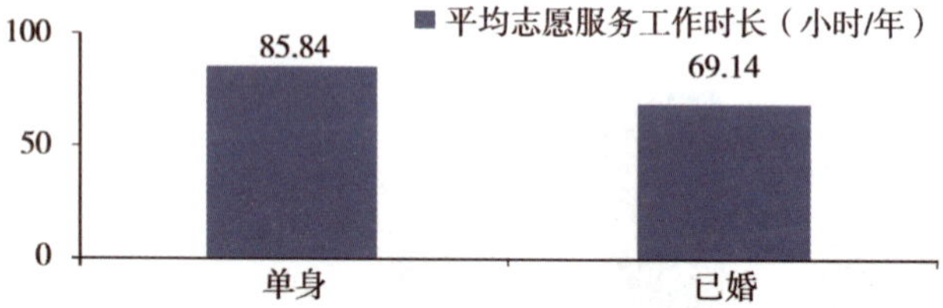

图6－12　不同婚姻状态下平均志愿服务工作时长

五、健康

健康作为人们的一种资源，健康的缺失将导致很多生产性活动无法正常的开展。健康状态与志愿服务有着密切的关联，一个健康状态很差的人不可能为志愿服务提供更多体力或脑力。相对来说，拥有更健康身体的志愿者其完成志愿服务所付出的体力更少（Fischer and Schaffer，1993）。

1. 健康与志愿服务参与率

是否拥有健康身体的群体比没有健康身体的群体志愿服务参与率更高？本次调查对调查对象健康状态的测量是通过询问其对自己身体健康的主观评价（问题："和同龄人相比，您现在身体状况如何?"），结果显示（见图6－13）：

与同龄人相比，认为自己身体非常好的群体，志愿服务参与率最高，达21.84%；认为自己身体比较差的群体，志愿服务参与率最低，仅有12.53%。通过对过去一年提供过志愿服务的群体和没有提供过志愿服务群体的健康状况进行t检验（P=0.0000）得到，过去一年提供过志愿服务的群体的健康状况显著高于没有提供过志愿服务的群体。

可见，认为身体健康状态不比同龄人差（“非常好”“比较好”“一般”）的群体志愿服务参与率高于那些认为自己没有同龄人健康的群体；对自己健康评价越高的群体志愿服务参与率越高。这与Day and Devlin（1996）研究指出的“自评健康和志愿服务呈正相关关系”相吻合。

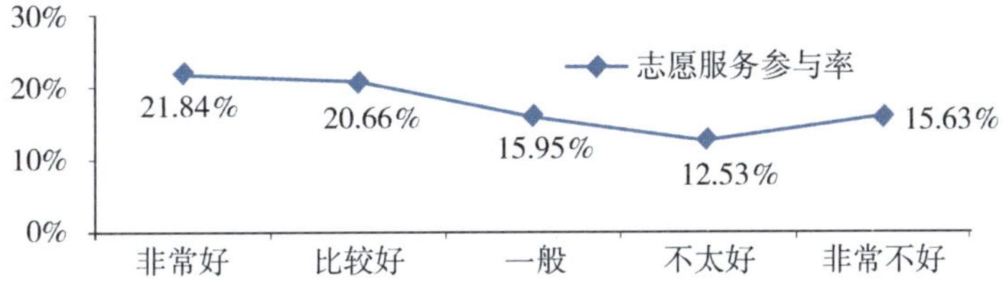

图6-13　不同健康状态下志愿服务参与率

2. 健康与参与志愿服务工作时长

虽然健康与志愿服务参与率有显著的正相关关系，但我们并没有发现健康状态与参与志愿服务工作时长有相关关系。首先我们对不同健康状态下的群体平均参与志愿服务工作时长进行统计显示（见图6-14）：健康状态与志愿服务工作时长并没有呈现趋势，相比同龄群体，健康状况非常好的群体平均参与志愿服务工作时长为67.59小时/年，健康状况比较好的群体平均参与志愿服务工作时长为67.14小时，健康状况一般的群体参与志愿服务工作时长为74.81小时/年，健康状况不太好的群体平均参与志愿服务工作时长为100.42小时/年，健康状况非常不好的群体平均参与志愿服务工作时长仅为24.80小时/年。在对健康状态与参与志愿服务工作时长进行相关性分析，结果显示呈现负相关关系，健康状况越差的群体提供志愿服务工作时长越多，但这种关系并不显著（P=0.597）。

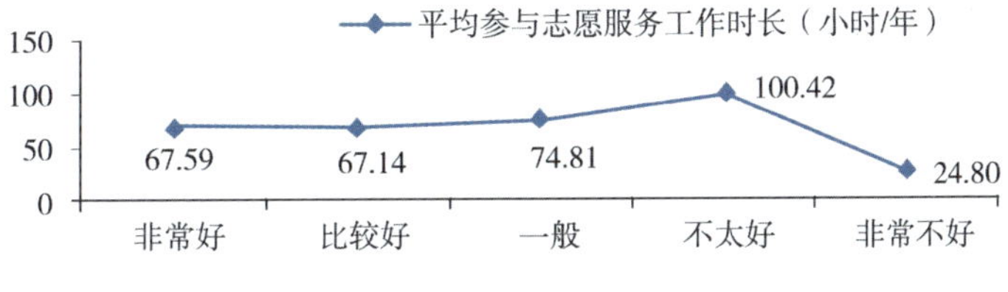

图6-14　不同健康状态下志愿服务参与率

六、教育

Marc A. Musick and John Wilson 在其《志愿者》一书中指出“教育是志愿服务最始终如一、最有利的预测器”“教育年限与志愿服务呈现正向关系”。

1. 教育与志愿服务参与率

不同受教育水平群体参与志愿服务情况（见图6－15）：未上过学的群体志愿服务参与率最低，仅为11.46%；文化程度在大学专科及以上的群体志愿服务参与率最高，高达25.34%；文化程度为小学、初中、高中群体的志愿服务参与率分别为12.00%、14.93%、18.72%。整体上呈现出教育文化程度越高的群体其参与志愿服务的可能性越高，同时也表明了文化程度越高的群体参与志愿服务的积极性越高。

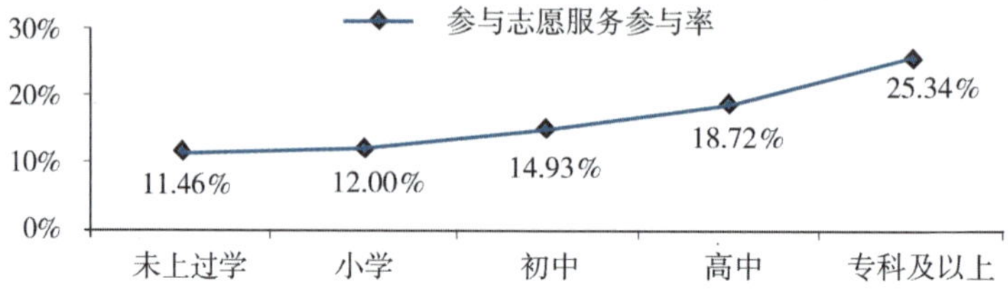

图6－15　不同教育水平群体参与志愿服务比率分布

2. 教育与参与志愿服务工作时长

从整体来看，随着志愿者文化程度提高，志愿者平均志愿服务工作时长呈上升趋势。未上过学的志愿者平均志愿服务工作时长仅有6.91小时/年，专科及以上的志愿者平均志愿服务工作时长达84.33小时/年（见图6－16）。

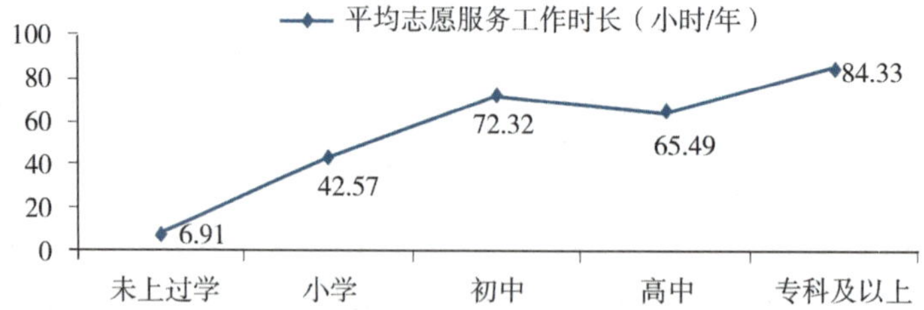

图6－16　不同教育水平志愿者平均参与志愿服务工作时长

6.2.3　社会经济地位

一、就业

Marc A. Musick and John Wilson（2012：146）在《志愿者》一书中指出“有工作的人更可能参加志愿服务”。按照“是否有工作（1＝有；2＝否）”对调查对象进行分类，结果显示：有工作的群体中志愿服务参与率达 19.14%，高于没有工作的群体志愿服务参与率（16.45%）。但对有工作、无工作群体中志愿者的志愿服务工作时长进行统计发现，有工作群体人均志愿服务工作时长为 68.51 小时/年，无工作群体中志愿者的平均志愿服务工作时长为 78.96 小时/年。整体上看，虽然有工作群体更可能参与志愿服务，但无工作群体中志愿者提供的志愿服务工作时长更多。

1. 有工作群体

有工作群体按照是否签订合同进行分类，结果显示（见表 6－3）：志愿服务参与率方面，有合同群体（21.86%）明显高于无合同群体（15.85%），且无合同群体志愿服务参与率也低于无工作群体；志愿服务工作时长方面，有合同群体中志愿者的平均志愿服务工作时长为 74.94 小时/年，而无合同群体中志愿者的平均志愿服务工作时长仅为 54.61 小时/年，两者志愿服务工作时长均低于无工作群体。

表 6－2　有无签订合同下志愿服务参与率

类型	样本数量	志愿者数量	志愿服务参与率（%）	平均志愿服务工作时长（小时/年）
有合同	1116	244	21.86	74.94
无合同	934	148	15.85	54.61

有工作群体按照不同单位类型进行分类，结果显示（见表 6－4）：志愿服务参与率方面，在非营利非政府组织工作的群体志愿服务参与率最高，达 41.67%；其次为政府部门、事业单位，志愿服务参与率分别为 39.62%、34.87%；然后为国有/国有控股企业、外商投资企业、集体/集体控股企业，志愿服务参与率分别为 21.00%、20.00%、17.54%；志愿服务参与率最低为私营企业和个人经营，分别为 12.85%、13.49%；对于港澳台投资企业和军队调查对象较少，结果不具有统计意义；另外在其他选项中，也有较高的志愿服务参与率。不同单位类型群体的志愿者参与率差异较大，并不是所有单位类型下的志愿服务参与率均高于无工作群体，其中私营企业或个体经营者志愿服务参与率相对较低，均低于无工作群体的志愿服务参与率。

在志愿服务工作时长方面（见表 6－4），在非营利非政府组织、政府部门、外商投资企业工作的志愿者平均志愿服务工作时长分别为 246.6 小时/年、194.31 小时/年、181 小时/年，在有工作志愿者中，这些类型单位的志愿者其平均志愿工作时长远远高于无工作群体；提供志愿服务工作时长最低的志愿者分别是来自集体/集体控股企业、私营企业、个人经营，平均志愿服务工作时长分别仅有27.60小时/年、30小时/年、34.68小时/年，不到无工作群体志愿者平均志愿服务工作时长的一半。

表6－3　不同工作单位类型群体的志愿服务参与率和平均志愿服务工作时长

类型	样本量	志愿者数量	志愿服务参与率（%）	平均志愿服务工作时长（小时/年）
政府部门	106	42	39.62	194.31
事业单位	238	83	34.87	55.82
国有/国有控股企业	319	67	21	62.48
集体/集体控股企业	57	10	17.54	27.6
私营企业	599	77	12.85	30
外商投资企业	65	13	20	181
港澳台投资企业	7	0	0	0
非营利非政府组织	12	5	41.67	246.6
军队	3	0	0	0
个人经营	556	75	13.49	34.68
其他	79	20	25.32	58.65

以上分析可以发现，当我们将工作群体按照不同标准分类时，不同标准类型下的群体其志愿服务参与率、志愿者提供的志愿服务工作时长存在明显差异，并不是所有类型的有工作群体的志愿服务参与率均高于无工作者，也并不是所有类型的有工作群体的志愿者提供的平均志愿服务工作时长均低于无工作群体的志愿者。

2. 无工作群体

对于没有工作的群体，按照没工作的原因分类，在志愿服务参与率方面（见表6－4），在校生、离退休群体志愿服务参与率分别为45.37%、20.96%，均高于有工作群体的志愿服务参与率，尤其是在校生群体志愿服务参与率是有工作群体的2倍之多；对于毕业后未工作、因单位原因失去工作、因本人原因失去工作、承包地被征用、丧失工作能力、料理家务这些群体志愿服务参与率分别为16.67%、16.33%、11.70%、12.50%、10.46%、7.87%，均低于有工作群体的志愿服务参与率。

表6-4 按照没有工作的原因分类，各群体的志愿服务参与率和志愿服务工作时长

类型	志愿者数量（人）	样本数量（人）	志愿服务参与率（%）	平均志愿服务时长（小时/年）
在校学生	49	108	45.37	47.06
丧失工作能力	16	153	10.46	104.19
毕业后未工作	5	30	16.67	18.2
因单位原因失去工作	8	49	16.33	77.56
因本人原因失去工作	11	94	11.7	14
承包土地被征用	9	72	12.5	58.56
离退休	135	644	20.96	103.54
料理家务	31	394	7.87	79.5
其他	14	148	9.46	26.2

在志愿服务工作时长方面，对于因本人原因失去工作、毕业后未工作、在校学生、承包土地被征用这些无工作群体中志愿者提供的平均志愿服务工作时长分别为14.00小时/年、18.20小时/年、47.06小时/年、58.56小时/年，均低于有工作群体中志愿者提供的平均志愿服务工作时长，尤其是因本人原因失去工作和毕业后未工作的人群，他们可能把更多的时间和精力投入到去寻找工作中，因此也就不会提供更多的志愿服务工作时长；丧失工作能力、离退休、料理家务、因单位原因失去工作这些无工作群体中志愿者平均志愿服务工作时长分别为104.19小时/年、103.54小时/年、79.50小时/年、77.56小时/年，均高于有工作群体中志愿者平均志愿服务工作时长，其中主要原因可能是这些群体拥有大量的空闲时间和良好的健康状况。那为什么丧失工作能力群体中志愿者平均志愿服务工作时长最高？这一点似乎很难理解。回答丧失工作能力的群体中，可能有部分人因为身体健康问题以至不能参加某些志愿活动，导致这个群体的志愿服务参与率较低，只有10.46%。该群体志愿者中有接近70%为女性、平均年龄超过55岁，这些丧失工作能力的人，可能是他们的能力不能满足市场的需求，或者回答时理解有误，把年龄大没有工作作为丧失工作能力，并不是有某些健康问题，因此，这类群体的志愿者会有大量的时间参与志愿服务。

二、收入

对于收入与志愿服务关系方面的研究，不同学者从不同的视角得出截然不同

的两个观点：观点一，从经济收益的角度，如果参与者是理性的，他们参与志愿服务要放弃有偿工作，对于高收入群体来说，这就意味着他们参与志愿服务放弃的货币报酬更多，因此收入越高参与志愿服务的可能性就越少（Romero，1986）；观点二，从成本的角度，参与志愿服务是一种免费的生产性活动，经常需要参与者自己承担部分相应的费用，如交通费、通信费等，参不参与志愿服务可能取决于人们能否承担起这些费用。相对于低收入者，高收入群体承担费用的能力更强，因此收入越高参与志愿服务的可能性越大（Lasby，2004；Reitsma – Street et al.，2000；Day & Devlin，1996；Menchik & Weisbrod，1987）。

调查数据统计显示（见表6 –5）：过去一年，样本地区人均可支配收入为47888.42元。为了分析收入与志愿服务之间的关系，将样本按收入四等分：人均可支配收入不高于10500元的为低收入群体，人均可支配收入在高于10500元但不高于23333.33元的为中低收入群体，人均可支配收入在高于23333.33元但不高于42000元的为中高收入群体，人均可支配收入高于42000元的为中高收入群体。

表6 –5　按人可支配收入分类

类型	人均可支配收入区间
低收入群体	≤10500元
中低收入群体	10500—23333.33元
中高收入群体	23333.33—42000元
高收入群体	>42000元

1. 收入与志愿服务参与率

测算不同收入类型群体的服务参与率结果显示（见图6 –17）：低收入群体志愿服务参与率为13.82%，中低收入群体志愿服务参与率为15.47%，中高收入群体志愿服务参与率为20.73%，高收入群体志愿服务参与率为22.15%。可见，随着收入水平的提高，志愿服务参与率越高。

2. 收入与志愿服务工作时长

从整体上来看，中高、高收入群体的志愿者平均志愿服务工作时长明显高于低、中低收入群体（见图6 –18）。其中，中高收入群体志愿者平均志愿服务工作时长最高，达111.88小时/年；其次为高收入群体志愿者，平均志愿服务时长为71.94小时/年；中低、低收入群体志愿者平均志愿服务时长分别为33.46小时/年和52.06小时/年。

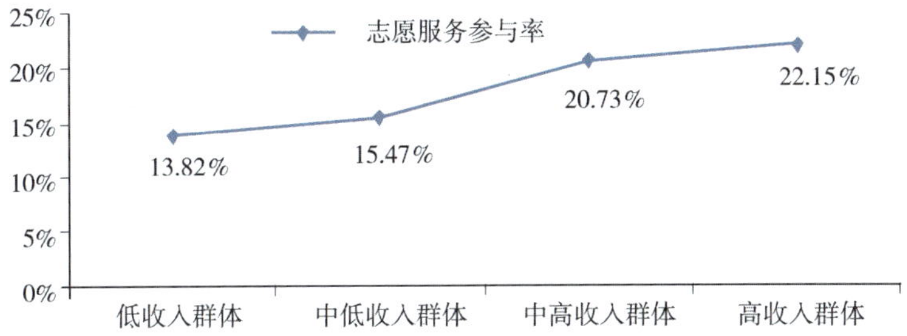

图 6-17　不同收入群体志愿服务参与率分布

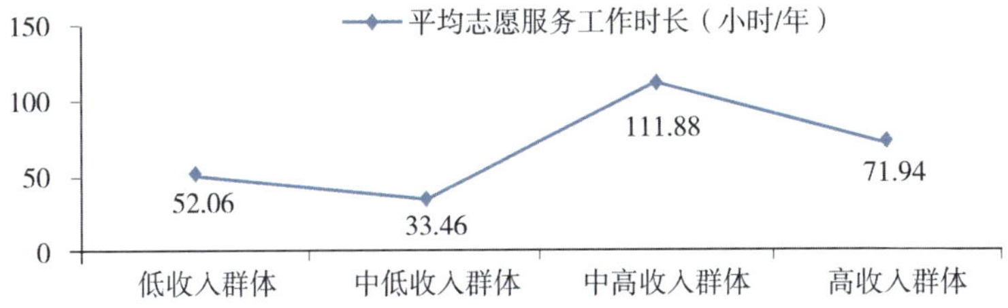

图 6-18　不同收入群体平均志愿服务工作时长

6.3　Probit 模型回归分析

6.3.1　建立 Probit 模型

通过 Probit 模型回归来预测因变量与解释变量之间的关系。本文选择因变量：过去一年是否参与过志愿服务（y，1 = 参与过、0 = 没有参与过）；自变量：主观因素（包括信任 X_1）、客观因素（健康 X_2、年龄 X_{31}、年龄平方 X_{32}、性别 X_4、政治面貌 X_5、婚姻 X_6、教育 X_7、就业 X_8、收入 X_9）。

Probit 模型方程：

$$P(y=1 \mid X_1, \cdots, X_n) = \Phi(\beta_0 + \beta_1 X_1 + \cdots + \beta_n X_n)$$

其中，n = 1，2，3，…，9。

6.3.2　数据描述

一、因变量

过去一年是否参与过志愿服务（y）是一个 0-1 变量，0 代表没有参与志愿服务，1 代表参与过志愿服务（见表 6-6）。

二、自变量

主观因素中（见表6－6），信任指标是一个二值的0－1变量，1表示大多数人都是值得信任，0表示大多数需要非常小心翼翼地交往。

客观因素中（见表6－6），离散变量：健康状态指标按照五级标准分类，1表示非常健康，…，5表示非常不健康；性别指标为二值的0－1变量，1表示男性，0表示女性；政治面貌指标为二值的0－1变量，0表示群众，1表示其他政治面貌包括党员、预备党员、共青团员、民主党派或无党派人士等；婚姻状况指标为二值的0－1变量，1表示单身（未婚、离婚、丧偶），0表示已婚；教育指标为序次变量，0表示未上过学，…，7表示博士，数字越大教育程度越高；工作状态指标为二值的0－1变量，1表示有工作，0表示无工作。

连续变量：年龄、年龄平方、年收入的对数。

各变量的描述性统计见表6－7。

表6－6　指标解释

<table>
<tr><th colspan="2">类别</th><th>变量名</th><th>解释</th></tr>
<tr><th colspan="2">因变量</th><th>是否参与志愿者 y</th><th>0＝没参与志愿服务；1＝参与志愿服务</th></tr>
<tr><td rowspan="10">自变量</td><td>主观因素</td><td>信任 X_1</td><td>1＝大多数人都是值得信任；0＝大多数需要非常小心翼翼地交往</td></tr>
<tr><td rowspan="9">客观因素</td><td>健康状况 X_2</td><td>1＝非常健康；2＝比较健康；3＝一般；4＝比较不健康；5＝非常不健康</td></tr>
<tr><td>年龄 X_{31}</td><td>调查对象的年龄（岁）</td></tr>
<tr><td>年龄平方 X_{32}</td><td>—</td></tr>
<tr><td>性别 X_4</td><td>1＝男性；0＝女性</td></tr>
<tr><td>政治面貌 X_5</td><td>0＝群众；1＝其他政治面貌（如党员、团员等等）</td></tr>
<tr><td>婚姻状况 X_6</td><td>1＝单身；0＝已婚</td></tr>
<tr><td>教育 X_7</td><td>0＝未上过学；1＝小学；2＝初中；3＝高中；4＝大学专科；5＝大学本科；6＝硕士；7＝博士</td></tr>
<tr><td>工作状态 X_8</td><td>1＝有工作；0＝无工作</td></tr>
<tr><td>收入对数 X_9</td><td>调查对象家庭人均可支配收入对数</td></tr>
</table>

表 6－7 数据的描述性统计

类别		变量名	均值	标准差
因变量		是否参与志愿者 y	0.18	0.38
自变量	主观因素	信任 x_1	0.57	0.49
	客观因素	健康状况 x_2	2.51	0.90
		年龄 x_{31}	46.16	14.32
		年龄平方 x_{32}	2335.52	1276.74
		性别 x_4	0.47	0.50
		政治面貌 x_5	0.24	0.43
		婚姻状况 x_6	0.1699	0.3756
		教育 x_7	2.80	1.53
		工作状态 x_8	0.55	0.50
		收入对数 x_9	10.01	1.22

6.3.3 结果分析

本文运用 Stata 软件对模型进行处理，结果如表 6－8 所示，模型 1 通过卡方检验，说明模型在一定程度上能很好地解释因变量的变异原因。

表 6－8 Probit 回归结果（模型 1）

变量名	估计值	标准误
信任 x_1	0.1430***	0.0511
健康状况 x_2	－0.0825***	0.0285
年龄 x_{31}	－0.0277**	0.0139
年龄平方 x_{32}	0.0004**	0.0002
性别 x_4	－0.0332	0.0515
政治面貌 x_5	0.3339***	0.0618
婚姻状况 x_6	0.1265*	0.0763
教育 x_7	0.0763***	0.0219
工作状态 x_8	0.1194*	0.0610
收入对数 x_9	0.0172	0.0242
常数项	－0.6945	0.3433
卡方检验	P＝0.0000	

注：＊＊＊、＊＊、＊分别表示该系数在 1%、5%、10% 水平上是统计显著的。

其中，对因变量有显著影响的变量有信任（x_1）、健康状况（x_2）、政治面貌（x_5）、教育（x_7）、年龄平方（x_{32}）、年龄（x_{31}）、工作状态（x_8）、婚姻状态（x_6）；对因变量没有显著影响的变量为收入（x_9）、性别（x_4）。

一、样本人口统计学特征与志愿服务

人口统计学特征中个体的健康状况、教育、政治面貌、婚姻状况对是否参与志愿服务有非常显著的影响。其中，身体越健康越可能参与志愿服务；教育程度越高越可能参与志愿服务；相比群众，其他政治面貌的群体越可能参与志愿服务；单身群体比已婚群体更可能参与志愿服务。

在上一节，我们在对群体按年龄段分类后，发现24岁及以下的群体和65岁及以上的群体志愿服务参与率高于25—34岁、35—44岁、45—54岁、55—64岁年龄段群体，对此，我们认为年龄与志愿服务可能存在二阶非线性关系，因此我们在回归模型中，增加了一个年龄指标的平方项。回归结果显示，年龄和年龄平方指标对是否参与志愿服务均有显著影响，且年龄一次项系数为负数、二次项系数为正数，说明年龄与志愿服务呈“U”形关系，即年龄在24岁及以下、65岁及以上的群体志愿服务参与率高于25—64岁间的群体。

个体的性别对是否参与志愿服务没有显著的影响，当我们不加入任何控制变量时（见表6－9），性别与志愿服务仍然没有显著关系（P＝0.562）。说明性别与志愿服务不存在内在联系。

表6－9　Probit回归结果（模型2）

变量名	系数	标准误
性别	－0.0276	0.0475
常数项	－0.8701	0.0764
卡方检验	P＝0.5618	

注：＊＊＊、＊＊、＊分别表示该系数在1%、5%、10%水平上是统计显著的。

二、信任与志愿服务

在控制样本的人口统计学特征和经济社会地区后，信任对个体是否参与志愿服务有着非常显著的影响，对他人信任的人参与志愿服务的可能性更高，这也再次验证了上一小节关于信任与志愿服务关系的结论。

三、工作状态与志愿服务

在上一节我们发现有工作的群体参与志愿服务的比率高于无工作群体。在控制样本的主观因素和人口统计学特征后，工作状态对是否参与志愿服务仍然有着显著的影响，相比无工作群体，有工作群体更有可能参与志愿服务。

四、收入与志愿服务

在上一节我们把收入水平分为四个区间段，发现收入水平越高的群体对应的志愿服务参与率也越高。从模型1可以看出，收入对是否参与志愿服务没有显著影响。但当我们在控制变量中剔除教育变量时，结果显示（见表6－10）：收入与志愿服务有着显著的正相关关系。以上分析显示出收入对志愿服务的影响在加入教育变量后变得无关紧要了。可见，高收入群体志愿服务参与率之所以高于低收入群体其主要是由于他们之间的教育水平差异的原因，较高的教育水平反映了较高的收入水平，同时也反映了较高的志愿服务参与率，因此，高收入水平对应高志愿服务参与率。

表6－10 Probit回归结果（模型3）

变量名	系数	标准误
收入对数	0.0551***	0.0219
信任	0.1538***	0.0509
健康状况	－0.0821***	0.0284
年龄	－0.0268*	0.0138
年龄平方	0.0003**	0.0002
政治面貌	0.4055***	0.0583
婚姻	0.1171	0.0762
职业	0.1303**	0.0606
性别	－0.0350	0.0515
常数项	－0.8507	0.3420
卡方检验	P＝0.0000	

注：＊＊＊、＊＊、＊分别表示该系数在1%、5%、10%水平上是统计显著的。

第7章　政策建议

志愿服务在我国经过了20多年的发展，已经取得了很大的成绩。根据第5章对入户调查数据的分析，北京市志愿服务经济价值相当于GDP的0.51%，与第一产业的增加值相当；北京市志愿服务总时长为3.39亿小时，相当于17万全职员工的全年工作时间，与北京市铁路运输业、邮政业这两大行业的就业人员之和相当。虽然以北京为代表的我国主要城市都在大力发展志愿服务事业，而且也取得了不小的成绩，但与许多发达国家相比还存在较大差距。我国需要进一步采取措施，鼓励人们参与志愿服务，帮助志愿组织快速发展。

第一，加强志愿服务工作的战略规划。志愿服务是人类崇高精神的突出体现，是中华民族的优良传统，是一项光荣而重要的事业，必须从战略的高度来看待与规划。一是要做好顶层设计，立足国内实际，结合时代特点与国际形势，制定中长期发展规划，使我国志愿服务的发展既符合国内需要，也体现时代精神，更好地融入乃至引领世界潮流；二是要加强全国的统一协调，建立科学、顺畅、有效的运转体系，既能够进行有力地规划、指导与协调，又能够灵活发挥各级志愿者组织的主动性与积极性，将自上而下地指导与自下而上地发展结合起来；三是要服务中央和地方的发展战略，比如在建设生态文明、加强社会治理、推进基层民主，以及建设“一带一路”等大政方针中，应主动找准定位，充分发挥作用。

第二，充分肯定和宣传志愿服务的重要贡献，进一步扩大其影响。通过本次测算可以看到，我国的志愿服务创造了大量的经济价值，对于经济社会发展意义重大。这种情况充分说明我国的志愿服务事业已经取得了显著成绩，志愿服务的积极作用已经初步显现。与此同时，这些贡献还远远不够，特别是与欧美等发达国家相比还存在不小差距，创造的经济价值占GDP比重低于全球平均水平。除了经济贡献，志愿服务的社会贡献同样显著，比如有助于年轻人融入社会、提高就业率，有助于老年人身心健康等，都应该得到更加准确、及时的反映。因此，一是应继续巩固和扩大现有成果，将志愿服务的力量进一步引导到增加社会福利的方向上来，让公众切实感受到志愿服务带来的益处；二是要能够对这些贡献进行准确测算和及时发布，使其更加明确与清晰，特别是各级政府应顺应时代发展趋势，支持开展价值测算工作，并将这部分价值纳入国家和地区的国民账户。

第三，培育良好的有利于志愿服务发展的社会环境。从本次调查来看，虽然大多数居民已经知道志愿者和志愿服务，但是仍有相当比例的居民表示不了解甚至没有听说过。同时，数据分析显示，居民了解志愿者和志愿服务，对于提高志愿服务参与率有非常显著的影响。因此，一方面，要进一步加强宣传引导，提升社会的知晓度，并树立和强化志愿者和志愿服务的良好形象；另一方面，正式志愿服务的规模占绝对优势，非正式志愿服务明显偏少，需要采取有效措施，激发居民自发开展志愿服务的热情，开发丰富的民间资源，进一步培育志愿服务的社会基础。

第四，进一步强化我国志愿服务发展过程中形成的特色优势。从本次调查中，可以看出我国志愿服务的一些重要特征，以及志愿服务工作取得的成绩，应该保持和强化这些优势，奠定进一步发展的坚实基础。比如年轻人特别是在校大学生参与率较高，离退休人员的参与热情也普遍较高，需要注意保护这些群体的积极性；接受过志愿服务的居民，更愿意参与志愿服务，表明志愿服务的相关工作和实际效果比较好，得到了受众的普遍认可。

第五，注重与志愿服务有关的各个方面的平衡发展。发展不平衡是目前国内志愿服务的一个突出问题，亟须做好扬长补短的工作。这种不平衡体现在诸多方面，包括区域、群体、行业、形式等。比如，区域方面，城区明显好于郊区，各城市之间差距明显；群体方面，有本市户籍的居民明显具有更高的参与热情；行业方面，政府部门、国有企事业单位职工的参与率明显较高；形式方面，服务重大活动较多，深入日常生活不足。

第六，夯实志愿服务工作的基础，有利于其长久持续发展。我国志愿服务的基础相对薄弱，底数不清、研究不足是其重要体现。与实务发展相比，国内志愿服务的相关数据和研究工作相对滞后，方法和深度都有待于进一步加强。因此，一是要注重数据的收集、整理与挖掘，建设准确、可靠的数据库，政府应给予足够的重视与支持，将志愿服务纳入官方调查统计范围，形成数据工作的长效机制；二是在良好的数据基础上，加强理论研究特别是定量研究，发现志愿服务工作中的长处与优势，查找问题与不足，切实发挥理论研究对实际工作的指导和引领作用。

第七，提高管理水平。我国志愿服务呈现出一些特点，从中也可以看出改进工作的着力点。比如：除了高校在校生，各群体专业志愿服务的比例过小，在这方面可以加强志愿者的专业潜力挖掘，并做好岗位设置与对接；居民没有参与志愿服务的主要原因，包括“没有时间”“找不到合适的志愿者组织或项目”等，在这方面应该增强信息发布和招募工作的有效性，并争取提供个性化服务，切实提高居民参与的便利度；大力利用互联网、手机 APP、微信群等新媒体和新科技，改进沟通联系的方式与效率。

第八，推进国际交流。志愿服务国际化是大势所趋，也是我国扩大对外开放与交流、增强国家软实力的有利方式。从本次调查情况看，虽然已有志愿服务走出国门，但是规模、领域和形式等都非常有限，难以形成较强的国际影响力。建议加强双向的国际交流，既要“引进来”，也要“走出去”。通过实务、理论、机构、人员、项目等多维度的交流合作，学习借鉴国际先进经验，同时积极展示中国志愿服务的发展成绩与良好形象。

第九，发展志愿服务事业，要坚持自发性原则。社会主义市场经济和志愿服务事业分别是改变我国经济增长方式和社会治理模式转型的基础，在这个过程中，政府应该是裁判员，而不是运动员。相对而言，志愿者是更具有利他精神、更容易合作、更具有主观能动性的一群人，他们自我管理能力强，也更愿意在高度自治的社团组织基础上工作。社区志愿者及他们的志愿组织是志愿服务事业的主体，政府则扮演监督、引导和推动的辅助作用，从法律法规上去规范志愿服务的发展，减少对志愿组织的直接行政干预，让志愿服务为推动社会治理创新、维护社会和谐稳定发挥重要作用。

各城市分报告

第8章　调查方法及数据来源

8.1　网络调查方法介绍

为了准确了解中国志愿服务发展状况，测算志愿服务对经济和社会的贡献，北京师范大学经济与资源管理研究院受中国志愿服务联合会的委托，于2016年8—9月，在6个城市北京、厦门、西安、贵阳、泰安和鞍山，对当地志愿服务的发展状况进行了问卷调查，以此讨论我国东部、中部、西部的志愿服务发展状况。项目组通过各个城市的注册志愿者信息管理系统（“志愿云”信息系统），对注册的志愿者运用等距抽样的方法抽取随机样本，通过网络给被调查者发放《中国志愿服务经济价值网络调查》问卷，进行问卷调查。

调查的具体程序为：每个城市一共分两轮进行推送。先随机在每个城市都抽取3000名注册志愿者进行第一轮推送。根据第一轮被调查志愿者回答问卷和问卷回收的情况，再选取适量志愿者（3000名左右）进行第二批问卷推送。

志愿者要求用实名在这些志愿者信息系统中进行注册，而且都有有效的联系方式，如手机号码、电子邮箱等。因此，在具体推送问卷的过程中，为了提高问卷的回收率，课题组可以利用志愿者在系统中登记的联系方式，通过打电话、发送邮件和短信等方式，提醒被调查的志愿者上网对问卷进行填写。同时，有相应的激励机制来鼓励志愿者回答问卷，对于完成问卷的志愿者会得到20元的话费充值，同时通过志愿服务系统还有一小时的志愿服务时长的记录。

8.2　问卷反馈率介绍及其分析

如图8－1所示，我们向北京的实名注册志愿者群体发送了4110份问卷，回收1227份问卷，回收率为6个城市中最高，达29.9%；向厦门市的注册志愿者群体发送了5210份问卷，回收率第二，为23.0%；向西安市的注册志愿者群体发送了

5243份问卷，问卷回收量是1157份，回收率是22.10%；贵阳市的问卷发送量是4591份，回收量是928份，回收率是20.2%；向泰安市志愿者群体发送了5177份问卷，回收率是14.8%；鞍山市的问卷发送量为5211份问卷，回收了401份问卷，回收率最低，仅为7.7%，远低于平均水平。

表8－1 各个城市问卷发送情况

城市	发送量	回收量	回收率（%）
北京	4110	1227	29.9
厦门	5210	1199	23.0
西安	5243	1157	22.1
贵阳	4591	928	20.2
泰安	5177	764	14.8
鞍山	5211	401	7.70
总计	29542	5676	19.2

与其他5个城市相比（见图8－1），北京是发送问卷最少，回收率最高的城市。这在一定程度上说明，北京市志愿者群体公众参与积极性高于其他城市。这是因为：首先，在经济、政治、文化、社会等方面，北京是6座城市中最发达的城市。志愿服务相关的支持、运作体系与其他城市相比较都是更加完善的。也就是说北京市的志愿服务“行政推广”的力度大于其他城市（谭建光、朱莉玲，2008），以此为基础，在物力、财力、人力等各个方面都有保障；其次，北京志愿服务经过20多年的发展，尤其是2008年北京奥运会之后，北京的志愿服务更是有了广泛的社会基础。这为以后北京志愿服务工作的开展奠定了一个良好的局面。这种良好的基础在这次网络调查中也得到了体现。

鞍山市发送了5211份问卷，回收率只有7.70%，是6个城市中回收率最低的，而且，在问卷推送中，多次出现同一手机号挂名多个志愿者的情况，数据质量相对较差。从各个城市的回收率来看，北京、厦门作为东部的一线城市，其经济和社会发展程度都高于其他4个城市，志愿服务事业发展水平相对更高。西安、贵阳尽管是西部城市，但作为省会城市，比泰安、鞍山等地级市的经济、社会发展程度要高。泰安和鞍山作为地级市，经济发展水平相对落后，这可能也会在一定程度上影响当地志愿服务的发展。

图8－1是一个简单的散点图，横坐标是人均GDP，纵坐标是网络调查问卷的回收率。从图中可以看出，两者呈现较强烈的正相关关系，这可能说明：城市经

济发展程度（人均 GDP）越高，志愿服务的发展水平也会相对更好，使得注册志愿者的信息更加准确，通过网络调查，问卷的回收率也随之提高。由于样本量太少，结论是否稳健还需要使用更多的城市数据来进行验证。

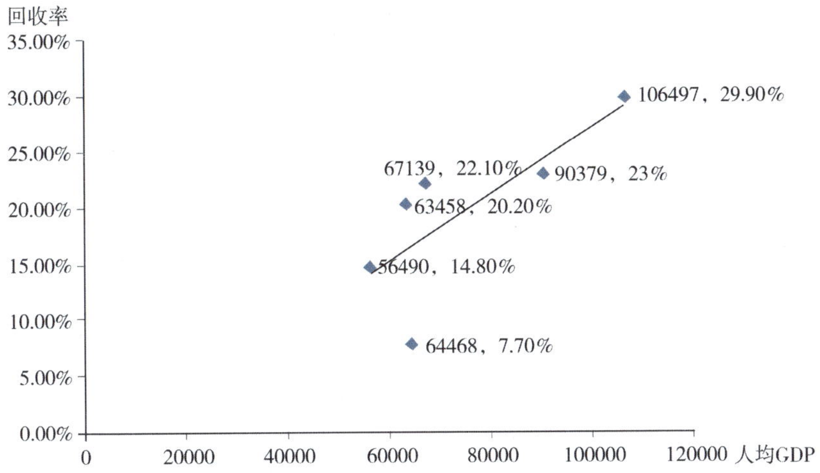

图 8－1　各个城市人均 GDP 与问卷反馈率

注：各个城市 2015 年的人均 GDP 均来自各城市的统计信息网。

根据马斯洛的“需求层次理论”，在人们的物质得到满足之后，就会向更高层次方面发展。志愿服务是一种利他行为，参与志愿服务可以看作是人们为了满足外在社会对自己的尊重和实现自身价值的一种途径。一般而言，随着经济水平的提高，人们才会有能力和时间去参加志愿活动。此外，经济发展水平高的城市，其社会治理的水平也会更高，志愿服务也会更加活跃，公民精神也会随之提高。在普特南看来，这种公民精神就是一种社会资本的存量。而社会资本就是一个社会的信任、规范等。经济的发展，往往公民的教育和认知水平也会逐渐提高，人们参与社团活动的水平也会提高。

8.3　主要结果及讨论

与入户调查以常住居民户及家庭成员为调查对象不同，网络调查是针对志愿者群体的特定调查，调查对象都是在当地志愿者信息管理系统注册的志愿者。通过网络调查计算志愿服务经济价值的基本思路是：首先，通过各城市的志愿者信息管理系统获得当地注册志愿者的总量，并以此作为该城市志愿者总量；其次，通过网络问卷调查获得相关数据，计算人均志愿服务时间；再次，使用各城市统计年鉴或统计局网站的相关数据，计算得出合理的工时工资；最后，利用上述数据计算志愿服务经济价值。计算公示非常简单，如下所示：

志愿服务经济价值 = 注册志愿者总量×人均志愿服务时间×工时工资

表8－2对六个城市的网络调查结果进行了汇总，结果如下：

表8－2 志愿服务网络调查结果

城市	注册志愿者总数（万人）	人均服务时长（小时）	经济价值（亿元）	占GDP比例（%）
北京	337	70.3	89.0	0.39
厦门	48.0	46.3	6.9	0.20
西安	21.9	67.8	6.7	0.12
贵阳	66.6	70.6	10.6	0.37
泰安	43.9	93.8	9.9	0.31
鞍山	19.8	63.0	2.0	0.085

来源：通过网络调查数据计算得到。

北京志愿服务发展基础好，网络注册系统也是先从北京发展出来的，因而注册志愿者量很大，到达337万，接近入户调查得到的402.5万志愿者。鞍山相对发展较晚，注册志愿者的数量最少，只有19.8万。通过网络调查得出的北京志愿服务经济价值相当于GDP的0.39%，低于入户调查0.51%的水平，但两者差距不是很大。如果经费和时间不够，通过网络调查估算一个城市志愿服务的经济价值，还是能得到粗略的结果。

入户调查是以常住人口为基础，计算常住人口中的志愿者总量。许多通过网络进行注册的志愿者是在校大学生，由于他们熟悉计算机、互联网，同时由于网络志愿者注册系统共青团组织是先发展和推广起来的，受共青团组织的影响，他们网络注册比例很高。在北京念大学并注册成北京志愿者的许多学生，毕业以后离开了北京，即使他们仍然参加工作所在地的志愿服务活动，但他们已经不再是北京的常住人口了，也就不应该算北京的志愿者。

如果注册系统使用多年而且不能将这类人转移成工作地所在城市的志愿者或排除他们，注册志愿者的数量将会随着时间推移而得到人为的夸大。许多参与志愿服务的志愿者并没有进行注册，第4章入户调查的数据显示，北京样本志愿者的注册率只有14.2%，可能不同人群的差异很大，但整体注册率还是偏低。北京注册志愿者已经达到337万，而根据入户调查对年龄调整后的志愿者总量是402.5万，如果按照这两个数据计算，北京市志愿者的注册率已经高达80%了，这与北京入户调查的数据相矛盾。

志愿者注册系统刚刚建立起来时间不久，随着逐渐改进会越来越好。志愿者注册系统能帮助政府有关部门提高管理水平，推动志愿服务事业更加快速地向前发展。

第 9 章　北京志愿服务报告

9.1　北京市基本情况

北京是中华人民共和国的首都、直辖市和国家中心城市，是中国的政治、文化中心，是中国经济的决策和管理中心，是中华人民共和国中央人民政府和全国人民代表大会的办公所在地。北京经常组织大型国际和国内活动，对相关志愿服务的需求很大。

北京位于华北平原的北部，背靠燕山，有永定河流经老城西南，毗邻天津市和河北省，下辖东城、西城、朝阳、海淀、丰台、石景山、门头沟、房山、大兴、通州、顺义、昌平、平谷、怀柔、密云和延庆 16 个区。

2015 年年末北京市常住人口 2170.5 万人，比 2014 年增加 18.9 万人，年度增长 8.7‰。从城镇化水平看，北京城镇化率较高，城镇人口 1877.7 万人，占总常住人口的 86.5%；从男女性别分布看，男女性别比约 106 : 100，基本平衡；外来人口比重较大，占到总常住人口近六成。常住人口总出生率 7.96‰，死亡率 4.95‰，自然增长率 3.01‰。全市常住人口密度 1323 人/平方千米，比 2014 年年末增加 12 人。全市常住人口构成如表 9 - 1 所示。

作为中国的科技文化中心，北京的高等教育极为发达。全市共有 90 所普通高等学校全年招收本专科学生 15.8 万人，在校生 59.3 万人，毕业生 15.2 万人；成人本专科招生 7.5 万人，在校生 20.4 万人，毕业生 9.5 万人；58 所普通高校和 80 个科研机构培养研究生，全年研究生教育招生 9.5 万人，在学研究生 28.4 万人，毕业生 8 万人；此外，全市还有 15 所民办高校，在校学生 6.7 万人；各类中等职业教育（含技工学校）招生 4.1 万人，在校生 13.4 万人，毕业生 5.5 万人。这部分群体成为北京市志愿服务的人口基础。①

① 北京市统计局官方网站公布的《北京市 2015 年暨“十二五”时期国民经济和社会发展统计公报》。

表 9－1　2015 年年末北京市常住人口及构成

指　　标	人数（万人）	比重（%）
常住人口	2170.5	100.0
按城乡分：城镇	1877.7	86.5
农村	292.8	13.5
按性别分：男性	1113.4	51.3
女性	1057.1	48.7
按年龄组分：0—14 岁	219.1	10.1
15—59 岁	1610.9	74.2
60 岁及以上	340.5	15.7
其中：65 岁及以上	222.8	10.3

2015 年，北京市全年实现地区生产总值 22968.6 亿元，比 2014 年增长 6.9%。其中：第一产业增加值 140.2 亿元，下降 9.6%；第二产业增加值 4526.4 亿元，增长 3.3%；第三产业增加值 18302 亿元，增长 8.1%。按常住人口计算，全市人均地区生产总值达到 106284 元（按年平均汇率折合 17064 美元）。

9.2　北京市志愿服务发展概况

9.2.1　发展历程

北京市志愿服务发展主要经历了起步、大型事件推动、社会建设推动和制度化建设推动四个阶段：

起步阶段是北京市志愿服务的早期发展阶段。1983 年北京市大栅栏街道开始推出学雷锋“综合包户”活动，广泛开展以“学雷锋”运动为基础的青年志愿者行动，形成了志愿服务雏形。在此基础上，通过学习和接受国外先进经验和理念，于 1993 年率先成立了全国第一个省级志愿者协会——北京志愿者协会，为志愿服务事业的后续发展奠定了良好基础。

大型事件推动阶段是北京志愿服务发展的第二个阶段，是由大型事件引领推动发展的阶段。从 2001 年申奥成功开始，经过 2008 年北京奥运会，到 2009 年北京市志愿者工作大会，这段时期称为北京的“奥运周期”，其间经历了 2001 年第

21届世界大学生运动会、北京奥运会、上海世博会、广州亚运会、国庆60周年等大型赛会和重大社会活动，通过对这些大型事件活动的支持服务工作，北京志愿服务得到了长足发展，成为快速健康发展的重要阶段，形成了较为完善的组织架构和政策法规体系，即负责北京市志愿者工作的“三会一中心”（联合会、基金会、研究会、北京市志愿服务指导中心）工作架构，以及专门指导志愿者工作的政策法规体系。

2010—2012年是北京市志愿服务发展的第三阶段——社会建设推动阶段。这一阶段北京志愿服务聚焦于对社会建设的积极促进作用，以“让志愿服务走进生活”作为志愿服务发展的主线，重点完成了志愿服务综合信息平台和志愿服务终端平台建设，推出“志愿北京”市级示范项目，推动北京市的志愿服务向规范化、常态化目标发展。

2012年党的十八大至今，北京志愿服务迈入第四个阶段——制度化建设推动阶段。在过去30年志愿服务的实践基础上，把推进志愿服务制度化成为志愿服务发展的重点，以制度促进服务、以制度完善服务。2014年4月30日，北京市志愿者联合会更名为北京市志愿服务联合会，并召开了第一次会员代表大会，将服务和管理范畴从志愿者拓展到志愿服务的各个领域，广泛动员党员、团员、道德模范、公众人物积极参加志愿服务，建立健全以实名注册志愿者保险为主的保障体系，有力促进了志愿服务的规范化、制度化全面发展。

截至2015年2月，北京市共有志愿服务组织39699个，其中，一级组织381个，二级组织6407个，三级组织32908个，社区志愿服务组织总数超过1.2万个，实现了329个街道乡镇志愿服务组织全覆盖。到2016年3月，全市实名注册志愿者达到3367367名，注册志愿团体总数达到53457个，发布志愿服务项目总数76630个。

9.2.2 服务领域

经过30多年的不断发展和完善，北京市志愿服务活动涵盖了大型赛会、城市管理以及日常服务三个方面的内容。

大型赛会类志愿服务主要是围绕体育赛事、大型会议、大型展会、重大社会活动提供服务的志愿活动。

城市管理类志愿服务重点在促进生态文明、城市运行、平安行动、应急服务等相关领域开展志愿服务活动。

日常服务类志愿服务是围绕关爱服务、文教服务、社区服务等开展的志愿服务活动。

目前，北京市的重点志愿服务包括“志愿北京”市级示范项目、第二届中国青年志愿服务项目大赛金奖项目、2015 年度政府购买项目、2015 年北京市小微志愿服务项目支持计划。其中，“志愿北京”市级示范项目以“公共空间、特殊人群”为重点，关注民生需求，人文关怀和生态文明建设，按照志愿者能为的原则，先后形成了毛主席纪念堂、西部计划、蓝天行动、蓝立方、春风行动、白衣天使、青春伴夕阳、青春梦想同龄同行、公园之友、博物馆行动、社区家园行动、大医博爱、绿色联盟、陪伴成长、“救”在身边、阳光阶梯计划等 17 个具有特色的市级示范项目。青年助残“阳光行动”组织开展了各类阳光助残活动。

同时，北京市还广泛开展了“邻里守望”等志愿服务，活动围绕空巢老人、留守儿童、农民工和困难职工、残疾人等群体，组织实施了多项志愿服务活动。项目涉及生活的方方面面，确保哪里有需求，哪里就有志愿者。

9.2.3 服务平台

北京志愿服务管理平台是志愿服务的基础，为志愿服务发展起到了良好的支撑和促进作用。

一是政策机制平台。北京市人大、市委市政府等相关单位先后制定出台了《北京市志愿服务促进条例》《关于进一步加强和改进志愿者工作的意见》等相关政策，推动形成了党委领导、政府负责、志愿者组织具体实施、相关单位密切配合的志愿服务工作机制，打造出“3 级枢纽 +1 级终端平台”的志愿者组织体系。同时加强实名注册和计时工作，如通过立法形式将“志愿北京”网站确认为全市统一的志愿者注册网络平台，组织各领域、各系统、各单位志愿者进行实名注册。研发条形码、二维码等各种计时形式，组织广大注册志愿者通过各类活动积极参与计时等。

二是工作服务平台。通过打造服务项目平台，建立北京的特色志愿服务项目体系，将“志愿北京”打造成全市志愿服务项目管理的支撑平台，为毛主席纪念堂、西部计划等 17 个市级示范项目提供了技术和信息支撑。

三是志愿服务队伍平台。2013 年，北京市委市政府出台《关于进一步加强本市应急能力的意见》和《北京市应急志愿者管理暂行办法》，逐步搭建了应急志愿者指挥调度平台，开展全市应急志愿者全员轮训工作，并建立了应急志愿者保险政策，为北京市志愿服务队伍建设奠定了基础。

四是交流合作平台。通过与国内、国外志愿服务组织建立合作关系，形成了多方位的交流合作平台。依托北京政治文化中心优势，通过推动北京市志愿服务组织与中央各部委及全国 20 多个省、市、区的志愿者组织开展不同层面的活动，建立了稳定的国内合作网络；同时，通过与联合国开发计划署、联合国志愿人员组织合作，依托“通过2008年北京奥运会促进中国志愿服务发展”等国际合作项目，形成了国际合作平台。

五是培训保障激励平台。首先，加大对基层志愿服务投入力度，在队伍建设、项目培育、志愿者激励保障等方面加大投入，推动基层志愿服务深入开展；其次，实施了“志愿北京之阳光阶梯计划”等培训项目，对志愿者提供全面深入的培训，提升志愿服务保障水平，推动管理服务科学化发展；再次，加强志愿服务组织的党建工作。推动建立志愿者组织党建工作委员会、志愿者组织联合党总支及其办公室，建立党建工作联席会议机制，指导各级各类“枢纽型”志愿者组织开展党团建设；最后，对志愿服务活动进行深入宣传和表彰。如加强新闻报道，2008年以来，各类媒体累计报道2657篇，其中独立新闻806篇，转载1851篇，极大地提升了社会影响力。推出志愿者星级评定和奖章制，加强对志愿者的表彰工作，激励志愿服务社会参与的积极性和正面引导示范作用。

9.2.4 发展成效

通过多年的发展，北京志愿服务取得了显著的成效。截止到2016年3月，北京市实名注册志愿者已经达到3367367名，注册志愿团体总数达到53457个，发布志愿服务项目总数76630个。自2008年以来，各类媒体关于志愿服务累计报道2657篇，其中独立新闻806篇，转载1851篇，极大地提升了志愿服务的社会影响力。运用“大数据”理念，依托“志愿北京”信息平台推出“志愿云”信息系统，为全国的志愿服务互联互通奠定了基础。

9.2.5 经验总结

北京志愿服务在发展、实践过程中积累了以下几个方面的经验：

一是推动志愿服务进行项目化运作。北京志愿服务发展过程中，通过立法来确定志愿服务项目化管理。重点围绕“城市公共空间”和“特殊人群”设计和征集志愿服务项目，形成了比较完善的项目体系。制定出台《志愿服务项目管理办法》，推动形成了包括“调”（需求调研）、“设”（项目设计）等十二个环节的项目管理流程。通过构建形成“政府购买＋小微计划”的志愿服务组织支持机制，创新培育志愿服务项目培育载体。

二是完善志愿服务组织的组织化规范。通过聚焦志愿服务组织建设的关键环节和重点领域，着力提高了志愿服务过程管理和组织建设的专业化、规范化程度，提升志愿服务组织运行规范化。

三是强化志愿服务组织的专业化水平。通过广泛动员专业人士成为志愿者，壮大专业志愿者队伍。同时加强志愿服务理论研究，通过“在实践中总结经验，进而运用经验指导实践”的实践—理论—再实践的过程，逐步提升志愿服务项目实施和人员的专业化水平。

四是推动志愿服务扎根社区。通过开展“邻里守望”志愿服务、学雷锋志愿服务站（岗）等形式的活动，为社区空巢老人、留守儿童等群体提供服务和帮助，扎根社会基层，将社区营造为志愿服务的主要服务领域。

五是推进信息化管理。通过确定“志愿北京”网站为全市统一的志愿者注册网络平台，并在此基础上，开发推出“志愿云”信息系统，提高志愿者参与志愿服务和志愿服务组织进行相关管理的有效性和便捷度。

六是积极号召党员、团员参与志愿服务。建立了市领导定期带头参加志愿服务制度，并且推动在市直系统建立志愿服务组织、在职党员、团员注册为志愿者并参与志愿服务活动，充分发挥党员和团员示范引领的带头作用。

七是加强志愿者培训体系建设。北京市把培训作为服务志愿服务组织的重要举措，加强培训师资建设、课程体系建设、分层分级分类开展志愿服务培训，提升志愿者管理及服务水平。

北京志愿服务事业虽然已经取得很好的成效，但是着眼于志愿服务的可持续发展，仍有不足之处亟须改进：

一是志愿者的服务参与率、活跃度仍需提高。一方面，在北京市实名注册志愿者中，“一老一小”占比较高，中年人比例偏低；另一方面，北京市开展志愿服务记录制度以来，在“志愿北京”信息平台有服务时间记录的志愿者比例不高，反映出市民的参与热情尚未充分转化为志愿服务行动。

二是志愿者激励保障机制有待完善。志愿者激励包括精神激励、物质激励，还有立法和政策的激励。当前，北京志愿服务组织对志愿者的激励主要采用精神激励、物质激励，如认证星级志愿者、评选“北京十大志愿者”等；发达国家比较注重立法和政策激励，如规定企业等用人单位必须组织员工参与一定时间的社区志愿服务、允许员工享受带薪志愿服务假期、将志愿服务与税收减免挂钩等。

三是志愿项目吸引力不强、志愿组织能力不足。当前北京志愿服务活动中，志愿服务项目的针对性和新颖还相对欠缺，导致志愿者参与的积极性不高。同时，志愿服务组织在招募管理、项目管理运行等方面的能力仍存在不足。

四是志愿服务专业人才、领军人物匮乏。当前，北京市的志愿服务需求的日益多元化，对于心理疏导、应急救援等专业志愿服务人才的需求越来越强烈，但是相关专业人才仍然相对缺乏，同时志愿服务的领军人物也十分匮乏，需要加强培育。

五是国际交流与合作仍有待提高。虽然，北京与联合国志愿人员组织自2007年起已持续开展了两期合作项目，具有“走出去”的经验和条件。但是，对于推进首都国际交往中心建设、配合国家“一带一路”倡议布局，就发挥志愿服务在民间外交的独特优势的要求而言，北京市志愿服务国际合作与交流仍然处于较低水平。

9.3 北京市志愿服务现状

9.3.1 志愿者参加志愿活动时长

表9-2 北京市志愿者过去一年提供的平均志愿服务时长

变　量	观测值	平均时长	最小值	最大值
过去一年服务时长	939	70.33	0.8	2000

志愿服务时长是志愿者提供服务的时间长度。志愿服务时长以小时作为计量单位，使得志愿服务有了量化标准。在“您过去一年提供了多少小时的志愿服务”问题中，939人的平均志愿服务时长约为70.33小时。从表9-2中可以看到，最少的服务时长是0.8小时，最多的服务时长是2000小时，个体之间志愿服务时长悬殊较大，使得数据波动较大。

志愿服务从组织方式上看（见表9-3），可以分为有组织志愿服务和无组织志愿活动。有组织志愿活动中根据组织主体的不同，可以分为政府组织的志愿活动和非政府组织组织的志愿活动。939个样本中，志愿者参与政府组织的志愿活动时长平均是28.28小时，占总的志愿服务时长40.21%；参与非政府组织的志愿服务平均时长是31.41小时，占总的志愿服务时长44.66%；参与无组织行动的志愿服务时长是10.63小时，占总的志愿服务时长15.11%。显然，志愿者主要参加的是有组织志愿活动即正式志愿服务；志愿者参加无组织志愿服务即非正式志愿服务只占很小部分。

表9-3 不同组织下北京市志愿者过去一年提供的平均志愿服务时长

变量	观测值	平均时长	最小值	最大值
政府组织	939	28.28	0	2000
非政府组织	939	31.41	0	2000
无组织	939	10.63	0	1052.63

此外，根据志愿服务内容的不同，志愿服务时长可以分为普通志愿服务时长和专业志愿服务时长。专业志愿服务是指志愿者用专业知识技能无偿帮助公益组织开展项目，提供咨询、培训和教练的服务。939 个观测值中，志愿者的普通志愿服务时长平均时长是 46.73 小时，最少服务时长是 0 小时，最多服务时长是 2000 小时；普通志愿服务时长与专业志愿服务相对应，志愿者的专业志愿服务时长平均时长是 23.60 小时，最少服务时长是 0 小时，最多服务时长是 1000 小时。可以看出普通服务时长大于专业服务时长。

表 9－4　不同专业下北京市志愿者过去一年提供的志愿服务时长

变　量	观测值	平均时长	最小值	最大值
普通志愿服务时长	939	46.73	0	2000
专业志愿服务时长	939	23.60	0	1000

9.3.2　志愿者群体基本特征描述

一、参与者性别分布情况

在回收的 1227 份问卷中，除去 6 个（0.49%）缺失值，男性志愿者为 502 人，占 40.91%；女性志愿者是 719 人，占 58.60%。由此可以看出，女性志愿者参与人数高于男性。

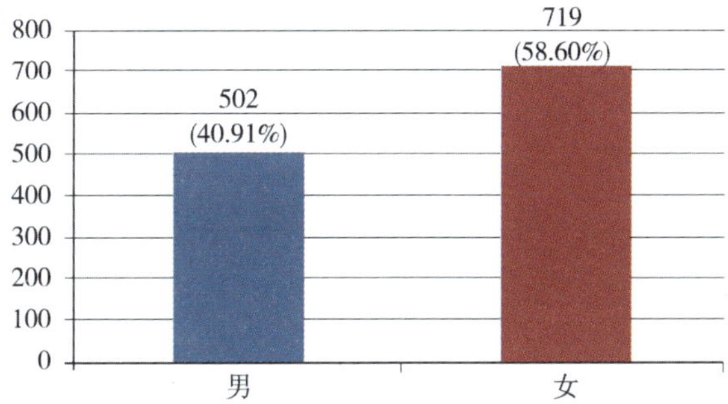

图 9－1　参与调查的志愿者性别分布情况

二、参与者年龄分布

在分析志愿者年龄结构过程中（见图 9－1），将调查对象的年龄分成 6 个组：20 岁以下、20—30 岁、30—40 岁、40—50 岁、50—60 岁、60 岁以上，所占比例依次是 2.85%、76.12%、11.41%、5.05%、2.61%、1.96%。20—30 岁年龄段的人数占 76.12%，其次是 30—40 岁比重是 11.41%，两者的比例达 87.53%。因此在参与调查问卷的志愿者中，年轻化是志愿者队伍的一个显著特点。志愿服务为青年人提供了锻炼和成长的机会。同时，志愿者队伍的年轻化为志愿服务提供了旺盛的生命力和广阔的发展前景。但该数据也反映出，志愿者的年龄在各个年龄层次都有分布，这也说明，志愿活动可以吸纳众多的群体。

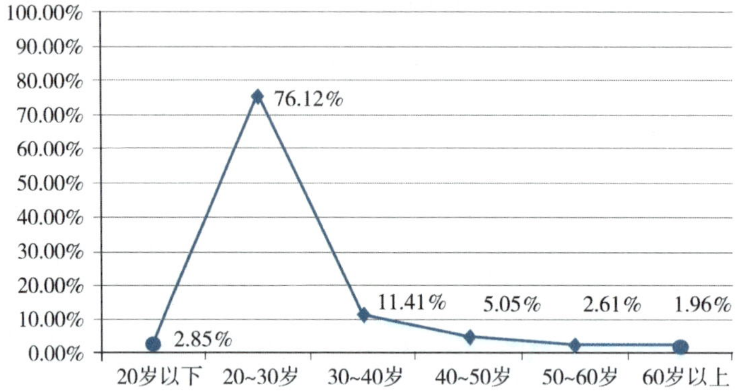

图 9－2　参与调查的志愿者年龄分布情况

三、参与者的学历分布情况

参与问卷调查的志愿者人群中，小学文化的志愿者占 2. 55%，初中和高中的总计占 21. 14%，大学专科占 14. 63%，大学及本科以上占 61. 55%，未上过学的占 0. 12%。由此看来，大学学历的志愿者成了志愿活动的主力军。

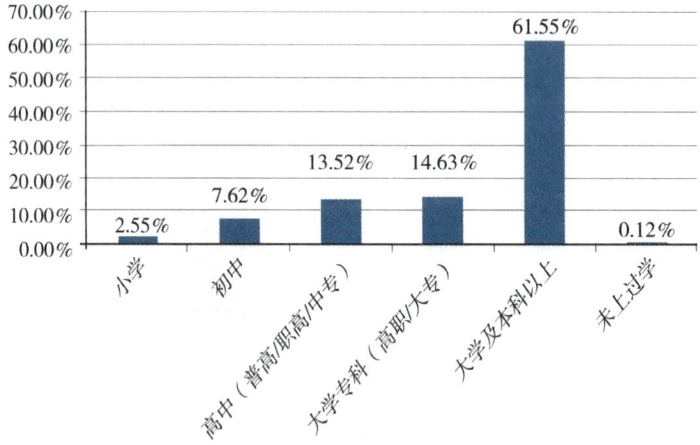

图 9－3　参与调查的志愿者学历分布情况

四、参与者政治面貌

参与调查的志愿者中，最多的是共青团员，占 52. 16%；其次为群众，占 22. 98%；中共党员，占 20. 54%；预备党员，占 3. 75%；民主党派及无党派人士，占 0. 57%。可以得出，共青团员所占比重最大，其次是群众。此外，依次是中共党员、预备党员和民主党派及无党派人士。共青团成了志愿者团体的主力军。这也受我国的志愿服务动员系统的影响。我国志愿服务工作主要归口是共青团员。从2009年起，北京市教工委、团委等部门联合制定相关意见，把志愿服务纳入中小学教育中，这在很大程度上提高了中小学生志愿者的比例。另外，北京的大学生众多，也为共青团招募志愿者工作提供了人员队伍。

此外，党员作为志愿者所占比重也比较大。这也在一定程度上说明我国志愿服务工作开展，带有一定的行政因素，即志愿服务是一种自上而下的动员过程。与西方国家自下而上的发展路径相比，我国这种发展模式囿于本国社会“大政府、小社会”的特点。这种模式反作用于社会，社会领域也在孕育当中。从结果看，志愿服务中的群众也发挥了重要作用，回收的问卷中，有22.98%的志愿者是群众，可以看出群众也在志愿服务过程中发挥了重要的作用。

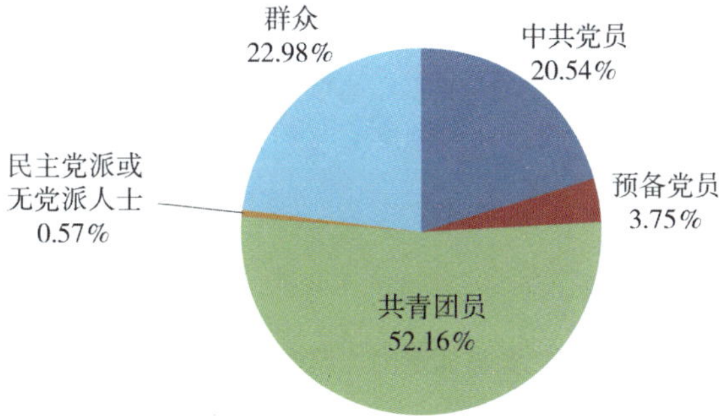

图9－4　参与调查的志愿者政治面貌分布情况

五、参与者的工作类型分布

在回收的1227份问卷中，参与调查的志愿者中有工作的是493人，占40.18%；没有工作的有734人，占59.82%。出现这种情况的原因是志愿者群体中有大量的在校学生，由于他们还没有独立的经济能力，因此被划分到“没有工作”，加大了调查对象没有工作的比重。从493位“有工作”志愿者的工作类型上看，他们的工作单位类型涉及政府部门、事业单位、国有企业、集体企业、私营企业、外商投资企业、港澳台投资企业、非政府组织、军队、个人经营和其他。事业单位的志愿者人数最多，占到回收问卷量的39%；其次是政府部门，占13.22%；私营企业占12.79%，国企占12.36%。由于我国的志愿服务发展路径是“自上而下”，很多志愿活动都是相关部门发动的，因此体制内的人员被动员参与志愿活动的可能性更大。而私营企业员工参加志愿活动很大程度上是由于企业为了对外宣传，树立社会形象的需要。但不可否认的是企业主动承担社会责任的意识也得到了提高（见表9－5、图9－5）。

表9－5 参与调查的志愿者是否有工作

是否有工作	频数	比例（%）
是	493	40. 18
否	734	59. 82
总计	1227	100

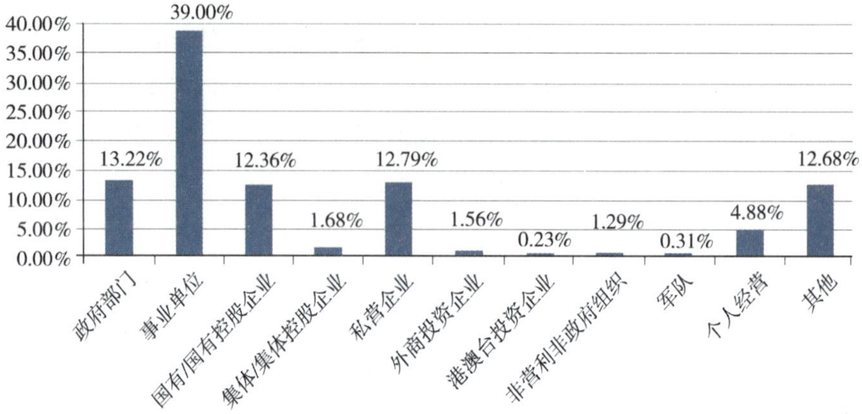

图9－5 参与调查的志愿者工作分布情况

9. 3. 3 参与志愿服务行动的基本情况

一、参与者第一次志愿服务的途径

志愿服务是一种利他行为，在一段时间内自愿无偿地奉献自己的时间、物力财力和专业技术。在北京市参与调查的1227人中，559人第一次的志愿服务是自愿行动；250人第一次志愿活动是在领导要求和单位的安排下参加的；185人在亲友、家人及同事带动下参加的；101人第一次参加志愿活动是在社区带动下。此外，志愿服务也受街头宣传、媒体广告等其他原因影响。由此看出，参加志愿活动的志愿者中部分有较高的社会责任意识，会主动地承担社会责任，公民意识较高。除此之外，周边同事、亲朋好友的带动也是志愿者参加志愿服务的初始影响因素（见图9－6）。

二、促使志愿者参加志愿服务的动力

关于“哪些因素促使志愿者参加志愿活动”的问题（见图9－7），1227人中，1040人选择了“希望帮助他人”，为了让生活更充实的人有734人，为了增加社会见识的人有564人，发挥自己的经验和技能的人有553人。服从领导安排、给孩子

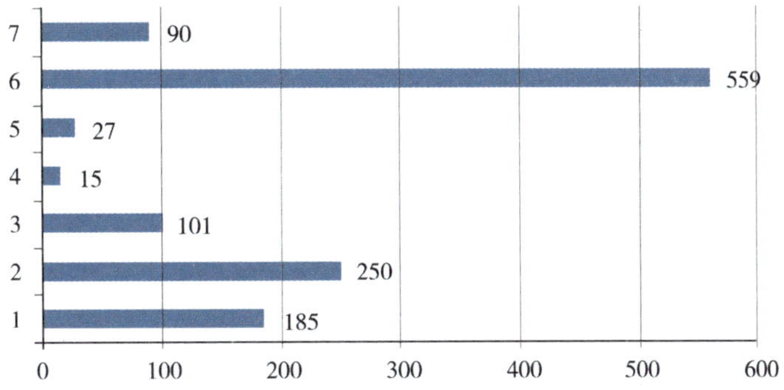

图9－6　参与调查的志愿者第一次参与志愿活动途径的分布

注：1＝家人/亲友/同事带动；2＝领导要求/单位统一安排；3＝社区组织动员；4＝被街头宣传吸引；5＝受媒体广告影响；6＝自愿行动；7＝其他

好的影响、有助于升学和找工作等原因也是人们参加志愿活动的原因。从中可以看出追求物质利益在志愿服务中表现得不是很明显，人们参加志愿活动更多的是为了精神层面的追求。志愿服务可以使人们在志愿活动中得到精神的满足和充实，同时也是志愿者发挥自身的经验和技能，服务社会价值、创造新的社会价值和经济价值的体现。

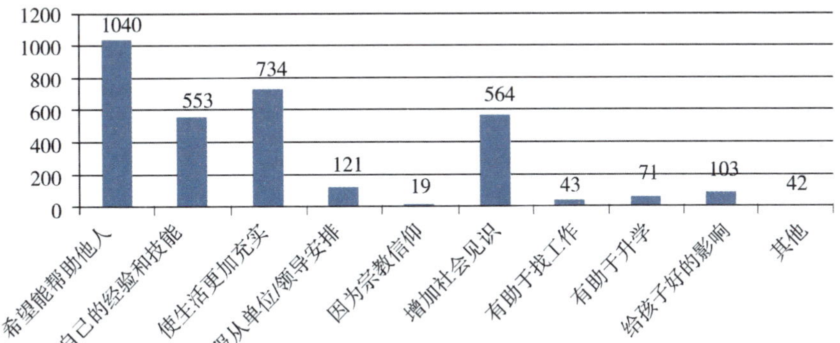

图9－7　促使志愿者参加志愿活动的动力因素分布情况

注：该题是多项选择题。

三、参与志愿服务信息获得的途径

在参与信息获得的渠道上（见图9－8），回收的问卷里有737人是通过网络搜集志愿信息，成为人们获得信息的主要渠道；其次是529人是通过本单位相关部门获得志愿信息；486人是通过微博、微信等新媒体获得志愿信息。同时341人是通过报纸、电台等传统媒体获得志愿信息，257人是通过熟人之间的传播获得信息，村（居）委会也是人们获得志愿信息的渠道之一。可以看出，人们获得志愿信息渠道多样化。由于网络媒体信息技术的发展，人们不论是在生活还是获取信息上，网络成为人们必不可少的媒介。在网络技术的基础上，新媒体成为人们获取信息的主要平台，而受到网络技术的冲击，传统媒体在人们获取志愿信息上稍逊一筹。同时，囿于我国的特殊国情，自上而下的志愿服务系统，其中政府相关单位也承担了一部分志愿工作。对于不同的渠道各有特点，网络渠道和传统媒体渠道可以涉及广泛的人群，但志愿者群体不稳定，而单位内部传播只能涉及本单位的人，有稳定的支援人群，但范围较窄。

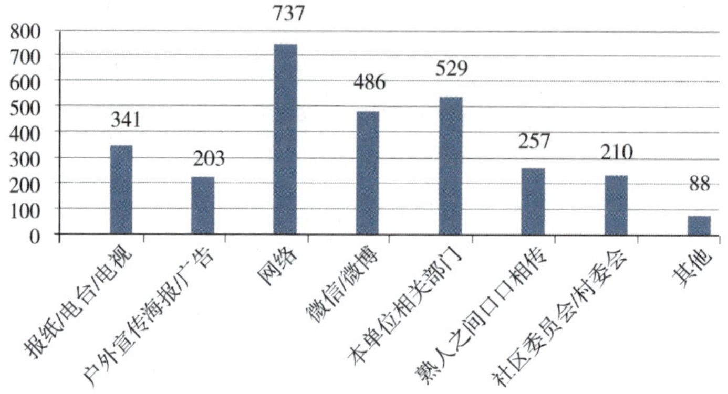

图9-8　参与调查的志愿者获得志愿服务信息的途径分布情况

注：该题是多项选择题。

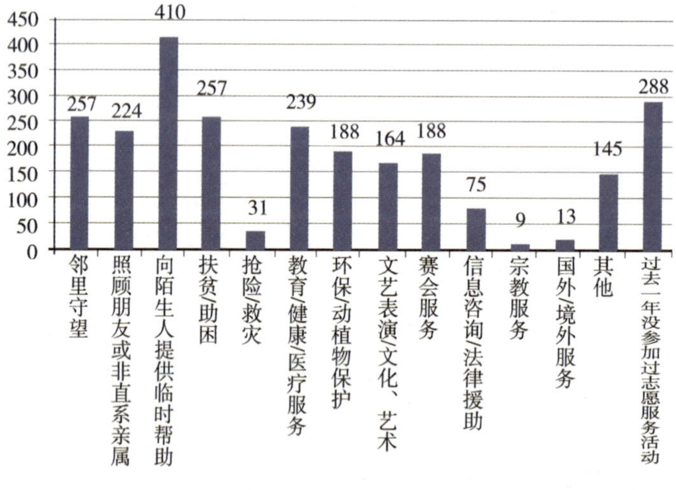

图9-9　参与调查的志愿者参加过的志愿服务分布情况

注：该题是多项选择题。

四、参与志愿服务的类型

从志愿者的志愿服务类型上看，向陌生人提供临时帮助人数最多，有410人；“邻里守望”和扶贫助困都是257人；健康医疗服务有239人；照顾朋友和非直系亲属有224人；此外，还有动植物保护、信息法律咨询、赛会服务等都是100余人。但是有288人在过去一年没有参加过志愿服务活动，人数位居第二位，说明目前志愿队伍建设不稳定，志愿服务不连续。向陌生人提供临时帮助的人数最多，这种志愿服务具有临时性和不稳定性。可以看出，我国志愿服务没有一个稳健的系统作为支撑。同时，在全球化的推动下，国际志愿服务逐渐成为一个国家国际影响力的测评指标。由于我国的政治、经济在国际舞台上的作用越来越显著，所以相关的文化、国际志愿服务也应该随之提高。而在该数据分析中，参加过国外境外服务的人数也只有13人。

五、参加过有组织（政府、非政府）志愿服务得到补贴和承担的费用

志愿者参加有组织的志愿活动，没有得到补贴的人数最多有761人，得到100元以下补贴的人数有79人，得到100—500元补贴的人数有72人，得到500—1000元补贴的人数有19人。有313人没有承担费用，401人承担过100元以下的费用，160人承担过100—500元的费用，42人承担过500—1000元的费用。由此可以看出，自己承担费用的人数远大于得到补贴的人数。虽然志愿服务是一种不以营利为目的的行动，但为了鼓励大家参加志愿活动，促进志愿活动能够持久，提供一定的补贴，给予一定的鼓励也是必要的（见图9－10、图9－11）。

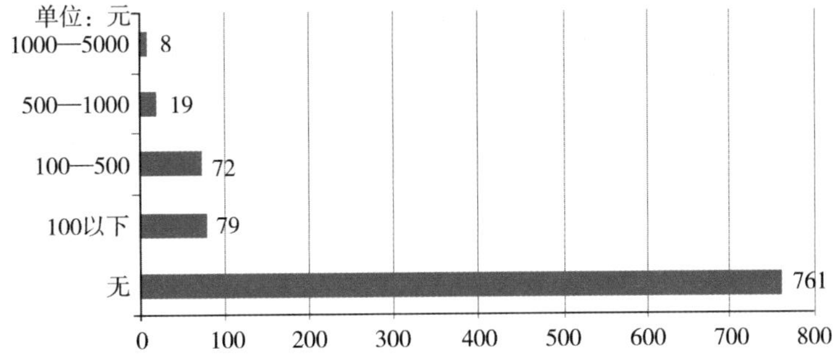

图9－10　参与调查的志愿者得到补贴分布

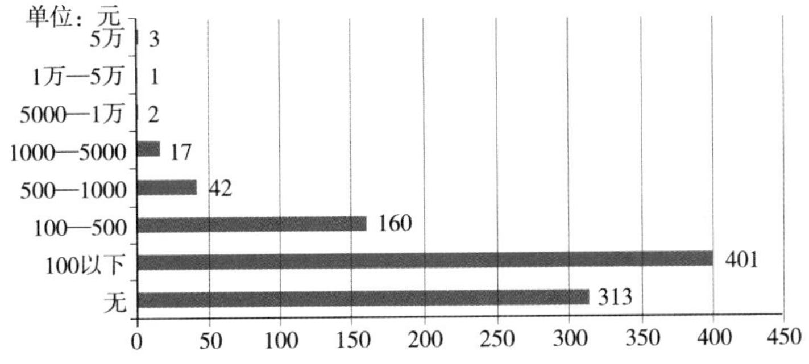

图9－11　参与调查的志愿者承担的费用分布

六、志愿者在志愿服务中最看重的收获

在“您参加志愿服务，最看重哪方面收获”的问题中（见图9－12），有561人回答是“心情愉悦，自我满足”，220人的回答是“认识更多的朋友”，197人的回答是“获得服务对象的衷心感谢”，91人是为了获得更好的发展机会。此外，还有的志愿者是为了荣誉证书和获得亲朋好友的赞许等其他原因。从这些回答中，可以看出，人们参加志愿活动更多的是出于精神层面的需求即为了更多的心灵体验。

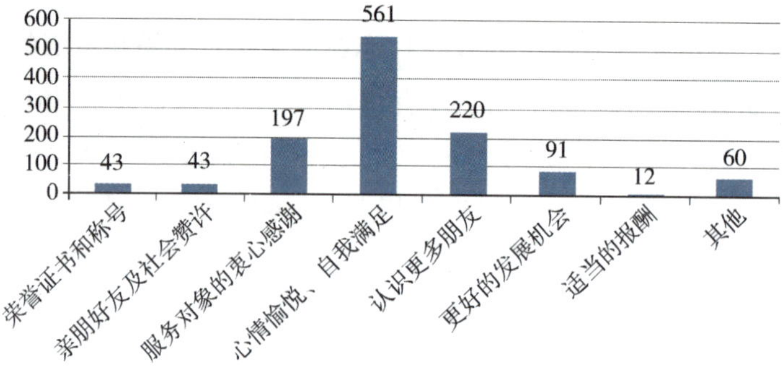

图9－12　参与调查的志愿者在志愿服务中最看重的收获分布情况

七、志愿者对志愿活动的评价

表9－6　参与调查志愿者对志愿活动的评价

	每次都有	多数有	少数有	从来没有
被告知志愿服务内容和要求	627	194	82	36
	66.77%	20.66%	8.73%	3.83%
与志愿组织签订书面协定	85	108	230	516
	9.05%	11.50%	24.49%	54.95%
为志愿服务提供必要的知识和技能	212	250	311	166
	22.58%	26.62%	33.12%	17.68%
对志愿者工作进行监督和指导	269	293	244	133
	28.65%	31.20%	25.99%	14.16%
提供必要的安全保障和医疗条件	243	276	262	158
	25.88%	29.39%	27.90%	16.83%
提供人身保险和费用补贴	104	124	325	386
	11.08%	13.21%	34.61%	41.11%

续表

	每次都有	多数有	少数有	从来没有
对志愿工作评估和激励	201	278	279	181
	21.41%	29.61%	29.71%	19.28%
记录志愿服务时长或认证	285	245	222	187
	30.35%	26.09%	23.64%	19.91%
征询意见改进志愿服务	193	265	302	179
	20.55%	28.22%	32.16%	19.06%

以上问题是关于志愿者参加过的志愿服务活动做出的评价，关于“在参加志愿服务是否被告知志愿服务的内容和要求”，对于该问题有627人回答是“每次都有”，194人回答“多数有”，82人回答“少数有”，36人回答“从来没有”。可以看出大多数的志愿活动还是保障了志愿者对活动的知情权。

与志愿组织签订书面协议，对于该问题，85人回答是“每次都有”，108人回答“多数有”，230人回答“少数有”，516人回答“从来没有”。签订书面协议保障的是志愿者的利益和权益。从调查来看，一半以上的调查者没有签过相关的协议。

在志愿服务中，提供相关的必要的知识和技能是提升志愿服务质量的必要条件之一。关于“为志愿活动提供必要的知识和技能”的调查中，22.58%（212人）的调查对象回答“每次都有”；26.62%（250人）的人回答“多数有”，33.12%（311人）认为“少数有”，17.68%（166人）认为“从来没有”。说明志愿服务还是有待完善的。

在谈对“志愿者工作进行监督和指导”的问题时，28.65%（269人）回答“每次都有”，31.20%（293人）的调查对象认为“多数有”，25.99%（244人）回答“少数有”，14.16%（133人）回答“从来没有”。志愿服务在我国算是一种新事物，各个方面还不够完善，而鼓励志愿者对志愿工作进行监督和指导也是完善志愿服务的途径。

安全保障和医疗提供涉及志愿者生命安全，关于志愿活动是否提供必要的安全保障和医疗条件的问题，25.88%（243人）的调查对象回答“每次都有”；29.39%（276人）的人回答“多数有”，27.90%（262人）认为“少数有”，16.83%（158人）认为“从来没有”。可以看出，有1/4的志愿者每次都得到了相关的保障，而3/4的志愿者并不是每次都能得到。

在谈到“志愿活动是否提供人身保险和费用补贴”的问题时，11.08%

（104 人）回答“每次都有”，13. 21%（124 人）的调查对象认为“多数有”，34. 61%（325 人）回答“少数有”，41. 11%（386 人）回答“从来没有”。人身保险和费用补贴也关乎志愿者的切身利益，一半以上的志愿者，并没有得到或是少数得到相关的费用补贴，这说明目前北京市的保障志愿者权益的相关体系还有待完善。

在对志愿服务过程中是否对志愿工作评估和激励问题中，201 人（21. 41%）认为“每次都有”，278（29. 61%）人认为“多数有”，279（29. 71%）人认为“少数有”，181（19. 28%）人认为“从来没有”。志愿评估和激励工作是下一步提升志愿服务的必要步骤，如果只是着眼于当前，那么志愿服务只会停滞不前。而从以上数据看，有将近 1/2 的志愿者认为相关服务并没有或很少有相关的工作。

在谈到“是否记录志愿服务时长或认证”的问题时，30. 35%（285 人）回答“每次都有”，26. 09%（245 人）的调查对象认为“多数有”，23. 64%（222 人）回答“少数有”，19. 91%（187 人）回答“从来没有”。1/2 以上的志愿者的服务得到了认证，但另一部分的志愿者的服务价值被无形的消解掉了。志愿服务时长代表志愿者创造的社会价值，如果不能有效记录志愿服务时长，这样对志愿服务的社会价值很难估计，从而也就没法计算志愿服务对经济和社会的影响。

关于“志愿活动主办方是否征询意见改进志愿服务”的问题，20. 55%（193 人）的调查对象回答“每次都有”；28. 22%（265 人）的人回答“多数有”，32. 16%（302 人）认为“少数有”，19. 06%（179 人）认为“从来没有”。有 1/2 的志愿者没有得到改进志愿服务相关意见的询问。

9. 3. 4 志愿价值服务测算

志愿服务时长是价值测算的关键内容，因为这既是志愿者最重要的投入，也是志愿服务经济价值的主要衡量指标。国际上对志愿服务经济价值测量主要采用两种方式：机会成本法①和重置成本法②。在本报告中，采用的是重置成本法。因为，从数据的可得性和测算的合理性上，倾向于选择重置成本法。

① 机会成本法，是根据志愿者的本职工资，计算如果将参与志愿服务的时间，用来做本职工作能够获得的收入，即参与志愿服务放弃的机会成本。

② 重置成本法是根据市场上同类有偿劳动的报酬来进行计算，通常取同类职业的平均工资，或者本地职工平均工资。

表 9－7　行业平均小时工资（元/小时）（2015 年）

指　　标	平均工资数
农、林、牧、渔业	25.6
采矿业	44.22
制造业	43.79
电力、热力、燃气及水生产和供应业	65.72
建筑业	42.01
批发和零售业	47.26
批发业	59.55
零售业	31.57
交通运输、仓储和邮政业	40.8
住宿和餐饮业	27.37
信息传输、软件和信息技术服务业	79.11
金融业	142.9
房地产业	43.52
租赁和商务服务业	52.25
科学研究和技术服务业	68.34
水利、环境和公共设施管理业	37.12
居民服务、修理和其他服务业	24.74
教育	57.76
卫生和社会工作	71.49
文化、体育和娱乐业	66.34
体育	41.8
公共管理、社会保障和社会组织	48.33

注：该数据来源于北京统计信息网 http://www.bjstats.gov.cn/。2015 年各行业平均工资按照年工作天数 250 天、每天工作时数 8 小时计算得出各行业每小时的工资数。

表 9－8　北京市志愿服务经济价值

项　目	2015 年参加志愿活动的志愿者人数	小时工资（元）	志愿时长（小时）	总计（亿元）
普通志愿服务价值	3367367	24. 74	46. 73	39
专业志愿服务价值	3367367	62. 45	23. 60	50
北京市志愿服务价值				89

注：北京市志愿服务价值 = 普通志愿服务价值 + 专业志愿服务价值。志愿服务价值 = 志愿者人数 × 人均志愿时长（小时） × 平均工资（元/小时）。普通志愿服务价值参考居民服务的平均工资数。专业志愿服务价值参考科学研究、水利环境、教育、卫生、文化和公共管理五个行业总的平均工资。

由表 9－8 可知，北京市 2015 年的普通志愿服务时长所创造的经济价值有 39 亿元，专业志愿服务时长的经济价值有 50 亿元，2015 年参加过志愿者活动的志愿者创造了大约 89 亿元的经济价值，占地区生产总值①的 0. 38% 。

① 数据来源：北京市统计局 http：//www. bjstats. gov. cn/tjsj/tjgb/ndgb/201603/t20160329_ 346055. html。地区生产总值为 22968. 6 亿元。

第10章 厦门志愿服务报告

10.1 厦门市基本情况

厦门（Amoy），简称鹭，福建省下辖的副省级计划单列市，国务院批复的中国经济特区之一。是我国东南沿海重要的中心城市、港口及风景旅游城市，是闽南地区的主要城市，与漳州、泉州并称闽南金三角经济区，与台湾地区形成了两岸新兴产业和现代服务业合作示范区、东南国际航运中心、两岸区域性金融服务中心和两岸贸易中心。

厦门市位于福建省东南部，西连漳州台商投资区，北临南安，东南与大小金门和大担岛隔海相望，由本岛厦门岛、离岛鼓浪屿、西岸海沧半岛、北岸集美半岛、东岸翔安半岛、大小嶝岛、内陆同安、九龙江等组成，陆地面积1699.39平方千米，海域面积390多平方千米，下辖思明、湖里、集美、海沧、同安和翔安6个区。

2015年年末，厦门市常住人口386万人，户籍人口211.15万人，城镇人口168.18万人，城镇化率80%；男女性别基本平衡，男女性别比98∶100，男性人口略低于女性；全市人口出生率14.0‰，人口死亡率3.3‰，人口自然增长率10.7‰，比2014年增加0.2个千分点。全市常住人口密度2271人/平方千米。

厦门市拥有各级学校（含成人教育、社会办学）1275所，学年初招生数22.91万人，在校学生数89.17万人。其中普通高等学校16所，学年初招生数4.68万人，在校学生数15.96万人；普通中等学校113所，学年初招生数6.48万人，在校学生数18.30万人；成人学校149所，学年初招生数3955人，在校学生数15.17万人。①

2015年厦门市地区生产总值（GDP）3466.01亿元，按可比价格计算，比2014年增长7.2%。其中，第一产业增加值23.94亿元，下降0.5%；第二产业增

① 数据来源：厦门市统计局国家统计局厦门调查队官方网站上公布的《2015年国民经济和社会发展统计公报》。

加值1508.99亿元，增长7.9%；第三产业增加值1933.08亿元，增长6.5%。第一、二、三产业结构为0.7：43.5：55.8。按常住人口计算，全市人均地区生产总值90378元，折合14514美元，比2014年增长5.3%。城镇居民人均可支配收入42607元，比2014年增长7.5%。农村居民人均可支配收入17558元，比2014年增长8.2%。①

10.2 厦门市志愿服务发展概况

10.2.1 发展历程

2007年年底，厦门市成立厦门市志愿者联合会。2010年2月，成立由厦门市文明办牵头，市民政局、市财政局、团市委、市志愿者联合会等13家单位共同参加的厦门市志愿服务工作协调小组，建立工作制度与规程。2016年，进一步由市委文明办牵头，55个文明委成员单位各负其责、共同推进，建立起党政群各部门和社会各界共同推动志愿服务的领导体制。

10.2.2 服务领域

经过10年发展，厦门市志愿服务除了在常规的社区服务方面得到长足发展外，依托厦门旅游城市特征，重点也关注公共场所主题类及专业服务类等方面的发展。

社区服务类志愿服务：社区服务是志愿服务最基础的社会管理服务。厦门市的社区服务类志愿服务把社区作为经常性志愿服务活动的主要场所，以群众需求为导向，以邻里守望为主题，设计培育了面向社区空巢老人的情暖空巢“爱心平安铃”等志愿项目；探索创建了集学习教育、文体活动、组织孵化、群众议事于一体的社区书院，推行“课堂+活动”模式，目前已经建成了1个市级社区书院总部和25个各具特色的市级试点书院；以全民健康为目标，市卫生计生系统整合实施“凤凰花”志愿服务品牌，在各大医院开展“做有人情味的医者·做公共文明行为倡导者”活动；开展以医疗保健为内容的“百名专家进社区”等志愿项目。

公共场所主题类志愿服务：厦门是一座著名的旅游城市，旅游人口多，城市建设和管理任务繁重。在此基础上，志愿服务开展了一系列以公共场所为主题的

① 厦门市统计局国家统计局厦门调查队官方网站上公布的《2015年国民经济和社会发展统计公报》。

工作，在厦门全市广泛开展“向不文明行为说‘不’”等主题志愿服务活动，志愿服务组织坚持每周末在鼓浪屿、环岛路等旅游景点开展文明行为宣传活动；公安交警部门倡导成立“义务交警队”，广泛发动社会力量参与协助警务工作，做好社会安全管理工作；各中小学校教育引导学生在社会做“文明小公民”，组织“文明小白鹭”志愿服务队，走出校园倡导文明；从各级文明单位和社会面上征集青年志愿者，以“在最美地方邂逅最美心灵”为主题，开展形式多样的美丽心灵志愿服务活动，使志愿服务更时尚更有趣更具活力。

专业服务主题类志愿服务：针对厦门旅游城市外来人口多、人口季节性和流动性大等特征，志愿服务着重关注专业服务型志愿服务。以厦门市司法局为主体，牵头组建法律志愿服务队，1700 多名法律志愿者开展法治宣传、法律咨询及援助志愿服务活动；思明城市义工协会与思明区人民法院共同创设“法庭义工”法庭公益志愿服务项目；广泛开展法律、文体、科技、医疗卫生“四进”社区志愿服务；科技、气象、环保、消防等方面专家深入城乡基层、工厂企业开展科学饮食、节电节水节粮、保护环境、安全避险等内容的科普讲座和咨询服务活动。

10.2.3 服务平台

一是组织平台。厦门市探索推进志愿服务制度化建设，专门制定出台了《厦门市关于推进志愿服务制度化实施意见》及《任务分工方案》，建立健全注册登记、志愿培训、需求对接、服务记录等 11 项制度机制。厦门市委宣传部、市委文明办组织人员就如何以美丽厦门建设为契机，推进社区志愿服务制度化建设这一课题进行专题调研。通过问卷调查、座谈了解、实地考察等步骤，重点了解当前厦门市社区志愿服务制度化方面所取得的成效及存在的主要问题，研究提出相应的对策建议。同时在政府管理、引导的基础上，积极推动社会力量整合，推动全社会广泛参与，力求充实服务队伍、统筹服务资源，使志愿服务活动由零星分散、突击性活动向有组织、有规模、经常化、常态化活动转变。

二是志愿服务文化平台。通过打造志愿服务文化平台，营造文化氛围。厦门市不断加大志愿服务的宣传力度，突出品牌特色，综合运用教育引导、舆论宣传、文化熏陶等各种方式，努力实现使“有困难找志愿者、有时间做志愿者”成为社会共识。

三是志愿者参与平台。多年来，厦门市加强融入建设，发动社会力量广泛参与，推进志愿服务活动的社会覆盖面。厦门市围绕党委政府工作重点和社会关注热点，以拓展学雷锋志愿服务领域为切入点，深入开展各项志愿服务，鼓励激励市民参与志愿服务，不断扩大志愿者参与覆盖范围，使志愿参与和服务的触角遍及社会的每个角落。

10.2.4 发展成效

近年来，厦门通过平台建设，大力弘扬志愿精神与理念，推进志愿服务制度化，扩大志愿参与和服务覆盖面，志愿服务事业取得了长足发展。

经过多年的努力与发展，志愿服务已经成为厦门精神文明建设的响亮品牌，被中国志愿服务联合会确定为学“雷锋志愿服务模范城市”的8个试点城市之一。在全国志愿服务“四个100”先进典型推选中，厦门市涌现出全国最美志愿者陈素珍、最美志愿服务项目“我是小袋鼠·垃圾不落地”、最佳志愿服务组织海沧两岸义工联盟、最美志愿服务社区金安社区等一批先进典型，并快速推进了志愿服务与广大市民群众生活融合程度。

截止到2016年9月，厦门市注册志愿者总数47.89万人，实名注册志愿者总数为44.92万人，实名注册比例93.8%。在实名注册志愿者中，男性志愿者24.79万人，女性志愿者20.13万人。全市全年开展活动的志愿队伍超过3000支，其中已注册的志愿组织团体总数1794个，主要由党政机关（612个）、教育事业单位（412个）、其他事业单位（324个）、社会团体（291个）和国有企业（141个）组成，分别占到总数的34.11%、22.97%、18.06%、16.22%和7.86%。登记注册的志愿项目1191个，征集公布了社区服务、公共场所、健康求助、专业组织四大类经常性学雷锋志愿服务项目620个。

10.2.5 经验总结

厦门志愿服务在发展过程中探索出一些有益的经验：

一是坚持互联互通，促进供需无缝对接。重点推进“互联网+”志愿服务，加强信息化建设，最大限度实现便捷高效，为市民广泛参与志愿服务提供便利平台，如开通运行“志愿厦门”网站，建立与全国互联互通的志愿服务信息系统；推动项目信息化管理，征集公布620个经常性学雷锋志愿服务项目、建立“志愿厦门”微信平台，实现志愿者、服务对象和服务项目的有效无缝对接。

二是坚持示范示教，带动扩大社会效应。培育优秀团队，每年对涵盖面广、服务专业性强、活动常态化、成效突出、影响力大的志愿服务队进行重点培育，在政策、资金等方面给予支持；通过培育运作，形成思明城市义工协会等志愿服务品牌团队32个及各行各业品牌上百个；打造品牌项目，把开展效果好的志愿服务活动及时用项目化的方法固定下来，整合更多社会资源，做大做强社会影响，如“两岸义工志愿行”获评“2013年中国政府创新十佳经验”等；树立先进人物，结合道德模范、最美人物和身边好人等推评活动，着重在基层、日常中发现挖掘身边的优秀志愿者。厦门市志愿者联合会与厦门日报联合开展“我的志愿服务故事”征文活动，面向公众征集志愿服务好故事，收到各类应征作品达 350 多篇，从中择优选取 93 篇优秀文章编印成册。在“志愿厦门”网站开设“善行小故事”专栏，每天推出一个身边好故事，倡导生活化融入，把志愿精神渗透到市民群众的日常生活和交往之中。

三是坚持共建共享，营造浓厚社会氛围。加强理念传播行动，加大志愿服务宣传声势，提高志愿服务的社会认知度；推行心得征集行动，面向公众征集“我的志愿服务故事”，通过撰写投稿，让志愿者享受从事志愿活动带来的快乐，进一步激发志愿服务意识；加强保障嘉许行动，注重调动保护志愿者的积极性。厦门市志愿者联合会将品牌志愿服务队伍风采编辑成书，印制 3000 册，广泛发放至各支队伍、各志愿服务站点。

尽管厦门市志愿服务取得了显著的成效，但是仍然存在一些问题有待改进：

一是专门工作人员不足。当前厦门市从事志愿服务的大都是志愿者，而专门工作人员仍然不足。

二是工作开展不平衡。当前厦门市积极参与文明单位、文明城区创建工作的单位，志愿服务工作相对积极、落实有力、成效显现，但是部门之间存在差距。虽然城市里人群密集的公共场所、景区景点等志愿者招募经常化，服务工作常态化，持续性强，但是农村地区相对滞后。

三是活动组织有待进一步规范。当前厦门市的一些志愿活动仍然较多停留在扶老弱残、环境卫生等传统项目上，有特色、专业化的活动不多。“运动式服务”“扎堆服务”仍然存在，志愿服务的短期行为仍需改进。

厦门市未来将进一步深化志愿服务工作，加快推进建成与经济社会发展相适应，参与广泛、运作规范、服务完善、充满活力的志愿服务工作格局，志愿服务事业发展达到国际先进城市水平。未来的规划在以下方面：

一是进一步扩大社会参与。厦门市未来将进一步推进和扩大志愿服务的社会参与水平，未来计划全市注册志愿者人数达到常住人口的 16%。各类志愿服务组织数量逐步增加，平均每万人拥有志愿服务组织数达到 8 个。

二是进一步提升服务水平。厦门未来将进一步支持和促进专业化志愿服务队伍发展壮大，进一步推进志愿服务领域不断拓展，社区志愿服务实现常态化、规范化。

三是进一步弘扬志愿文化。让志愿精神成为城市共同精神重要组成部分，“有时间做志愿者、有困难找志愿者”成为社会共识，公民素质和社会道德水平明显提高。

四是进一步完善机制体制。未来将推进体制建设，使得招募、培训、注册、激励等基本运行机制更加完善，志愿服务运行更加有序、管理更加科学、发展更加规范。

10.3 厦门市志愿服务现状

10.3.1 志愿者参加志愿活动时长

志愿服务时长是志愿者提供服务的时间长度，也是测算志愿服务价值的基础。在“您过去一年提供了多少小时的志愿服务”问题中，911 人的志愿服务平均时长约为 46.25 小时。从表 10－1 中可以得知，个体当中最短服务时长是 1 小时，最长的服务时长是 2000 小时，可以看出个体间志愿服务时长悬殊较大，数据波动较大。

表 10－1 厦门市志愿者过去一年提供的平均志愿服务时长

变　量	观测值	平均时长（小时）	最小值	最大值
过去一年服务时长	911	46.25	1	2000

志愿服务从组织方式上可以分为有组织的志愿活动和无组织的志愿活动。有组织的志愿活动中根据组织主体的不同，可以分为政府组织的志愿活动和非政府组织的志愿活动。从表 10－2 可知，911 个样本中，志愿者参与政府组织的志愿活动时长平均是 16.08 小时；参与非政府组织的志愿服务平均时长是 20.60 小时；参与无组织行动的志愿服务时长是 9.57 小时。有组织的志愿者活动时长（36.68 小时）比无组织的志愿活动时长（9.57 小时）多 4 倍。

表 10－2 厦门市志愿者过去一年提供的平均志愿服务时长

变量	观测值	平均时长（小时）	最小值	最大值
政府组织	911	16.08	0	1000
非政府组织	911	20.60	0	1977.94
无组织	911	9.57	0	500

此外，根据志愿服务内容的不同，志愿服务时长可以分为普通志愿服务时长

和专业志愿服务时长。专业志愿服务是指志愿者用专业知识技能无偿帮助公益组织开展项目，提供咨询、培训和教练的服务。而普通志愿服务与其相对，提供一些专业化程度低或没有专业性的服务。从表10－3知，911个观测值中，志愿者的普通志愿服务时长平均时长是30.70小时，最少服务时长是0小时，最多服务时长是2000小时；志愿者的专业志愿服务平均时长是15.55小时，最少服务时长是0小时，最多服务时长是1333.33小时。可以看出普通服务时长比专业服务时长要多1倍。

表10－3 不同专业下志愿者提供的志愿服务时长

变量	观测值	平均时长（小时）	最小值	最大值
普通志愿服务时长	911	30.70	0	2000
专业志愿服务时长	911	15.55	0	1333.33

10.3.2 志愿者群体基本特征描述

一、参与者性别分布

在回收的1198份问卷中，男性志愿者为589人，占49.17%。女性志愿者是609人，占50.83%，女性志愿者参与人数高于男性1.66个百分点，两者所占比例相差不大（见图10－1）。

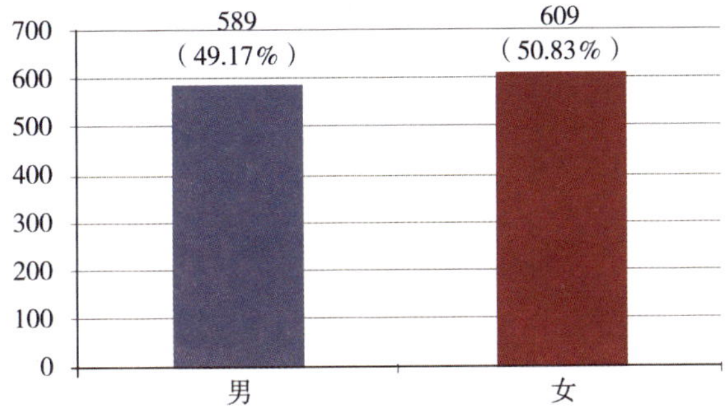

图10－1 参与调查的志愿者性别分布情况

二、志愿参与者年龄分布

在分析志愿者年龄结构过程中（如图10－2所示），将调查对象的年龄分成六组：20岁以下、20—30岁、30—40岁、40—50岁、50—60岁、60岁以上，依次所占比例是28.60%、30.86%、22.52%、12.34%、4%、1.67%。从图10－2可以看出，30岁以上的志愿者比例随着年龄的增大，志愿者所占比例在逐渐下降。40岁以下的志愿者比例占81.98%，志愿者主要以青年为主，而中老年人群所占比例很低。

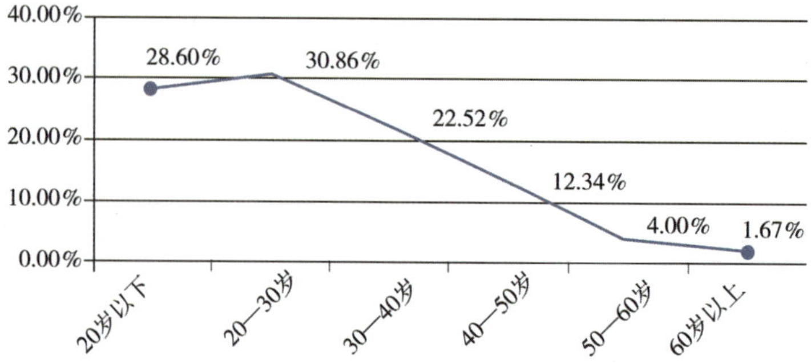

图 10－2　参与调查的志愿者年龄分布情况

三、志愿者学历情况

参与问卷调查的志愿者人群中，小学文化的志愿者占 4. 09%，具有初中文化的志愿者占 16. 43%，高中学历的志愿者占 19. 93%，本科及以上学历的志愿者占 43. 61%，未上过学的占 0. 25%。由此可以看出，接收过高等教育的人更有可能成为志愿者。

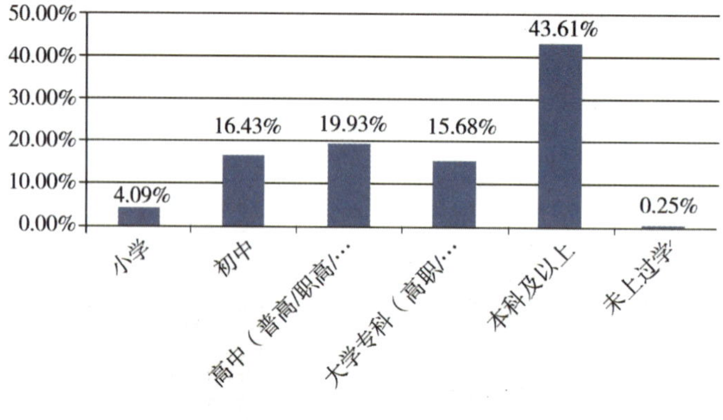

图 10－3　参与调查的志愿者学历分布情况

四、政治面貌

中共党员、预备党员、共青团员、民主党派及无党派和群众依次所占比例为 29. 44%、1. 75%、31. 11%、1. 50%和 36. 20%。共青团员所占比重最大，其次是群众，再次之是中共党员、预备党员和民主党派及无党派人士。与其他城市不同的是，厦门市志愿者的政治面貌属于群众的所占比例最多。其原因可能是，厦门市作为我国最早实行对外开放政策的经济特区之一，其经济、社会和文化等方面发展比较自由，行政色彩没有特别明显，社会领域具有比较宽松的发展环境，群众基础较好。

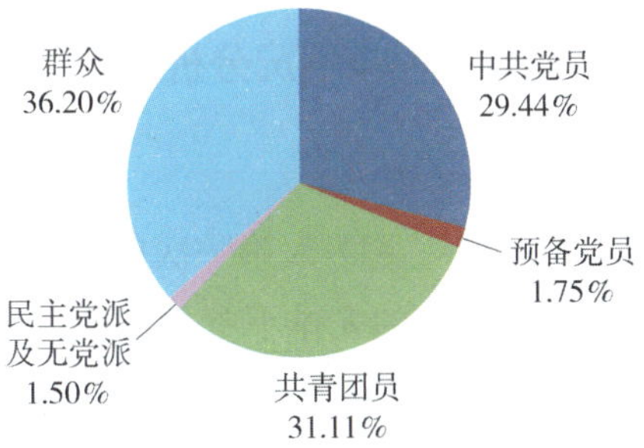

图 10-4　参与调查的志愿者政治面貌分布情况

五、参与者的工作

在回收的 1199 份问卷中，参与调查的志愿者中有工作的是 780 人，占 65.05%；没有工作的有 419 人，占 34.95%。从 780 位“有工作”志愿者的工作类型上看，他们的工作单位类型涉及政府部门、事业单位、国有企业、集体企业、私营企业、外商投资企业、港澳台投资企业、非政府组织、军队、个人经营和其他。事业单位的志愿者人数最多，占到回收问卷量的 38.21%；其次是其他部门，占 13.97%；政府部门和私营企业所占比例都是 13.08%；国企占 11.92%；个人经营占 5.26%；在集体控股企业工作的志愿者占 1.92%；在外商投资企业和非营利机构组织工作的志愿者所占比例都是 1.03%；港澳台投资企业的志愿者占 0.38%；军队工作的志愿者所占比例最少是 0.13%。

表 10-4　参与调查的志愿者是否有工作

是否有工作	频数	比例（%）
是	780	65.05
否	419	34.95
总计	1199	100

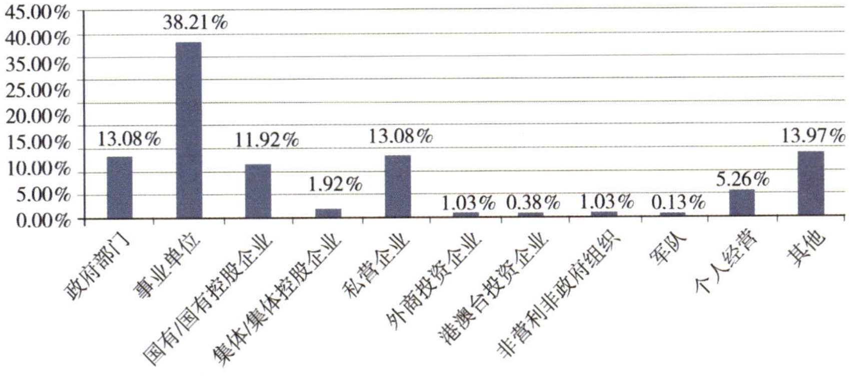

图 10-5　参与调查的志愿者工作分布情况

10.3.3 参与志愿服务行动的基本情况分析

一、第一次志愿服务的途径

在厦门市参与调查的1199人中，417人第一次的志愿服务是自愿行动；322人第一次志愿活动是在领导要求和单位的安排下参加的；172人在亲友、家人及同事带动下参加的；125人第一次参加志愿活动是在社区带动下。除此之外，受街头宣传、媒体广告等其他原因影响。

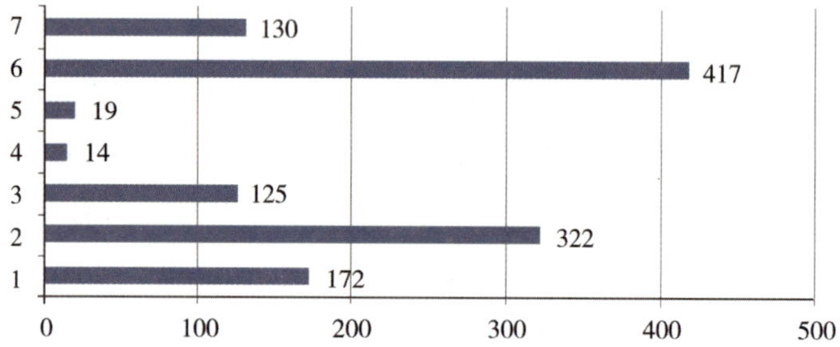

图10-6 参与调查的志愿者第一次参与志愿活动途径的分布

注：1＝家人/亲友/同事带动；2＝领导要求/单位统一安排；3＝社区组织动员；4＝ 被街头宣传吸引；5＝ 受媒体广告影响；6＝ 自愿行动；7＝ 其他。

二、促使自己参加志愿服务的意图

在促使自己参加志愿活动的动力中，希望帮助他人的调查对象是998人，为了生活更充实的人有600人，发挥自己的经验和技能的人有488人，为了增加社会见识的人有428人。服从领导安排、给孩子好的影响、有助于升学和找工作等原因也是人们参加志愿活动的原因。从中可以看出人们参加志愿活动更多的是为了精神层面的追求。参加志愿服务可以使人们在志愿活动中得到精神的满足和充实。

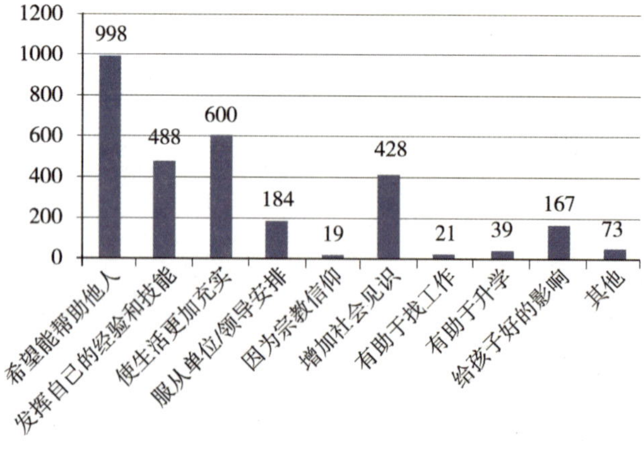

图10-7 促使志愿者参加志愿活动的动力因素分布情况

注：该题是多项选择题。

三、参与志愿服务信息获得的途径

在参与信息获得的渠道上，回收的问卷里有548人是通过网络搜集志愿信息，成为人们获得信息的主要渠道；其次是530人是通过本单位相关部门获得志愿信息；441人是通过报纸、电台等传统媒体获得志愿信息；341人是通过微博、微信等新媒体获得志愿信息；289人通过村（居）委会获得志愿信息；192人通过户外宣传和广告获得志愿信息；175人是通过熟人之间口口相传获悉志愿信息；还有153人是通过其他渠道获得的。由此可见，志愿者更倾向于通过网络媒介、本单位相关部门、报纸电台、微信微博等途径获得志愿活动信息。

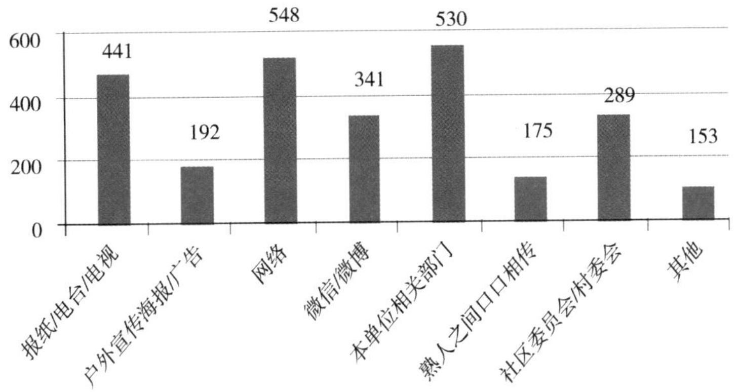

图10－8 参与调查的志愿者获得志愿服务信息的途径分布情况

注：该题是多项选择题。

四、参加的志愿服务类型

从志愿者的志愿服务类型上看，向陌生人提供临时帮助人数最多，有398人；“邻里守望”有390人，扶贫助困都是263人；照顾朋友和非直系亲属有253人；健康医疗服务有239人；207人参加过动植物保护；190人参加过教育、健康和医疗的专业服务；146人参加过文艺表演、文化艺术等志愿服务；87人参加过赛会服务；70人提供过信息咨询和法律援助；67人参加过抢险、救灾志愿活动；20人参加过宗教服务；8人参加过国外和境外的志愿服务。但是有288人在过去一年没有参加过志愿服务活动，人数位居第三位。可以看出，有的志愿者参加志愿活动并不稳定，参加志愿活动并没有形成常态。

五、参加过有组织（政府、非政府）志愿服务得到补贴和承担的费用

因志愿者参加有组织的志愿活动，没有得到补贴人数最多有791人，得到100元以下补贴的人数有69人，得到100—500元补贴的人数有40人，得到500—1000元补贴的人数有6人，4人得到1000—5000元的补贴，1人得到5万元的补贴。有351人没有承担费用，321人承担过100元以下的费用，189人承担过100—500元

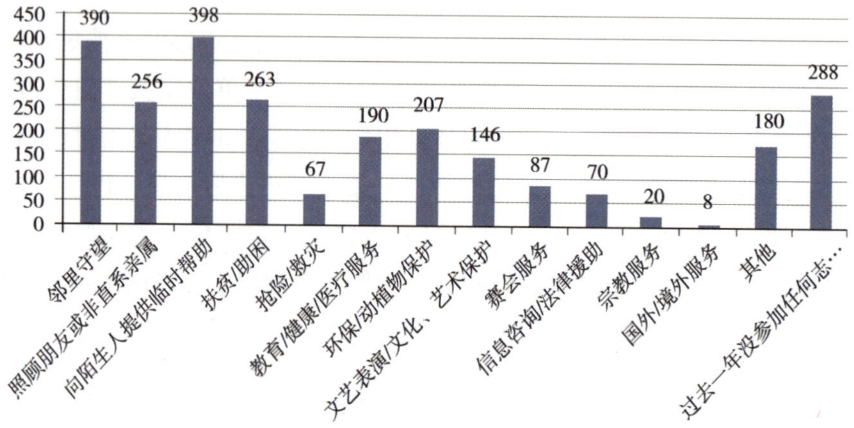

图 10－9　参与调查的志愿者参加过的志愿服务分布情况

注：该题是多项选择题。

的费用，32 人承担过 500—1000 元的费用，15 人承担过 1000—5000 元的费用，1 人承担过 5000—10000 元的费用，1 人承担过 1 万—5 万元的费用，1 人承担过 5 万元的费用。由此可以看出，承担费用的人数大于得到补贴的人数。

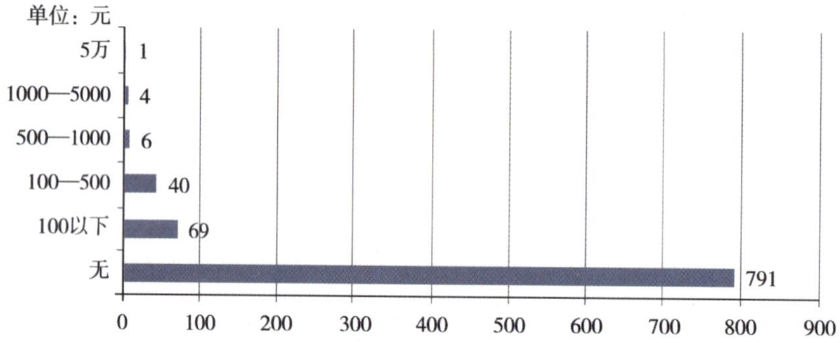

图 10－10　参与调查的志愿者得到补贴分布

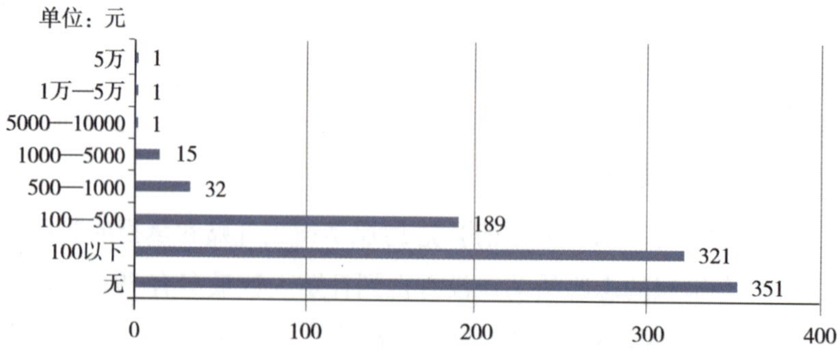

图 10－11　参与调查的志愿者承担的费用分布

六、志愿服务中最看重的收获

在“您参加志愿服务，最看重哪方面收获”的问题中，有519人回答是“心情愉悦，自我满足”，215人的回答是“认识更多的朋友”，197人的回答是“获得服务对象的衷心感谢”，128人选择其他；69人是为了获得亲朋好友的赞许；36人是为了荣誉证书和称号；28人是为了获得更好的发展机会；7人是为了获得适当的报酬。从这些回答中，可以看出，人们参加志愿活动更多的是为了满足精神层面的需求。

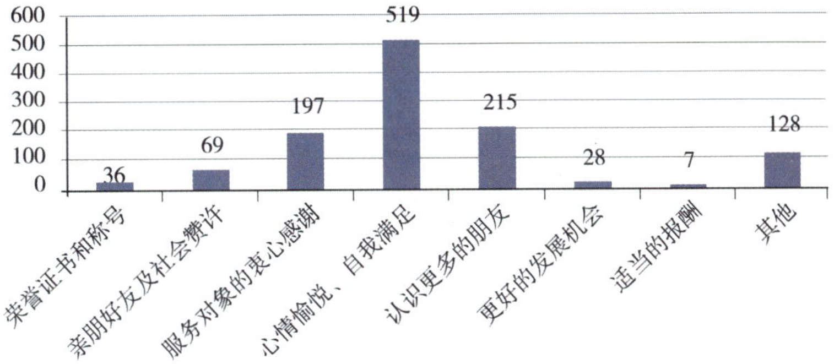

图10－12　参与调查的志愿者在志愿服务中最看重的收获分布情况

七、对志愿服务的评价

表10－5　参与调查志愿者对志愿活动的评价

	每次都有	多数有	少数有	从来没有
被告知志愿服务内容和要求	548	221	82	60
	60.15%	24.26%	9.00%	6.59%
与志愿组织签订书面协定	99	108	192	512
	10.87%	11.86%	21.08%	56.20%
为志愿服务提供必要的知识和技能	163	233	296	219
	17.89%	25.58%	32.49%	24.04%
对志愿者工作进行监督和指导	227	292	227	165
	24.92%	32.05%	24.92%	18.11%
提供必要的安全保障和医疗条件	253	254	228	176
	27.77%	27.88%	25.03%	19.32%
提供人身保险和费用补贴	100	134	261	416
	10.98%	14.71%	28.65%	45.66%

续表

	每次都有	多数有	少数有	从来没有
对志愿工作评估和激励	198	255	263	195
	21.73%	27.99%	28.87%	21.41%
记录志愿服务时长或认证	188	197	255	271
	20.64%	21.62%	27.99%	29.75%
征询意见改进志愿服务	201	274	263	173
	22.06%	30.08%	28.87%	18.99%

以上问题是关于参加过的志愿服务活动的评价，关于“在参加志愿服务是否被告知志愿服务的内容和要求”，对于该回答有60.15%（548人）回答是“每次都有”，24.26%（221人）回答“多数有”，9%（82人）回答“少数有”，6.59%（60人）回答“从来没有”。可以看出大多数的志愿活动还是保障了志愿者对活动的知情权。

与志愿组织签订书面协议，对于该回答，10.87%（99人）回答是“每次都有”，11.86%（108人）回答“多数有”，21.08%（192人）回答“少数有”，56.20%（512人）回答“从来没有”。签订书面协议保障的是志愿者的利益和权益。从调查来看，一半以上的调查者没有签过相关的协议。

在志愿服务中，提供相关的必要的知识和技能是提升志愿服务质量的必要条件之一。关于“为志愿活动提供必要的知识和技能”的调查中，17.89%（163人）的调查对象回答“每次都有”；25.58%（233人）的人回答“多数有”，32.49%（296人）认为“少数有”，24.04%（219人）认为“从来没有”。说明，志愿服务在提供必要知识和技能方面的服务还有待完善。

在谈到“对志愿者工作进行监督和指导”的问题时，24.92%（227人）回答“每次都有”，32.05%（292人）的调查对象认为“多数有”，24.92%（227人）回答“少数有”，18.11%（165人）回答“从来没有”。

安全保障和医疗提供涉及志愿者生命安全，关于志愿活动是否提供必要的安全保障和医疗条件的问题，27.77%（253人）的调查对象回答“每次都有”；27.88%（254人）的人回答“多数有”，25.03%（228人）认为“少数有”，19.32%（176人）认为“从来没有”。可以看出，有1/5的志愿者每次都得到了相关的保障，而3/4的志愿者并不是每次都能得到。

在谈到“志愿活动是否提供人身保险和费用补贴”的问题时，10.98%（100人）回答“每次都有”，14.71%（134人）的调查对象认为“多数有”，28.65%

（261 人）回答“少数有”，45.66%（416 人）回答“从来没有”。人身保险和费用补贴关乎志愿者的切身利益，1/2 以上的志愿者，并没有得到或是少数得到相关的费用补贴，这说明目前厦门市的保障志愿者权益的相关体系还有很大的提升空间。

在对志愿服务过程中是否对志愿工作评估和激励问题中，21.73%（198 人）认为“每次都有”，27.99%（255 人）认为“多数有”，28.87%（263 人）认为“少数有”，21.41%（195 人）认为“从来没有”。志愿评估和激励工作是下一步提升志愿服务的必要步骤，如果只是着眼于当前，那么志愿服务只会停滞不前。而从以上数据看，有将近一半的志愿者认为相关服务并没有或很少有相关的工作。

谈到“是否记录志愿服务时长或认证”的问题时，20.64%（188 人）回答“每次都有”，21.62%（197 人）的调查对象认为“多数有”，27.99%（255 人）回答“少数有”，29.75%（271 人）回答“从来没有”。1/2 以上的志愿者的服务并没有得到认证，这些志愿者的服务价值被无形地消解掉了。志愿服务时长代表志愿者创造的社会价值，如果不能有效地记录志愿服务时长，这样对志愿服务的社会价值就很难估计，从而也会影响到国家政策的调整和修改。

关于“志愿活动主办方是否征询意见改进志愿服务”的问题，22.06%（201 人）的调查对象回答“每次都有”；30.08%（274 人）的人回答“多数有”，28.87%（263 人）认为“少数有”，18.99%（173 人）认为“从来没有”。有一半的志愿者没有得到改进志愿服务相关意见的询问。

10.3.4 志愿价值服务测度

志愿服务时长是价值测算的关键内容，因为这既是志愿者最重要的投入，也是志愿服务经济价值的主要衡量指标。国际上对志愿服务价值测量主要采用两种方式：机会成本法①和重置成本法②。在本报告中，采用的是重置成本法。因为，从数据的可得性和测算的合理性上，倾向于选择重置成本法。

① 机会成本法，是根据志愿者的本职工资，计算如果将参与志愿服务的时间，用来做本职工作能够获得的收入，即参与志愿服务放弃的机会成本。

② 重置成本法是根据市场上同类有偿劳动的报酬来进行计算，通常取同类职业的平均工资，或者本地职工平均工资。

表 10-6 行业平均小时工资（元/小时）（2015）

指　标	平均工资数
农、林、牧、渔业	20.70
采矿业	37.03
制造业	27.53
电力、热力、燃气及水生产和供应业	49.20
建筑业	21.45
批发和零售业	33.57
交通运输、仓储和邮政业	37.02
住宿和餐饮业	20.48
信息传输、软件和信息技术服务业	42.19
金融业	79.99
房地产业	33.75
租赁和商务服务业	27.07
科学研究和技术服务业	41.01
水利、环境和公共设施管理业	29.45
居民服务、修理和其他服务业	23.55
教　育	44.02
卫生和社会工作	57.33
文化、体育和娱乐业	36.43
公共管理、社会保障和社会组织	49.75

注：该数据来源于厦门市统计局 http：//www.stats-xm.gov.cn/2016/main0.htm。2015 年各行业平均工资按照年工作天数 250 天、每天工作时数 8 小时计算得出各行业每小时的工资数。

表 10-7 厦门市志愿服务经济价值

项　目	2015 年参加志愿活动的志愿者人数	小时工资（元）	平均志愿时长（小时）	总计（亿元）
普通志愿服务价值	480000	23.55	30.7	3.5
专业志愿服务价值	480000	45.71	15.55	3.4
厦门市志愿服务价值				6.9

注：厦门市志愿服务价值 = 普通志愿服务价值 + 专业志愿服务价值。志愿服务价值 = 志愿者人数 × 人均志愿时长（小时）×平均工资（元/小时）。普通志愿服务价值参考居民服务的平均工资数 。专业志愿服务价值参考科学研究、水利环境、教育、卫生、文化和公共管理五个行业总的平均工资。

由表 10 – 7 可知，厦门市 2015 年的普通志愿服务时长所创造的经济价值有 3.5 亿元，专业志愿服务时长的经济价值有 3.4 亿元，2015 年参加过志愿者活动的志愿者创造了大约 6.9 亿元的经济价值，占地区生产总值①的 0.2%。

10.4 厦门志愿服务经典案例

10.4.1 厦门市海沧两岸义工联盟：两岸志愿服务交流合作平台

近年来，厦门市海沧区秉持“两岸一家亲”理念，着力打造两岸志愿服务交流合作平台，发挥台商投资区优势，成立全国首个两岸义工联盟，精心打造“两岸义工志愿行”品牌，促使义工精神成为两岸融合的共同精神和凝聚广大群众的重要聚合力。联盟运行的“两岸义工志愿行”项目先后荣获“2013 年政府创新中国十佳经验”、第二届“全国十大优秀志愿服务项目”二等奖、首届全国青年志愿服务项目大赛金奖等三个国家级奖项，联盟成员单位“两岸阳光故事家族”于 2015 年 1 月获中国社会创新“十大优胜奖”之一，联盟对台交流工作获得俞正声主席的高度肯定。2016 年，中国文明网公布的“四个 100”先进典型中，厦门海沧两岸义工联盟获评全国最佳志愿服务组织，两岸义工联盟品牌活动“我是小袋鼠，垃圾不落地”获评最佳志愿服务项目。

一、服务概况

厦门市海沧两岸义工联盟以“两岸义工志愿行”为主题，统筹指导各成员单位开展“文明小袋鼠”“两岸爱心”“悦读福袋传递爱”“爱心圆梦”“海沧两岸义工嘉年华”等 10 多个各具特色、亮点的志愿服务项目。联盟自成立以来已组织了 420 多场次志愿服务活动，4 万多人次参与，惠及空巢老人、残障人士、寄养孤儿、公交司机等受助人群上万人。

二、厦门海沧两岸义工联盟发展历程

施素娥是一位台商太太，在台湾的医院工作近 40 年。2009 年，施素娥退休来到厦门，陪伴在海沧经商的丈夫。同年 5 月，施素娥发起成立了厦门长庚医院志愿服务队，这是厦门第一支医院志愿服务队伍，将台湾志工文化引入厦门医院。

2014 年 10 月 12 日，由海沧区志愿者协会牵头，厦门白鹭志愿联盟、君龙人寿保险有限公司志愿服务队、厦门沁心泉社会工作事务中心等单位共同发起，以

---

① 数据来源：厦门市统计局 http://www.stats-xm.gov.cn/tjzl/tjsj/jdsj/sjyb/201603/t20160308_28121.htm，地区生产总值是 3466.01 亿元。

“两岸一家亲·共建新家园”为目标的“海沧两岸义工联盟”在海沧区阿罗海城市广场正式授旗成立。作为全国首个两岸义工联盟，其成立为两岸志愿服务交流合作搭建起平台，吸引了两岸义工的共同参与热情。目前，海沧两岸义工联盟有义工近4万名（含台湾义工志愿者），分布在25个成员单位，服务于海沧的大街小巷。

三、厦门海沧两岸义工联盟特点

1. “三工”联动，两岸同胞共同参与。海沧两岸义工联盟立足对台交流，建立“以台胞志工为带动，与专业社工机构合作，以义工为参与对象”的“三工联动”模式：以台胞志工为带动，带动两岸爱心人士参与“两岸义工志愿行”活动，促进两岸志愿服务文化深度融合；与专业社工机构合作，采用“政府购买服务”的方式，策划服务项目，发布招募信息，开展义工培训，搭建温馨融合的“义工之家”平台；以两岸义工为主要参与对象，通过报纸、网站、社交平台等方式发布招募公告，吸引两岸义工参与志愿活动，激发共同参与热情，形成独具特色的志愿服务文化。联盟现有来自海峡两岸的公益组织、社会组织、台企、志愿服务队等20多家成员单位，并采用主席轮值制度，由成员单位队长轮流担任联盟主席。

2. 善搭平台，服务供需有效对接。联盟引入台湾长庚医院志愿轮值制度，在海沧区行政服务中心、涉台法庭、海沧医院、公共自行车站点、儿童公园等处搭建义工轮值台，在广场、码头等人流密集的场所建设多座“爱心驿站”，日常由两岸义工负责轮值管理，有效建立了志愿服务供需双向对接，激发了群众参与志愿服务的热情。2014年4月，联盟成立两岸义工交流合作工作室并举办两岸义工交流座谈会，之后，联盟每年定期举行1—2次两岸交流合作活动，两岸同胞在志愿服务中形成了高度认同。

3. 优化管理，构建“五个有”运作机制。服务在左，管理在右。“五个有”概括了海沧两岸义工联盟目前的运作机制，不仅要有活动阵地，有项目平台，还要有培训交流，有表彰激励，更要有制度保障。从2014年成立以来，海沧两岸义工联盟不断探索、实践、提升运作机制，着力打造两岸志愿服务交流合作平台，力争通过志愿服务实现两岸同胞精神融合，让越来越多的两岸爱心人士聚集在一起，两岸志愿精神在交流碰撞中不断融合。让志愿者学到知识，熔炼团队精神，提高沟通与交流水平。

10.4.2 白鹭志愿联盟：文明旅游行动

2014年12月，“厦门白鹭志愿联盟”被团中央、中国青年志愿者协会授予

“中国青年志愿者优秀组织奖”荣誉称号。2015年2月，联盟成员厦门航空、厦门海关、厦门市中级人民法院等单位获评第四届全国文明单位。

一、服务概况

白鹭志愿联盟立足厦门国际旅游城市定位，由点到面，稳步推进，以鼓浪屿为起始，延伸至环岛路、植物园等景区景点及国际客运码头、厦门火车站等重要进出通道，逐步形成全民参与、全域覆盖、全程服务的工作格局，引领社会风尚，产生广泛的社会影响。在白鹭联盟的带动下，文明之花已经走出厦门，开遍全国：厦航福州分公司成立了志愿服务队，到西安、太原、长沙等地开展“清新福建”旅游推介；厦航子公司河北航空启动了“善行河北，争做文明使者”活动；厦航杭州分公司的白鹭志愿者在西湖景区，向海内外游客宣传文明旅游知识。

二、“白鹭志愿联盟·文明旅游行动”简介

“白鹭志愿联盟·文明旅游行动”于2014年5月由文明单位厦门航空有限公司发起。固定每周日上午9：30—11：30在鼓浪屿风景旅游区开展文明旅游宣传劝导活动。项目运行一段时间后，模式趋于成熟，吸引带动公交集团、厦门海关、厦门法院等行业单位加入，形成志愿联盟，目前共有11家成员单位，下设11个总队、20个支队，注册志愿者人数为6062。

三、项目特点

1. 联创新模式。突出公共服务行业特点，以“群众需要、群众喜爱、群众满意”作为文明旅游志愿服务的出发点和落脚点，创新方式方法。一是活动内容专业化。以志愿者职业技能为抓手，集中开展专业志愿服务活动，提高服务质量效益。厦门航空、公交集团、厦门火车站为游客提供免费的线路咨询服务，市地税局帮助市民辨别发票真伪，市中级人民法院义务提供法律咨询等，用专业技能吸引群众、方便群众、服务群众。二是活动形式多元化。借助文艺的形式将文明指南编成快板、歌曲、舞蹈等群众喜闻乐见的节目，让游客轻松愉悦地接受文明熏陶。同时，邀请市民为志愿服务建言献策，参与联盟会徽征集，共画“文明小白鹭”卡通形象，利用“快闪”文明宣导形式与市民进行互动等，为群众共同参与搭建平台。厦门公交集团“小黄帽”志愿者专门设计制作卡通形象人物“安安”，开展文明交通宣传；厦门航空空姐志愿者采用路演的形式，举着文明宣导牌走街串巷，进一步扩大宣传辐射面。三是活动范围立体化。不断拓展公益活动范围，从原先鼓浪屿、环岛路、万石植物园等景区景点，延伸到厦门主要街道、路段。注重发挥对外窗口优势，在值机柜台、飞机客舱、办税大厅、火车站台、出入境大厅等场所运用展板挂图、电子屏幕、视频等播放公益广告、微电影，发放宣传品。同时，把志愿服务拓展至空中，在近500条国内外航线的客舱中播放宣传片，开展主题活动，提升宣导的影响力。

2. 凝聚新合力。一是充分发挥聚合作用。由厦门航空发起，联合火车站、公交集团、海关、市地税局、市中级人民法院、市检察院、厦门联通、海西晨报、八马茶业等10家机关企事业单位，成立了厦门白鹭志愿联盟，开展百余场公益活动。二是充分发挥延伸作用。在厦门白鹭志愿联盟的带动下，志愿服务遍地开花。厦门航空在福州成立榕鹭志愿服务队，走进福州西湖、三坊七巷等景点，开展公益活动。厦门航空子公司河北航空启动了“善行河北，争做文明使者”活动，在西柏坡等景区开展倡导文明出行活动，普及文明知识，营造文明氛围。厦门航空杭州分公司白鹭志愿者在西湖景区，发放文明宣传册，传播文明理念。三是充分发挥纽带作用。厦门白鹭志愿联盟邀请成员单位的单身男女、员工子女参与志愿服务活动，让志愿者在开展公益活动中，相知相识、融合融洽、互助互信。

第11章　西安志愿服务报告

11.1　城市基本情况

西安古称长安，世界历史文化名城，陕西省省会，国家重要的科研、教育和工业基地，我国西部地区重要的中心城市。西安历史悠久，有着3100多年的建城史和1100多年的建都史，历代13个王朝曾在此建都，与雅典、罗马、开罗并称“世界四大文明古都”。

西安市位于黄河流域中部关中盆地，东以零河和灞源山地为界，与陕西省华县、渭南市、商州区、洛南县相接；西以太白山地及青化黄土台塬为界，与眉县、太白县接壤；南至北秦岭主脊，与佛坪县、宁陕县、柞水县分界；北至渭河，东北跨渭河，与咸阳市区、杨凌区和三原、泾阳、兴平、武功、扶风、富平等县（市）相邻。辖境东西长204千米，南北宽116千米。总面积10108平方千米，其中市区面积3582平方千米。下辖新城、碑林、莲湖、雁塔、灞桥、未央、阎良、临潼、长安、高陵10个区，蓝田、周至、户县3个县，管辖109个街道办事处、67个镇，共有782个社区和2991个行政村，现有国家级西安高新技术产业开发区、西安经济技术开发区、西安曲江新区、西安浐灞生态区、西安阎良国家航空高技术产业基地、西安国家民用航天产业基地、西安国际港务区和西咸新区沣东新城等五区一港两基地。

2015年年末西安市常住人口870.56万人，比2014年年末净增加7.81万人；户籍总人口815.66万人。其中：城镇人口635.68万人，城镇化率73.02%；男性人口446.91万人，占51.3%；女性人口423.65万人，占48.7%。男女性别比为105.49∶100。全年出生人口8.80万人，出生率为10.15‰；死亡人口4.78万人，死亡率为5.51‰；自然增长率4.64‰。（表11－1）[①]

① 西安市统计局官方网站公布的《西安市2015年国民经济和社会发展统计公报》。

表 11－1　2015 年年末西安市常住人口及构成

指　　标	人数（万人）	比重（%）
常住人口	870.56	100.0
按城乡分：城镇	635.68	73.0
农村	234.88	27.0
按性别分：男性	446.91	51.3
女性	423.65	48.7

西安是中国西北地区最重要的中心城市和科研基地，也是西北高等教育最为集中的城市，拥有普通高等学校 63 所，在校学生 84.83 万人，其中研究生在校人数 9.08 万人。

2015 年西安市实现生产总值（GDP）5810.03 亿元，比 2014 年增长 8.2%。其中，第一产业增加值 220.20 亿元，增长 5.0%；第二产业增加值 2165.54 亿元，增长 6.8%；第三产业增加值 3424.29 亿元，增长 9.5%。第一、二、三产业以第三产业为主，产业结构比 3.8∶37.3∶58.9。2015 年居民人均可支配收入 27845 元，扣除价格因素比 2014 年实际增长 8.01%。其中，城镇常住居民人均可支配收入 33188 元，扣除价格因素实际增长 7.30%；农村居民人均可支配收入 14072 元，扣除价格因素实际增长 8.34%。

11.2　西安市志愿服务发展概况

11.2.1　发展历程

西安市志愿服务工作起步较早，大致经历了五个阶段：

一、基础阶段（1963—1993 年）：从 1963 年起，为响应毛泽东同志发出的“向雷锋同志学习”的号召，西安市掀起了“学雷锋”的热潮，开始广泛开展学雷锋志愿服务活动，这一活动为之后的志愿服务工作奠定了良好的群众基础。

二、探索阶段（1993—2000 年）：1993 年，西安市共青团正式启动以共青团青年为主体的“青年志愿者行动”，西安市的青年志愿者开始利用业余时间有组织地为社会提供无偿服务。

三、巩固提高阶段（2000—2008 年）：西安市的青年志愿者行动逐步深入推进，以探索阶段实践为基础，志愿服务不断向运行规范、网络健全、队伍精干、成效显著的目标推进，西安市的志愿服务体系逐步走向多元化、规范化、法制化。

四、多元发展阶段（2008—2013 年）：从 2008 年的汶川地震和北京奥运会，到 2010 年上海世博会、2011 年西安世园会，西安市的志愿服务活动在扶贫助困、便民利民、绿色环保等志愿服务品牌活动中发挥了重要作用，志愿服务组织管理和机制建设进一步走向成熟，开始走向常态化、品牌化。

五、规范深化阶段（2013 年至今）：2013 年 8 月，西安市成立了西安市志愿者联合会；2014 年颁布《西安市推进志愿服务制度化实施方案》，据此建立了市文明委统一领导、文明办牵头负责、各部门分工协作、全社会积极参与的领导体制和工作机制，制度化建设不断加强，西安市的志愿服务活动进入了制度化阶段。

11.2.2 服务领域

经过 20 年系统实践探索和发展，西安市志愿服务工作依托城市发展需求和特征，推动志愿服务社会影响力和融合度。

首先，广泛动员各层次青年群体参与志愿活动。以“青年文明号”创建等工作为载体，大力开展“创业先锋”“岗位学雷锋”活动；结合农村青年工作，广泛开展“学雷锋，争做农村好青年”活动；发挥西安地域优势，在大中专学生中开展学雷锋社会实践活动，送科技、文化、卫生进农村、进社区活动；发挥少先队组织优势，广泛开展“学雷锋，手拉手”实践体验活动，引导少先队员从小培养爱心，互帮互助。

其次，搭建各级活动平台和载体。积极推动经常性志愿服务“就在身边”，将志愿服务活动融入日常生活，以社区为中心，开展“邻里守望一家亲”、邻里相伴“红太阳”等志愿服务活动，推进志愿服务队常年在社区常态化开展义务理发、义务体检等志愿服务；将志愿服务活动融入文明创建、纳入文明单位、人民满意示范窗口单位创建体系等工作；将志愿服务活动融入社会管理工作，在全市范围内持续开展“文明乘车跟我排”“文明出行我先行”“青春斑马线”等志愿服务活动；开展生态环保志愿活动。围绕关爱大秦岭、保护母亲河等主题活动，广泛开展植绿护绿、环保宣传、节能减排等志愿活动。

最后，着眼关注服务群体。重点关注农民工子女、留守儿童、孤残儿童及空巢老人群体，广泛推广帮助服务志愿活动。开展以农民工子女为服务对象，围绕学业辅导、亲情陪伴等内容，大力开展“同城同心能帮就帮”关爱农民工子女结对帮扶志愿服务活动；以留守儿童为重点服务对象，围绕“七彩课堂”等内容，大力开展“兰花草”留守儿童帮扶活动；以孤残儿童、空巢老人为服务对象，深入开展了关爱空巢老人、关爱弱势群体等志愿服务活动。

11.2.3 服务平台

西安市对于志愿服务活动的支持促进工作是基于完善服务平台。

首先，以社区为志愿服务落实的基地。统一下发管理制度、工作流程等，扎实推动社区志愿服务有经费、有场地、有人管、有制度规范管理；加强硬件支持政策保障。2015 年，西安市民政局连续下发文件，重申各社区志愿服务经费足额保障，各社区必须设立 30—40 平方米志愿服务活动场地，

其次，以信息化建设为志愿服务沟通平台。2015 年 11 月起，西安市大力推广使用“志愿云”信息管理系统，全市先后印发系列指导性文件，广泛整合社会资源，在发展壮大志愿者队伍等同时，通过完善信息沟通，提高志愿人员参与和工作等效率。

再次，以培育榜样为志愿服务示范引领，扩大社会示范和传播效应。重点扶持和培育了一批涵盖面广、活动常态化、影响力大的志愿服务团队，先后树立了多个最佳志愿服务组织、最佳志愿服务项目等；推进品牌项目打造工作，培育打造出以“碑林义工”等志愿者为主体的团队品牌 3000 余支；以共青团“小葵花”为代表的“五小”志愿服务品牌等；推进树立先进人物，发起道德模范、最美人物和身边好人等推评活动，发现挖掘市民身边的优秀志愿者，如全国道德模范王振治、丁水彬等。

最后，以培养文化方式积极营造志愿服务浓厚氛围。加强理念传播，充分发挥报纸、微博等大众传媒、新媒体作用，及时报道志愿服务活动动态，传播志愿服务文化；加强嘉许激励，推动全市建立以市、区县、街道、社区四级及行业系统选、树、推、评表彰机制；推动回馈政策落地，全市多次召集专门会议，深入研讨相关政策，推动优秀志愿者在升学、就业等方面享受到优惠优待政策等。

11.2.4 发展成效

通过多年不断努力，西安市志愿服务工作取得了良好的社会成效：

一是机制建设不断完善，志愿服务队伍日益壮大。首先是社会化招募机制不断完善，招募机制实现了社会公开招募和组织招募相结合、广泛宣传和重点发动相结合，志愿者由以青年为主体逐步向全社会共同参与方向发展，目前，全市志愿者已达 96 万余万人；网络化组织机制不断扩大，各基层共青团组织都成立了区（县）级志愿服务队伍，进一步扩大志愿服务的组织网络体系，形成全市各级志愿者组织、广大市民共同参与的良好格局；教育培训机制不断完善。

二是社会功能得到强化，志愿服务品牌项目取得重要突破。西安市各级志愿者组织动员全市广大志愿者和社会公众，积极参与了西安市的经济建设、政治建设、文化建设、社会建设和生态文明建设。“小葵花”“斑马线行动”“小米粒”等志愿服务品牌项目取得了显著成效。

截止到2016年9月，西安市的志愿者联合会下设37个分会和12支直属志愿队，4035支各级各类服务队，已注册志愿者96万人，约占常住人口总数的11%，形成了以“碑林义工”“莲湖水滴”“雁塔鸿雁”等品牌为主长期开展服务的志愿服务团队3000余支。

11.2.5 经验总结

西安市志愿服务在实践工作中积累了许多有益的经验：

一是重视基层，扎实做好基层志愿服务。把社区作为志愿服务工作的主要阵地，围绕群众的日常生活需求，设计和开展针对性的志愿服务活动，提供相应的志愿服务。对于基层社区志愿服务的开展，提供必要的政策支持和指导。在基层志愿服务组织建设、制度规范建设、专职人员配置和培训、工作经费、活动场地等方面尽可能提供需要的支持。

二是立足实际，供需平衡开展志愿服务活动。开展志愿服务活动充分考虑服务对象的实际需求，并与志愿者的特长和优势结合，设计和开展因地制宜、因时制宜、因人制宜的志愿服务活动，在确保充分发挥志愿者优势特长的基础上，最大限度满足服务对象的真实需求。

三是大胆创新，探索发挥志愿服务创新、品牌效应推广和项目运作高效的有效路径。鼓励志愿服务活动的内容和形式创新，激励志愿服务项目化运作和品牌化发展，不断增强志愿服务活动的社会影响力和公信力，形成有知名度和吸引力的志愿服务品牌。

四是重视加强宣传引导，不断扩大志愿服务的影响力和感召力。采取形式多样的志愿服务宣传活动，树立志愿服务先进人物、先进组织，加强志愿服务项目品牌推广；加大对志愿服务活动的宣传引导，不断扩大志愿服务覆盖面和对社会的影响力，吸引更多的市民加入志愿服务活动，推动志愿服务事业健康蓬勃地发展。

五是注重加强志愿服务机制建设。志愿组织单位把志愿者的热情、特长、服务与社会需求有效结合起来，加强对志愿服务活动的规范化、精细化管理，使志愿服务活动实现常态化。

尽管西安市的志愿服务活动取得了显著的成效，但仍存在着一些问题和不足：

一是志愿服务的领导体制和保障机制亟待进一步完善。从目前志愿服务工作的运行情况来看，西安志愿服务的领导体制尚不完善，需要在顶层设计层面对志愿服务工作的领导机构、人员配备和职责等予以规范和明确；同时，资金保障的稳定性和充分性仍然不足，在鼓励企业和私人投入、捐赠志愿服务方面的相关优惠政策及法规尚有欠缺，也存在落实不到位的情况；企业、公民投入和社会捐赠的覆盖面和积极性还不够高；法律保障体系还未建立。

二是运作机制的社会化程度不高，民间志愿服务的内在动力释放不够。目前，西安市的志愿服务活动大多由党政部门和共青团、民政、红十字会，行业等体制内机构创办的志愿者组织发动和指导，社会志愿服务组织通过自身的运作吸引社会资金的能力不足，社会化程度不高、民间资源整合力度不足。

三是对志愿服务的认知和定位有待进一步深入。从个体层面看，志愿者队伍自主服务意识没有得到充分发挥，部分志愿者仍然是相对被动参与，没有形成主动参与的意愿；从社会层面看，部分单位和个人还存在着将志愿者作为廉价劳动力的认识，志愿服务定位不到位。

四是志愿服务的信息交流渠道不够畅通。当前，西安市的志愿者获取志愿服务信息的渠道比较单一，志愿服务全民参与的态势还未广泛形成。参与志愿服务活动的人员中青年学生和社会公职人员的比例较高，社会大众和普通百姓的参与率、知晓率不高，民间资源和社会力量调动不足。

11.2.6 本城市志愿服务活动的数据情况

目前，截止到2016年9月，西安市的注册志愿者人数约96万，约占常住人口总数的11%，志愿者联合会下设37个分会和12支直属志愿队，4035支各级各类服务队。建设形成了以“碑林义工”“莲湖水滴”“雁塔鸿雁”等志愿者为主体长期开展服务的团队品牌3000余支。

11.3 西安市志愿服务现状

11.3.1 志愿者参加志愿活动时长

在“您过去一年提供了多少小时的志愿服务”问题中，958人的志愿服务时长约为67.81小时。从表中可以得到最少的服务时长是1小时，最多的服务时长是2000小时，个体之间志愿服务时长悬殊较大，使得数据波动较大。

表 11－2　西安市志愿者过去一年提供的平均志愿服务时长

变量名	观测值	平均时长	最小值	最大值
过去一年服务时长	958	67.81	1	2000

志愿服务从组织方式上，可以分为有组织的志愿服务和无组织志愿活动。958 个样本中，志愿者参与政府组织的志愿活动时长平均是 18.14 小时，占总的志愿服务时长 26.75%；参与非政府组织的志愿服务平均时长是 35.45 小时，占总的志愿服务时长 52.28%；参与无组织行动的志愿服务时长是 14.22 小时，占总的志愿服务时长 20.97%。在不同组织中，志愿者参与非政府组织的志愿服务的平均时长最长。

表 11－3　不同组织下西安市志愿者过去一年提供的平均志愿服务时长

变量名	观测值	平均时长	最小值	最大值
政府组织	958	18.14	0	800
非政府组织	958	35.45	0	1528.10
无组织	958	14.22	0	1000

此外，根据志愿服务内容的不同，志愿服务时长可以分为普通志愿服务时长和专业志愿服务时长。958 个观测值中，志愿者的普通志愿服务时长平均时长是 42.84 小时，最少服务时长是 0 小时，最多服务时长是 2000 小时；普通志愿服务时长与专业志愿服务相对应，志愿者的专业志愿服务时长平均时长是 24.97 小时，最少服务时长是 0 小时，最多服务时长是 1197.01 小时。可以看出普通服务时长大于专业服务时长。

表 11－4　不同专业下西安市志愿者过去一年提供的志愿服务时长

变量名	观测值	平均时长	最小值	最大值
普通志愿服务时长	958	42.84	0	2000
专业志愿服务时长	958	24.97	0	1197.01

11.3.2　志愿者群体基本特征描述

一、参与者性别分布

在回答的 1155 份问卷中（见图 11－1），男性志愿者有 515 人，占 44.59%；女性志愿者有 640 人，占 55.41%。由此可以看出，女性志愿者参与人数高于男性。

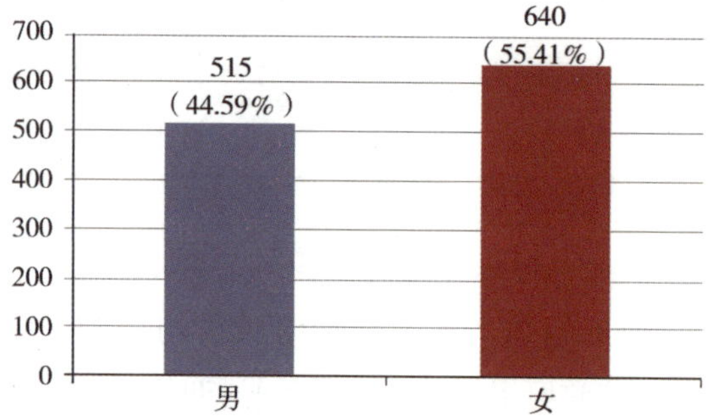

图 11－1　参与调查的志愿者性别分布情况

二、从参与者年龄分布看

在分析志愿者年龄结构过程中（见图 11－2），将调查对象的年龄分成六个组：20 岁以下、20—30 岁、30—40 岁、40—50 岁、50—60 岁、60 岁以上，依次所占比例是 21.70%、66.72%、6.91%、3.72%、0.43%、0.52%。从志愿者年龄分布图来看，20—30 岁的志愿者所占比例最多，达到了 66.72%。20 岁以下的志愿者所占比例居于第二位。这两个年龄段的志愿者已占到了被调查志愿者的 88.42%。因此，与其他城市一样，志愿者年轻化也是西安市志愿者群体的一个特点。

图 11－2　参与调查的志愿者年龄分布情况

三、参与者的学历分布

参与问卷调查的志愿者人群中，小学文化的志愿者占 0.17%，初中学历的志愿者占 0.78%，高中学历占 3.20%，大学（包括高职和大专）占 12.88%，大学本科及以上 82.80%，未上过学的占 0.17%。由此可以看出，大学学历及以上的志愿者成了志愿活动的主力军。一般来讲，学历越高，其物质条件也较好，参与志愿服务对其生活质量几乎不会产生影响。此外，高学历的人一般比低学历的人拥有更多的社会网络，获得参与志愿活动的途径也就相对多一些，也就增加了他们参加志愿服务活动的可能性。

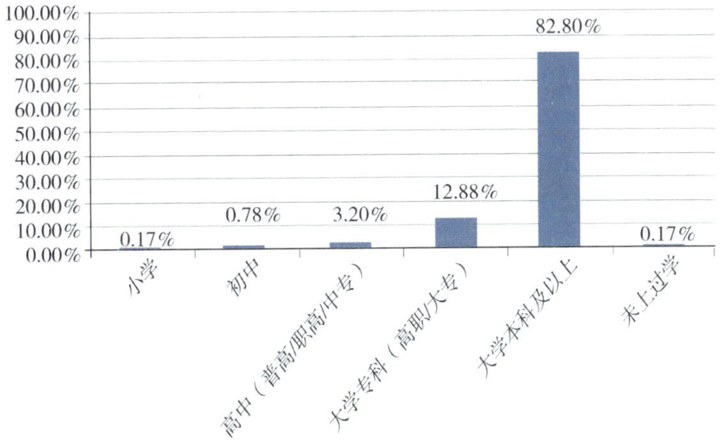

图 11－3　参与调查的志愿者学历分布情况

四、参与者政治面貌分布

从参与者政治面貌来看，中共党员、预备党员、共青团员、民主党派及无党派依次所占比例为 11.06%、6.05%、74.50%、8.38%。共青团员比例占有将近 3/4。但在数据统计中，政治面貌是群众的志愿者没有统计数据。这也在一定程度上说明，西安市志愿者还需优化志愿者结构，发动广大群众参与到志愿活动中来。

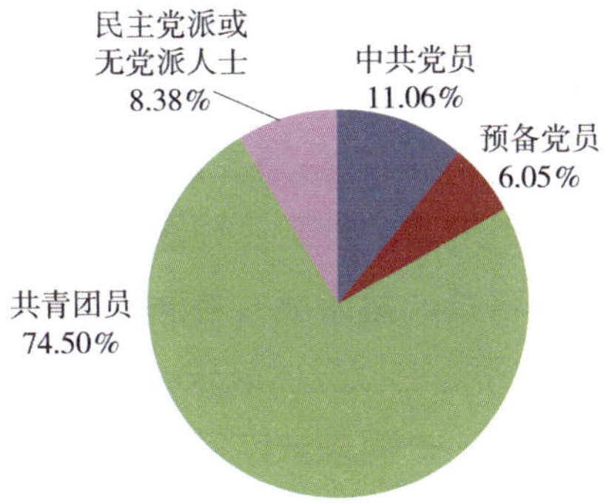

图 11－4　参与调查的志愿者政治面貌分布情况

五、参与者的工作

在回收的 1157 份问卷中，参与调查的志愿者中有工作的是 220 人，占 19.01%；没有工作的有 937 人，占 80.99%。从 220 位“有工作”志愿者的工作类型上看，他们的工作单位类型涉及政府部门、事业单位、国有企业、集体企业、私营企业、外商投资企业、港澳台投资企业、非政府组织。事业单位的志愿者人数最多，占到回收问卷量的 30.14%；其次是国企占 20.55%，私营企业占 17.81%，个人经营 8.68%，政府部门占 8.22%，军队占 6.39%，外商企业占 3.65%，非营利非政府组织占 2.74%，集体控股企业占 1.37%，港澳台投资企业占 0.46%。由于我国的志愿服务发展路径是“自上而下”，很多志愿活动都是相关部门发动的，因此体制内的人员被动员参与志愿活动的可能性更大。

表 11 -5　参与调查的志愿者是否有工作

是否有工作	频数	比例（%）
是	220	19.01
否	937	80.99
总计	1157	100

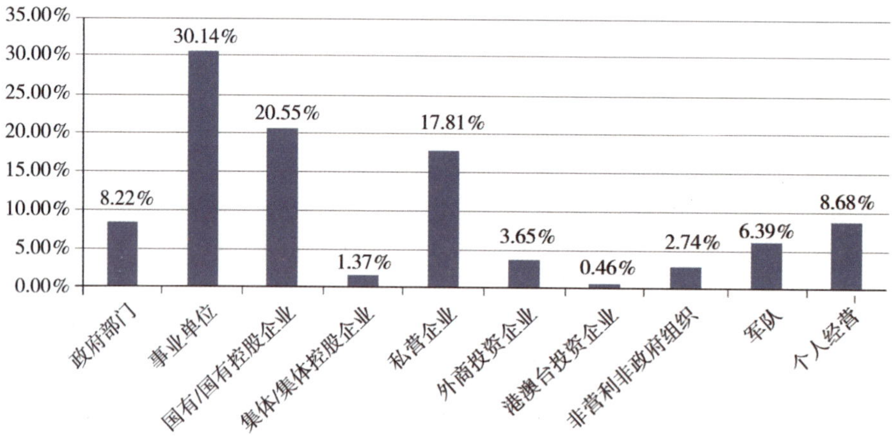

图 11 -5　参与调查的志愿者工作分布情况

11.3.3　参与志愿服务行动的基本情况分析

一、第一次志愿服务的途径

西安市参与调查的1157 人中，624 人第一次的志愿服务是自愿行动；174 人第一次志愿活动是在领导要求和单位的安排下参加的；127 人在亲友、家人及同事带动下参加的；89 人是受其他因素影响；86 人是社区组织动员下参加志愿服务；40 人受到媒体广告的影响；17 人是被街头宣传吸引的。由此看出，1/2 以上的志愿者具有较高的社会责任意识，会主动地承担社会责任，公民意识较高。除此之外，受到周边同事、亲朋好友的带动也是志愿者参加志愿服务的影响因素。

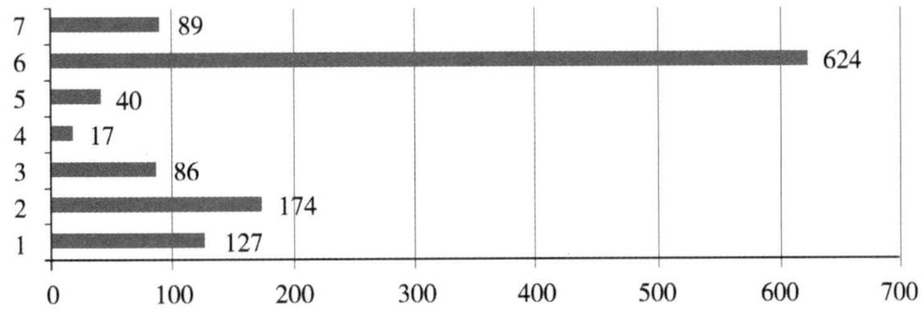

图 11－6　参与调查的志愿者第一次参与志愿活动途径的分布

注：1＝家人/亲友/同事带动；2＝领导要求/单位统一安排；3＝社区组织动员；4＝ 被街头宣传吸引；5＝ 受媒体广告影响；6＝ 自愿行动；7＝ 其他。

二、促使自己参加志愿服务的意图

在促使自己参加志愿活动的动力中，希望帮助他人的调查对象有 995 人，有 779 人的选择是使生活更充实，为了增加社会见识的人有 590 人，为了发挥自己的经验和技能的人有 542 人，71 人参加志愿活动是为了给孩子一个好的影响。此外，服从领导安排、给孩子好的影响、有助于升学和找工作等原因也是人们参加志愿活动的原因。从中可以看出志愿者参加志愿活动更多的是为了精神层面和非物质利益的追求。

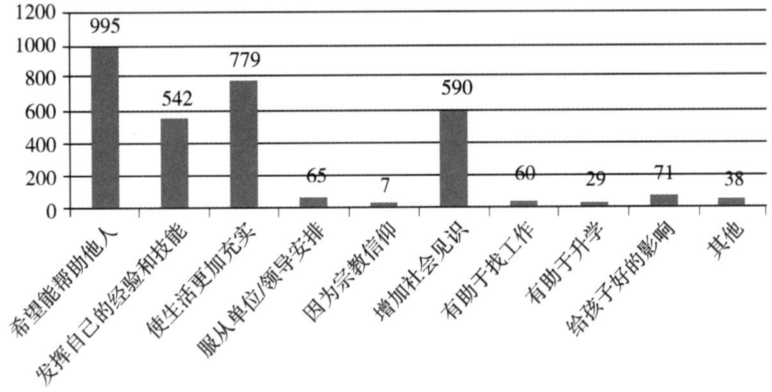

图 11－7　促使志愿者参加志愿活动的动力因素分布情况

注：该题是多项选择题。

三、参与志愿服务信息获得的途径

在参与信息获得的渠道上，回收的问卷里有 735 人是通过网络搜集志愿信息；507 人是通过微博、微信等新媒体获得志愿信息；476 人是通过本单位相关部门获得志愿信息；同时 374 人是通过报纸、电台等传统媒体获得志愿信息；222 人是通过熟人之间的传播获得信息；210 人通过户外宣传海报和广告；119 人是通过其他方式来获取信息的；111 人是通过村（居）委会获得志愿信息。可以看出，人们获得志愿信息渠道多样化。但从数据来看，志愿者的获取信息方式主要是通过网络以及基于此发展起来的新型社交媒体即微信、微博。此外，还有本单位相关部门的宣传，报纸、电视、电台的宣传，熟人之间的口口相传等方式也影响着志愿者获取志愿信息的方式。

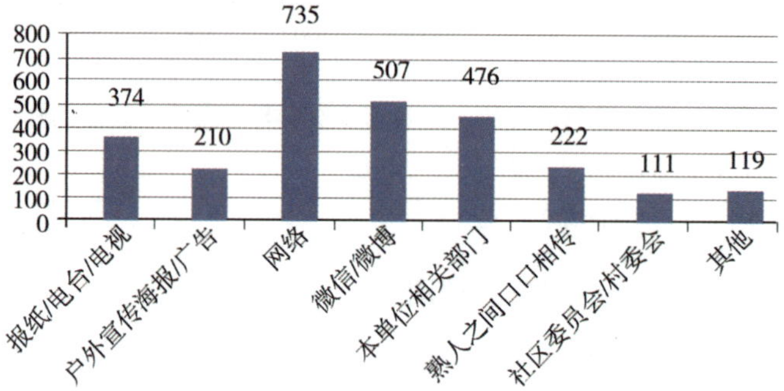

图 11－8　参与调查的志愿者获得志愿服务信息的途径分布情况

注：该题是多项选择题。

四、参加的志愿服务类型

从志愿者的志愿服务类型上看，向陌生人提供临时帮助的有 498 人；提供“邻里守望”人数有 302 人；照顾朋友和非直系亲属有 276 人；扶贫助困有 259 人；健康医疗服务有 259 人；参加环保和动植物保护的志愿者有 242 人；提供其他服务的有 196 人；文艺表演和艺术保护的有 172 人；参加赛会服务的志愿者有 121 人提供信息咨询和法律援助的有 77 人；抢险救灾的有 18 人；宗教服务的 8 人；国外、境外服务的有 7 人；此外，198 人过去一年没有提供过志愿服务。

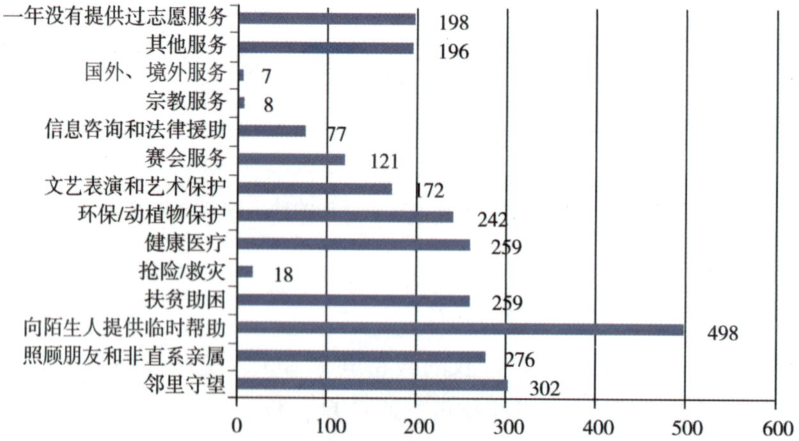

图 11－9　参与调查的志愿者参加过的志愿服务分布情况

注：该题是多项选择题。

五、参加过有组织（政府、非政府）志愿服务得到补贴和承担的费用

志愿者参加有组织的志愿活动，没有得到补贴人数最多有776人，得到100元以下补贴的人数有111人，得到100—500元补贴的人数有50人，得到500—1000元补贴的人数有10人，得到1000—5000元补贴的有11人。有240人没有承担费用，465人承担过100元以下的费用，198人承担过100—500元的费用，38人承担过500—1000元的费用，14人承担过1000—5000元的费用，2人承担过5000—10000元的费用，1人承担过5万元的费用。由此可以看出，自己承担费用的人数远大于得到补贴的人数。虽然志愿服务是一种自愿的行动，但为了鼓励大家参加志愿活动，促进志愿活动能够持久，提供一定的补贴也是必要的。同时提供补贴也是一种鼓励大众参与志愿活动的途径。

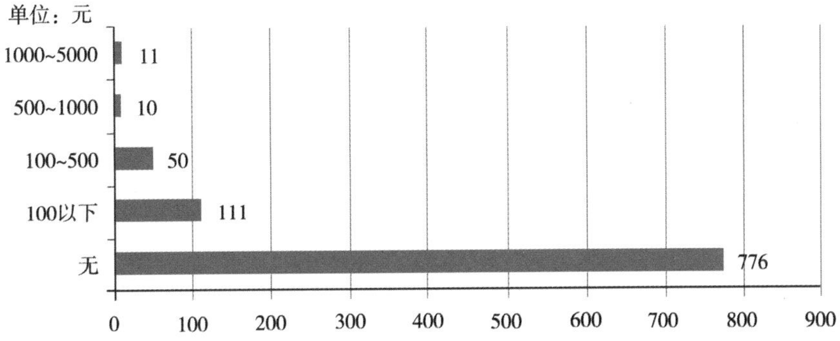

图11－10　参与调查的志愿者得到补贴分布

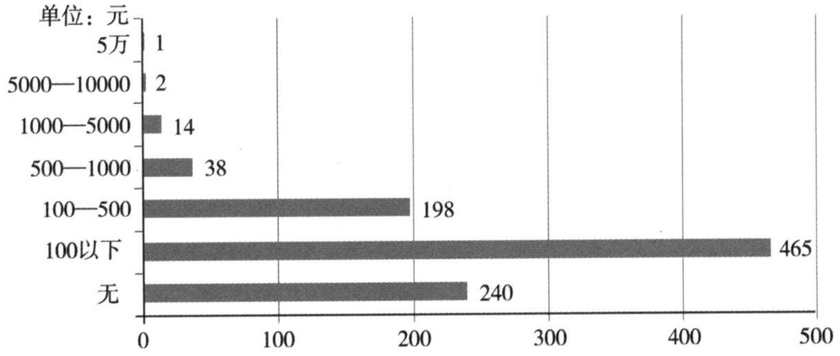

图11－11　参与调查的志愿者承担的费用分布

六、志愿服务中最看重的收获

在“您参加志愿服务，最看重哪方面收获”的问题中，有567人是回答是“心情愉悦，自我满足”，198人的回答是“认识更多的朋友”，163人的回答“获得服务对象的衷心感谢”。此外，还有的志愿者是为了更好的发展机会和获得亲朋好友的赞许等其他原因。与其他城市一样，西安市志愿者参加志愿活动更多的是

出于精神层面的需求即为了更多的心灵体验。

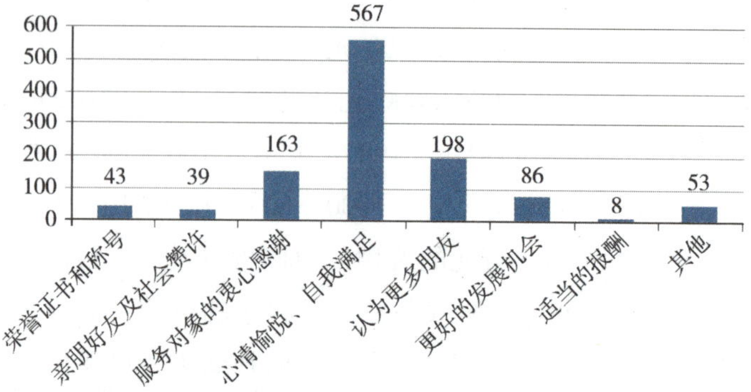

图 11－12　参与调查的志愿者在志愿服务中最看重的收获分布情况

七、对志愿服务的评价

表 11－6　参与调查志愿者对志愿活动的评价

	每次都有	多数有	少数有	从来没有
被告知志愿服务内容和要求	525	300	102	31
	54.80%	31.32%	10.65%	3.24%
与志愿组织签订书面协定	82	99	289	488
	8.56%	10.33%	30.17%	50.94%
为志愿服务提供必要的知识和技能	161	290	356	151
	16.81%	30.27%	37.16%	15.76%
对志愿者工作进行监督和指导	227	321	288	122
	23.70%	33.51%	30.06%	12.73%
提供必要的安全保障和医疗条件	194	285	324	155
	20.25%	29.75%	33.82%	16.18%
提供人身保险和费用补贴	73	144	342	399
	7.62%	15.03%	35.70%	41.65%
对志愿工作评估和激励	205	327	298	128
	21.40%	34.13%	31.11%	13.36%
记录志愿服务时长或认证	209	227	289	233
	21.82%	23.70%	30.17%	24.32%
征询意见改进志愿服务	192	310	303	153
	20.04%	32.36%	31.63%	15.97%

以上问题是关于参加过的志愿服务活动的评价，关于“在参加志愿服务是否

被告知志愿服务的内容和要求”，对于该回答有54.80%（525人）回答是“每次都有”，31.32%（300人）回答“多数有”，10.65%（102人）回答“少数有”，3.24%（31人）回答“从来没有”。可以看出大多数的志愿活动还是保障了志愿者对活动的知情权。

与志愿组织签订书面协议，对于该回答，8.56%（82人）回答是“每次都有”，10.33%（99人）回答“多数有”，30.17%（289人）回答“少数有”，50.94%（488人）回答“从来没有”。签订书面协议保障的是志愿者的利益和权益。从调查来看，1/2以上的调查者没有签过相关的协议。

在志愿服务中，提供相关的必要的知识和技能是提升志愿服务质量的必要条件之一。关于“参与志愿活动提供给必要的知识和技能”的调查中，16.81%（161人）的调查对象回答“每次都有”；30.27%（290人）的人回答“多数有”，37.16%（356人）认为“少数有”，15.76%（151人）认为“从来没有”。说明，西安市志愿服务在提供必要知识和技能方面的服务还有待完善。

在谈到“对志愿者工作进行监督和指导”的问题时，23.70%（227人）回答“每次都有”，33.51%（321人）的调查对象认为“多数有”，30.06%（288人）回答“少数有”，12.73%（122人）回答“从来没有”。志愿服务在我国算是一种新事物，各个方面还不够完善，而鼓励志愿者对志愿工作进行监督和指导也是完善志愿服务的途径。从数据统计结果来看，西安市被调查的志愿者群体中有一半以上的志愿者每次或者是大部分时候会被鼓励对志愿工作进行监督和指导。

安全保障和医疗提供涉及志愿者生命安全，关于志愿活动是否提供必要的安全保障和医疗条件的问题，20.25%（194人）的调查对象回答“每次都有”；29.75%（285人）的人回答“多数有”，33.82%（324人）认为“少数有”，16.18%（155人）认为“从来没有”。可以看出，有1/5的志愿者每次都得到了相关的保障，而3/4的志愿者并不是每次都能得到。

在谈到“志愿活动是否提供人身保险和费用补贴”的问题时，7.62%（73人）回答“每次都有”，15.03%（144人）的调查对象认为“多数有”，35.70%（342人）回答“少数有”，41.65%（399人）回答“从来没有”。人身保险和费用补贴关乎志愿者的切身利益，1/2以上的志愿者，并没有得到或是少数得到相关的费用补贴。

在对志愿服务过程中是否对志愿工作评估和激励问题中，21.40%（205人）认为“每次都有”，34.13%（327人）认为“多数有”，31.11%（298人）认为“少数有”，13.36%（128人）认为“从来没有”。志愿评估和激励工作是下一步提升志愿服务的必要步骤，如果只是着眼于当前，那么志愿服务只会停滞不前。而从以上数据看，有将近一半的志愿者认为相关服务并没有或很少有相关的工作。另一半的志愿者认为每次或是大部分的志愿活动过程中有对志愿工作评估和激励。

在谈到“是否记录志愿服务时长或认证”的问题时，21.82%（209人）回答“每次都有”，23.70%（227人）的调查对象认为“多数有”，30.17%（289人）回答“少数有”，24.32%（233人）回答“从来没有”。志愿服务时长代表志愿者创造的社会价值，如果不能有效记录志愿服务时长，这样对志愿服务的社会价值很难估计，从而也就没法估算志愿服务对经济和社会的影响。

关于“志愿活动主办方是否征询意见改进志愿服务”的问题，20.04%（192人）的调查对象回答“每次都有”；32.36%（310人）的人回答“多数有”，31.63%（303人）认为“少数有”，15.97%（153人）认为“从来没有”。

11.3.4 志愿价值服务测度

志愿服务时长是价值测算的关键内容，因为这既是志愿者最重要的投入，也是志愿服务经济价值的主要衡量指标。国际上对志愿服务价值测量主要采用两种方式：机会成本法①和重置成本法②。在本报告中，采用的是重置成本法。因为，考虑到数据的可得性和测算结果的精确性上，采用重置成本法会更合适。

表11－7 行业平均小时工资（元/小时）（2015年）

指　　标	平均工资数
农、林、牧、渔业	21.71
采矿业	23.32
制造业	28.34
电力、热力、燃气及水生产和供应业	32.94
建筑业	26.39
批发和零售业	23.10
交通运输、仓储和邮政业	31.41
住宿和餐饮业	16.87

① 机会成本法，是根据志愿者的本职工资，计算如果将参与志愿服务的时间，用来做本职工作能够获得的收入，即参与志愿服务放弃的机会成本。

② 重置成本法是根据市场上同类有偿劳动的报酬来进行计算，通常取同类职业的平均工资，或者本地职工平均工资。

续表

指　　标	平均工资数
信息传输、软件和信息技术服务业	54.72
金融业	53.40
房地产业	26.21
租赁和商务服务业	76.32
科学研究和技术服务业	336.37
水利、环境和公共设施管理业	22.68
居民服务、修理和其他服务业	18.51
教　育	31.88
卫生和社会工作	30.81
文化、体育和娱乐业	30.78
公共管理、社会保障和社会组织	25.84

注：数据来源西安统计信息网 http：//www.xatj.gov.cn/ptl/def/def/2015/tjnj/indexch.htm。2015 年各行业平均工资按照年工作天数 250 天、每天工作时数 8 小时计算得出各行业每小时的工资数。

表 11－8　西安市志愿服务经济价值

项目	2015 年参加过志愿活动的志愿者人数	小时工资数（元）	志愿时长（小时）	总计（亿元）
普通志愿服务价值	219000	18.51	42.84	1.7
专业志愿服务价值	219000	91.14	24.97	5.0
西安市志愿服务价值				6.7

注：西安市志愿服务价值＝普通志愿服务价值＋专业志愿服务价值。志愿服务价值＝志愿者人数×人均志愿时长（小时）×平均工资（元/小时）。普通志愿服务价值参考居民服务的平均工资数 。专业志愿服务价值参考科学研究、水利环境、教育、卫生、文化和公共管理等五个行业总的平均工资。

由表 11－8 可知，西安市 2015 年的普通志愿服务时长所创造的经济价值有 1.7 亿元，专业志愿服务时长的经济价值有 5.0 亿元，2015 年参加过志愿者活动的志愿者创造了大约 6.7 亿元的经济价值。占地区生产总值[①]的 0.1%。

① 数据来源：西安市统计局 http：//www.xatj.gov.cn/ptl/def/def/2016/zk/indexch.htm，西安市地区生产总值是 5801.20 亿元。

11.4 西安志愿服务案例

11.4.1 陕西曙光救援队：专业救援与公益志愿

一、服务概况

陕西曙光救援队成立于2009年，从成立之初的十几个人，发展到现在覆盖全省28个区县961人的专业救援团体。曙光救援队的主要职责，是在发生天灾及其他紧急事故时支援政府的正规应急部队，致力于在户外活动、自然灾害、城市应急等方面为群众提供免费的专业救助。此外，也提供各项社会服务，例如在社区中执行人群应急培训工作、减防灾教育、受灾群众救助等公益志愿活动；在郊野进行防止山火、意外事故巡逻，为市民提供山野远足安全训练。透过各类纪律及技能训练、社区服务，曙光救援的志愿者得以发展领袖才干、发挥潜能、学习技能和培养公民责任。

截至2015年年底，陕西曙光救援队已组织各类志愿服务活动共计480余场，直接帮助在困境中的393名群众脱离危险；开设防灾、减灾课堂150余场，帮助上万人掌握应急知识；参与助学、帮困、环保等各类志愿活动近200次。

二、发展历程

曙光救援队发源于2008年汶川地震。一批自发前往震区抢险救灾的志愿者们于2009年成立了曙光救援队，2013年在省民政厅登记注册为陕西省曙光应急救援协会，属于公益慈善类的社会团体；2016年获得国家“4A”级社会组织评定。曙光救援队以保护人的生命和健康，促进社会文明和谐为宗旨，先后获得了“2012年陕西省青年志愿者优秀项目奖”“2013年度优秀社会组织”“2013年十佳志愿服务组织”、2016年全国“最佳志愿服务称号组织”称号，获赠锦旗39面，被驴友称为“秦岭保护神”。

三、曙光救援队的特点

1. 规范的内部组织建设。志愿者队伍的管理最显著的特点是结构松散，人员流动量大。如何把身份、地位、知识层次完全不同的一群人，凝聚成有强大战斗力的专业团体并保持稳定，是曙光救援面临的一个重要挑战。曙光救援队在创立之初就建立了系统的培训制度，通过每周四晚上两个小时的学习，提高会员的应急救援水平，促进队员间的交流和了解。同时制定了应急救援的1—4级培训大纲，确定了入队训练和年度复训的基本制度，以此保证队员的专业水平。2012年，曙光救援队加入西安市碑林区社会组织孵化平台，对于非营利组织管理和志愿服务也有了更深入的了解。在孵化平台的指导下，协会全面梳理了机构的使命、愿景，确定了曙光救援“志愿服务、忠诚、友爱、互助、进步、爱国”六项宗旨，建立健全内部治理结构，制定了《财务管理制度》《项目管理制度》《固定资产管理办法》《档案管理制度》等一系列的内部管理制度，明确决策、执行、监督等方面的职责权限，严格落实了会员代表大会的制度。同时根据志愿服务的内容，成立了专业委员会，保证开展紧急救援和各类志愿服务活动的有效性，并且执行国家统一的会计制度，依法进行会计核算，接受政府有关部门的监督管理，迈入制度化的道路。

2. 完善组织公信力建设。公信力是慈善事业发展的基石，透明度提升公信力。近年来，慈善领域出现了一些信任危机，挫伤了公众参与慈善事业的热情。曙光救援回应社会关切，通过建立健全信息公开制度，切实保障社会公众的知情权，致力于把慈善事业做成人人信任的玻璃口袋，同时，完善的信息公开制度又促进了曙光救援内部的规范治理，提高了管理水平和运作效率。曙光救援对信息的收集、整理、统计、发布，建立了一套系统的流程管理机制，确定了网络公开的平台，设立“志愿救援网 www. 92v. org”，遵循真实、完整、及时的基本原则，公示曙光救援协会的章程，决策执行监督机构的成员信息、宗旨、业务范围，设置年度工作报告、财务会计报告、募捐情况、慈善项目等固定板块，将实施情况定期进行全面公开。

3. 专业化救援志愿服务。西安背靠秦岭，近年来进山游客多，但由于秦岭地形多变，游客应急知识不足，迷路事件时常发生。为及时帮助身边有危难的群众，救援队应运而生。2009 年 11 月，陕西省某医院 7 名医生走失在高山草甸，经过多方努力成功救出；2010 年 7 月，10 名儿童和 3 名老人在翠华山旅游迷失，救援队连夜历时 6 小时成功救援出被困儿童与老人；2011 年 2 月，一女性驴友在太白失踪，救援队出动上百人次，首次在 -30℃的高海拔高寒地区持续搜救；2011 年 6 月，一驴友独自一人从抱龙峪入山迷路，救援队历时 16 个小时的搜救，成功救出被困者；2011 年 8 月，西安某医院 7 名工作人员在秦岭牛背梁失踪，救援队历时三天三夜进行搜救，7 名失踪人员安全得救；2012 年 10 月，一位驴友在穿越地理情况复杂的少华五峰时失踪，救援队兵分三路进山搜救，成功实施救援。7 年来曙光救援在秦岭地区共搜救游客 93 次，帮助 393 人脱离险境。

4. 灾区抢险和社区辅导。救援队自成立以来参加抢险救灾行动 8 次，其中包括雅安、鲁甸地震救援，延安黄龙、汉中佛坪、蓝田、湖北麻城、商洛巡检镇水灾救援，在社区开展减灾防灾活动数百场次。

2014年8月，云南鲁甸发生6.5级强震，救援队第一时间赶赴灾区，在龙头山镇光明乡和火德红镇进行抢险救援工作，同时帮助周边受灾群众进行粮食财物转移。

为了防患未然，救援队的队员们经常走进社区，进行全民救灾常识普及。教授居民使用灭火器，掌握心肺复苏术和简单的包扎技巧。

除实施现场救援之外，曙光救援队还在不断探索着救援技巧。2015年春天，救援队在秦岭易迷路地段定做了200块带有夜间反光效果的GPS指示牌，帮助实现定位，以缩短驴友迷路遇险后的救援时间。

11.4.2 “阳光蒲公英”关爱重点青少年群体

一、服务概况

共青团西安市新城区委组织大学生志愿者，对辖区内的农民工子女、贫困家庭子女、服刑在教人员子女等“重点青少年群体”，按照“1名志愿者+1名帮扶对象”的方式，围绕学业辅导、亲情陪伴、感受城市、自护教育、爱心捐赠等内容开展关爱行动。项目自2012年实施以来，帮扶结对人数达1121人，累计开展活动12060余次。目前，该项活动已成为全省规模最大的校地互动式志愿服务活动，树立了“蒲公英”的品牌效应，并被评为“全国100个优秀志愿服务项目”“陕西省最佳志愿服务项目”“西安市最佳志愿服务项目”。

二、发展历程

帮扶活动以各街道建立的“阳光蒲公英”志愿服务工作站为对接工作的地点，以“重点青少年”所在社区建立的“阳光蒲公英之家”为活动场地。由最初来自3所高校的100名志愿者队伍目前发展到来自12所高校的1121名志愿者队伍；帮扶对象由单一的进城务工人员子女扩大到贫困家庭子女、服刑在教人员未成年子女、残疾人青少年和严重不良行为青少年等五类重点青少年群体；帮扶内容由单纯的学业辅导辐射到亲情陪伴、感受城市、自护教育、爱心捐赠等。

针对这些“重点青少年群体”认知偏差、情感失落、自我封闭、自卑心理、逆反心理、心理失衡等心理问题以及提高学习质量等内容展开帮扶。通过一个孩子带动了一个家庭，激励重点青少年积极地面对人生，增强对美好道德生活的向往和创造未来幸福生活的信念，构建和谐社会作出贡献。活动以结对帮扶“重点青年群体”的形式开展，一方面，为青年志愿者与这些群体关爱帮扶、沟通交流搭建了桥梁；另一方面，开展的其他社会实践活动令他们开阔了视野，增长了见识，让这些“重点青年群体”深切感受社会关爱，健康成长。

三、“阳光蒲公英”项目特点

1. 稳定的项目周期。“阳光蒲公英”项目作为长期性志愿帮扶活动，每年定期开展活动，按照逐年上升帮扶人数与结对人数，逐步深化活动力度推算，项目周期为永久型项目。

2. 有效的规划方案。“阳光蒲公英·关爱重点青少年群体”帮扶活动开展以来，近千名的青年志愿者参与其中，超过千余人次的农民工子女得到了长期性、全方位的帮扶，丰富了留守及进城农民工子女的课外活动及业余生活，畅通了农民工子女与亲人的亲情联系渠道，构建了社会动员和社会筹资的工作平台，形成了社会各界共同关心关爱农民工子女的有形载体。

通过对比“阳光蒲公英”活动近年开展的实际情况，由前期针对重点青少年的全覆盖向对重点青少年的深层次帮扶转型，细分重点青少年群体的帮扶项目，不断创新和设计载体，创造新的有效的组织化动员和社会化动员相结合的机制和方法，创造新的经济社会变革条件下精神文明建设的有效载体，创造当代中国青少年所喜爱和接受的新的精神时尚，不断传播志愿服务文化，有效推动活动切实帮助重点青少年群体真正解决实际问题。

3. 灵活的执行实施。除学业辅导外，有针对性地加强了对受助生的思想引导、心理疏导、法制教育、权益维护等。对进城务工人员子女情感失落、自卑心理的特点，侧重以亲情陪伴为主的关爱行动；对不良行为青少年价值观偏差、无正确引导的特点，重点抓好临界预防和教育矫治的“帮教行动”；对服刑在教人员子女缺乏信任、自我封闭的特点，探索建立以街道、社区为主导，团干部、志愿者等社会力量参与的心理服务模式，引导他们走出心理阴影。

4. 规范的管理制度。“阳光蒲公英·关爱重点青少年群体”项目由共青团新城区委直接管理，高校志愿者与重点青少年群体均受团区委的指导与监督，团区委通过对每名志愿者发放“阳光蒲公英爱心卡和帮扶卡”，签订结对协议，年底对全年累计与帮扶对象开展活动次数进行监督考核等形式，持续深化多层次的帮扶和志愿服务。

5. 成熟的运营模式。“阳光蒲公英”项目以各街道建立的“阳光蒲公英”志愿服务工作站为对接工作的地点，以“重点青少年”所在社区建立的“阳光蒲公英之家”为活动场地，坚持组织化动员和社会化动员相结合、全团一盘棋和各街道自身创造相结合，按照项目化运作、社会化推进的模式，实现上下联动、横向联合、资源整合，以团组织主导、高校配合、街道社区摸排、志愿者参与、重点青少年受益的运营模式，全年有计划、经常性地开展帮扶活动。

第 12 章　贵阳志愿服务报告

12.1　贵阳市基本情况

贵阳，贵州省省会，西南地区重要的中心城市，也是全国重要的生态休闲度假旅游城市、综合性铁路枢纽城市。贵阳市总面积 8034 平方千米，下辖观山湖、云岩、南明、花溪、乌当、白云 6 个区，修文、息烽、开阳 3 个县，并代管清镇县级市。

2015 年年末，贵阳市常住人口 462.18 万人，年平均人口 458.89 万人。年出生率 10.21‰，死亡率 4.96‰，自然增长率 5.25‰，城镇化率 73.25%。[①]（详见表 12－1）

表 12－1　2015 年年末贵阳市常住人口及构成

指　　标	人数（万人）	比重（%）
常住人口	462.18	100.0
按城乡分：城镇	338.55	73.3
农村	123.63	26.7
按性别分：男性	237.35	51.4
女性	224.83	48.6

2015 年，贵阳市地区生产总值（GDP）2891.16 亿元，比 2014 年增长 12.5%，“十二五”时期年均增长 15.1%。地区生产总值占全省的比重由 2010 年的 24.4% 提高到 2015 年的 27.5%。其中，第一产业增加值 129.89 亿元，比 2014 年增长 6.4%；第二产业增加值 1108.52 亿元，比 2014 年增长 14.6%；第三产业增加值 1652.75 亿元，比 2014 年增长 11.1%。人均生产总值 63003 元，比 2014 年增长 11.3%。

① 贵阳市统计局网站公布的《2015 年贵阳市国民经济和社会发展统计公报》。

2015年城镇常住居民人均可支配收入27241元，比2014年增长9.1%，扣除价格因素，实际增长6.6%；人均消费性支出22532元，比2014年增长15.5%。农村常住居民人均可支配收入11918元，比2014年增长10.1%，扣除物价因素，实际增长8.5%；人均生活消费支出9875元，比2014年增长13.2%。

12.2 发展概况

12.2.1 发展历程

2008年，贵阳市遭遇凝冻灾害天气，众多私家车主、出租车司机自发在车辆后视镜上系上绿丝带，沿途免费提供搭乘服务，帮助有困难的陌生人。数以万计的热心市民也纷纷领取绿丝带系在手臂上，向需要帮助的人们无偿提供帮助。以市民自发组织的小规模互助活动为起点，以“绿丝带”为标志的贵阳市志愿服务活动开始启动，并不断发展。

2014年4月29日，由志愿服务组织、志愿者以及关心和支持志愿服务事业的单位或组织自愿组成的联合性、全市性、非营利性社会团体组织——贵阳市志愿服务联合会正式成立，在联合会的推动下，贵阳市志愿服务活动又迈向了新的阶段。

12.2.2 服务领域

贵阳志愿服务活动涵盖的服务领域主要在以下几个方面：

一是“邻里守望”主题志愿服务活动。活动以困难职工、空巢老人、留守儿童、残障人士为服务对象设计开展项目，主要以家政服务、亲情陪伴、应急救助、心理抚慰、健康保健、节日慰问、文化体育、法律援助、治安巡防、春运服务等为主要内容开展活动。

二是文明礼仪志愿服务活动。在全市主要交通路口、公园、广场、剧场、赛场、医院、旅游景点等以及贵阳客车站、贵阳火车站等公共场所设置公共文明引导岗，开展公共场所文明引导和交通协勤志愿服务，纠正市民不文明行为，引导人们文明出行，形成文明礼让的社会秩序。

三是基层文化志愿服务活动。定位于基层，结合“三下乡”“四进社区”和“我们的节日”等活动，广泛开展社区文化志愿服务，鼓励文艺工作者和社会各界人士义务参与基层群众文化活动。

四是环境保护志愿服务活动。以低碳环保、保护山川河流和公园湿地为主题，常年开展义务植树、向污染宣战、垃圾换礼品等志愿服务活动。

12.2.3 服务平台

一是项目平台建设。围绕“邻里守望”和“和谐贵州三关爱”主题，科学设计和开展志愿服务活动项目。如组织开展“邻里守望”主题志愿服务活动、践行文明礼仪志愿服务活动、基层文化志愿服务活动、环境保护志愿服务活动等。

二是志愿者队伍党建平台建设。推动共产党员参与志愿服务活动，为辖区党员在社区发挥作用创造条件、搭建平台，推动党员干部在志愿服务中充分发挥先锋示范作用。通过推动党的群众路线教育实践活动、建立党员志愿服务队伍、组织党员志愿者进社区报到开展志愿服务活动等方式，积极推动共产党员参与志愿服务活动；组织党员志愿者广泛开展“维护环境卫生”“两严一降”等志愿服务活动。

三是宣传平台建设。注重品牌建设，打造“绿丝带”志愿服务品牌和志愿服务活动，被中央、省、市各级媒体深入报道；注重广泛宣传，编辑印制了《贵阳志愿者手册》《贵阳市志愿服务工作画册》等相关志愿服务书籍，在2014年全国共产党员志愿服务工作座谈会上发放；注重示范效应，举办志愿服务工作巡礼活动等。

四是信息平台建设。按照信息化管理的要求，对“贵阳志愿者”网站进行改版并更名为“志愿贵阳”网，推动志愿服务信息化管理；按照“志愿云”信息系统建设的要求，建立健全志愿者信息库、志愿者证书库、志愿服务记录库以及志愿者招募、志愿服务项目发布等；推动“志愿贵阳”上线运行，初步实现了志愿服务工作的信息化管理。

五是服务阵地建设。参照中国志愿服务联合会和贵州省志愿服务联合会的做法，将贵阳市志愿者协会提升改造为贵阳市志愿服务联合会。2014年4月，贵阳市志愿服务联合会成立；2014年下半年，全市10个区（市、县）也相继成立了志愿服务联合会（或协会）。

六是培训平台建设。举办社区志愿者培训、弘扬志愿服务文化专题讲座、贵阳市“邻里守望”志愿服务培训讲座、“社会性别视角”志愿服务培训班、重大会展志愿服务培训等形式多样的培训，邀请专家集中授课和模拟互动，不断提高志愿服务骨干和志愿者的整体水平。近年来，贵阳市文明办每年共举办志愿服务培训培训3期以上，培训志愿者500余人次；市直相关部门、各区（市、县）举办培训100余场次，培训人数近1万人次；社区志愿者培训班110余场次，培训人数5000余人。

12.2.4 发展成效

通过多年的坚持和努力，贵阳志愿服务呈现出良好的发展态势，市民关注度和参与度不断增加，知晓率和满意率也不断提升。贵阳志愿服务的主要成效突出地体现在以下方面：

一是培育了良好社会风尚。贵阳市先后涌现出一批有影响力的先进模范典型，如“全国百名优秀志愿者”称号获得者黄成德、“全国优秀志愿者”个人雷月琴为代表的环境保护志愿者典型等。在贵阳市全市逐步创造了团结互助、平等友爱的人际关系，形成了“我为人人、人人为我”的良好社会风尚。

二是加快了城市文明进程。贵阳志愿服务作为强有力的纽带，把不同的人结合在一起，通过相互促进、相互影响，有效地推动了全市文明程度和市民素质提高。如开展“两严一降”志愿服务活动，广大志愿者为市民提供了广泛参与社会治理的舞台，极大地调动了他们的参与热情，培育了他们的责任能力、自制能力和社会意识，凝聚了共建共享和谐社会的强大正能量。在中国社科院发布的2013年“全国38个城市公共安全要素满意度总体排名”中，贵阳市排名第10，群众安全感首次超过90%，排名上升了28位。仅2014年1至5月，全市刑事案件发案数同比下降22.38%，其中“两抢一盗”案件同比下降20.90%。

三是密切了党群干群关系。贵阳市通过开展各类志愿服务活动，广大党员深入社区、进村入户，密切了同群众的血肉联系，转变了工作作风，树立了为民务实清廉的良好形象；通过党员志愿者参与志愿服务活动，帮助办实事、解难事，不断增强了群众拥护党的路线、方针、政策的坚定性。

四是产生了巨大综合效益。志愿服务不需要太多的政府投资，又延伸了公共服务的范围，使公众得到广泛帮助，实现了经济效益、社会效益和生态效益的有机统一。

截至目前，贵阳市已注册志愿者73.13万人，其中实名认证志愿者65.36万人，实名认证比例近九成。其中，在校学生为9.4万人，非在校学生55.93万人。现有注册志愿团体1806个，其中主要由党政机关（463个）、教育事业单位（579个）、其他事业单位（454个）和社会团体（261个）四类单位组成，占比分别为25.64%、32.06%、25.14%和14.45%。共有志愿服务登记项目6153个。

12.2.5 经验总结

贵阳志愿服务在工作实践中积累了大量的有益经验：

一是把志愿服务作为创新社会治理的重要组成部分。贵阳市把志愿服务队伍作为社会协同的一支重要力量，引导志愿者通过思想劝导、资金救助等志愿服务方式，依法参与社会管理，促进和谐社会建设、维护社会稳定。

二是把志愿服务建设作为建设生态文明示范城市的重要平台载体。贵阳市把志愿者队伍建设作为生态社会体系创建的重要内容，通过志愿宣传生态文明建设的知识，引导市民践行节约、自然、绿色、健康的生活方式，提升市民文明素质。

三是把志愿服务建设作为培育良好风尚的重要抓手。贵阳市充分发挥志愿服务的示范带动作用，组织志愿者深入社区、企业、学校、村寨，大力弘扬“奉献、友爱、互助、进步”的志愿精神，推动培育良好社会风尚。

四是把志愿服务建设作为举办重大活动的重要依靠力量。贵阳市将志愿服务队伍引入生态文明贵阳国际论坛、世界田径越野锦标赛等重大赛会服务，通过志愿者热诚周到的服务，既为重大活动提供了有力的保障，也为志愿服务的发展提供了良好的机会。

贵阳市的志愿服务活动虽然已经取得了一定的成效，但是当前也仍然存在一些问题和不足之处：

一是市民参与志愿服务活动的社会化程度不高。目前贵阳市的志愿服务活动很大程度上还是以政府部门或准政府部门组织为主，市民自发组织和主动参与的积极性还有待提高。

二是志愿服务公益组织力量薄弱。目前贵阳市虽然成立了市级层面及10个区（市、县）级的志愿服务联合会（或协会），但是与志愿服务社会化的需求相比还有一定差距。同时社会上的志愿服务公益组织数量不多，力量较弱。

三是志愿服务活动工作的针对性不强。当前贵阳市的志愿服务活动的针对性还相对较低，对志愿服务活动的帮扶对象和对志愿者的需求情况了解相对较少，在帮扶对象的真实需求和对志愿者的能力特长匹配方面仍有待加强。

四是志愿者培训与激励机制尚需完善。近年来，贵阳市虽然已经陆续开展了一些针对志愿者的相关培训，但是培训只是停留在短期性与针对性上。对于志愿者应具备的基本素质、服务艺术及综合技能方面缺乏系统深入的培训，专业化培训有待进一步增强。另外对于志愿者的激励回馈机制仍然缺乏。

五是活动资金来源单一。目前，贵阳市的大部分志愿服务组织都是在政府或准政府的扶持与推动下形成的，志愿服务活动大部分需要政府拨款，只有少部分来源于企业的捐款，造成了志愿服务活动资金有限，同时也影响了志愿者本身的参与热情，从而使活动效果受到影响。

12.3 贵阳市志愿服务现状

12.3.1 志愿者参加志愿活动时长

在“您过去一年提供了多少小时的志愿服务”问题中，757 人的志愿服务时长约为 70.6 小时。从表 12－2 中可以得到最少的服务时长是 1 小时，最多的服务时长是 2000 小时，个体之间志愿服务时长悬殊较大，使得数据波动较大。

表 12－2 贵阳市志愿者过去一年提供的平均志愿服务时长

变量名	观测值	平均时长	最小值	最大值
过去一年服务时长	757	70.60	1	2000

志愿服务从组织方式上，可以分为有组织的志愿服务和无组织志愿活动。757 个样本中，志愿者参与政府组织的志愿活动时长平均是 20.84 小时，占总的志愿服务时长 29.51%；参与非政府组织的志愿服务平均时长是 33.65 小时，占总的志愿服务时长 47.66%；参与无组织行动的志愿服务时长是 16.11 小时，占总的志愿服务时长 22.82%。在不同组织中，志愿者参与非政府组织的志愿服务的平均时长最长。

表 12－3 不同组织下贵阳市志愿者过去一年提供的平均志愿服务时长

变量名	观测值	平均时长	最小值	最大值
政府组织	757	20.84	0	720
非政府组织	757	33.65	0	1493.20
无组织	757	16.11	0	957.81

此外，根据志愿服务内容的不同，志愿服务时长可以分为普通志愿服务时长和专业志愿服务时长。757 个观测值中，志愿者的普通志愿服务时长平均时长是 44.70 小时，最少服务时长是 0 小时，最多服务时长是 2000 小时；普通志愿服务时长与专业志愿服务相对应，志愿者的专业志愿服务时长平均时长是 25.91 小时，最少服务时长是 0 小时，最多服务时长是 1700 小时。可以看出普通服务时长大于专业服务时长。

表 12-4 不同专业下贵阳市志愿者过去一年提供的志愿服务时长

变量名	观测值	平均时长	最小值	最大值
普通志愿服务时长	757	44.70	0	2000
专业志愿服务时长	757	25.91	0	1700

12.3.2 志愿者群体基本特征描述

一、参与者性别

在回收的928份问卷中，923人回答了性别，其中女性志愿者是515人，占55.89%，男性志愿者为408人，占44.29%。由此可以看出，女性志愿者参与人数高于男性。

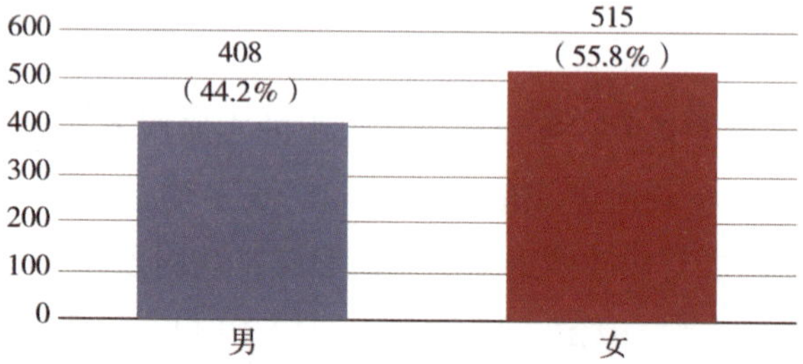

图 12-1 参与调查的志愿者性别分布情况

二、从参与者年龄分布看

在分析志愿者年龄结构过程中，将调查对象的年龄分成六个组：20岁以下、20—30岁、30—40岁、40—50岁、50—60岁、60岁以上，依次所占比例是13.36%、69.72%、8.41%、5.17%、2.26%、1.08%，其中20—30年龄段的人数占到69.72%，20岁以下比重是13.36%，年轻化是贵阳市志愿者群体的一个特点，志愿服务为青年人提供了锻炼和成长的机会。同时，志愿者队伍的年轻化为志愿服务提供了旺盛的生命力和广阔的发展前景。但该数据也反映出，虽然志愿者的年龄在各个年龄层次都有分布，但是20岁以上的志愿者所占比例很小。

三、志愿者学历分布

参与问卷调查的志愿者人群中，小学文化的志愿者占0.54%，初中学历的志愿者占4.09%，高中学历的志愿者占9.48%，大学专科学历的志愿者占13.90%，大学本科及以上的志愿者占71.99%。因此，大学学历的志愿者成了志愿活动的主力军，这也为贵阳市志愿者服务的质量的提高提供了一个良好基础。从图12-4可以推测出贵阳市志愿者有1/2的志愿者是在校大学生。这也证实了学历分布中以大学本科及以上学历的志愿者为主。

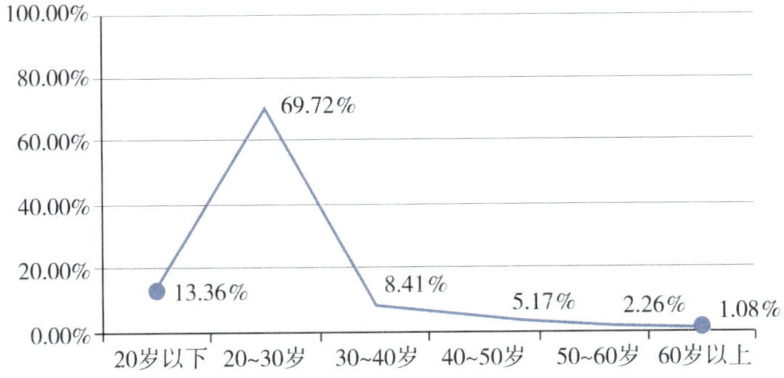

图 12-2　参与调查的志愿者年龄分布情况

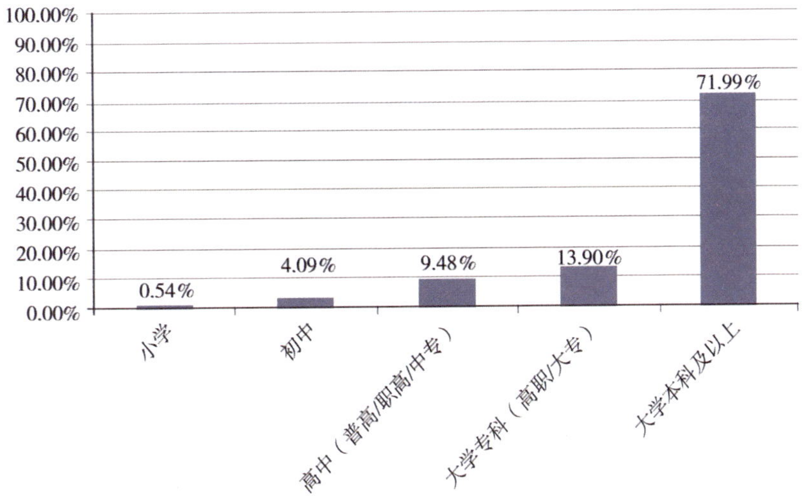

图 12-3　参与调查的志愿者学历分布情况

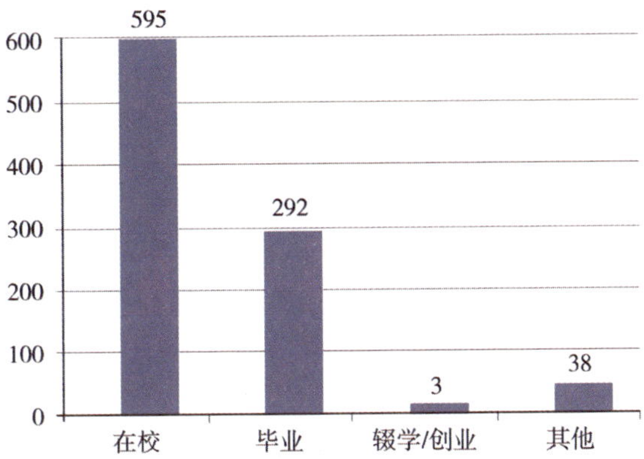

图 12-4　参与调查的志愿者在校与否状态分布

四、政治面貌

从参与者政治面貌来看，中共党员、预备党员、共青团员、民主党派及无党派和群众依次所占比例为12.39%、4.85%、65.19%、0.54%和17.03%。共青团员所占比重最大，其次是群众，再次之是中共党员、预备党员和民主党派及无党派人士。共青团成了志愿者团体的主力军。不得不说，这也受我国的志愿服务动员系统的影响。我国志愿服务工作主要归口是共青团，说明我国志愿服务工作开展，带有一定的行政因素即志愿服务是一种自上而下的动员过程。与西方国家自下而上的发展路径相比，我国这种发展模式囿于本国社会“大政府、小社会”的特点。但在这种模式反作用于社会，社会领域也在孕育当中。从结果看，志愿服务中的群众也发挥了重要作用，回收的问卷中，有17.03%志愿者是群众，多于党员和预备党员。

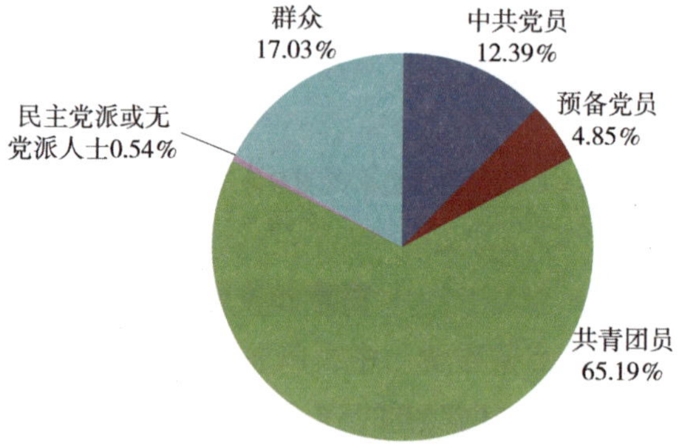

图12－5　参与调查的志愿者政治面貌分布情况

五、参与者的工作

在回收的928份有效问卷中，参与调查的志愿者中有工作的是288人，占31.03%；没有工作的有640人，占68.97%。从288位“有工作”志愿者的工作类型上看，他们的工作单位类型涉及政府部门、事业单位、国有企业、集体企业、私营企业、外商投资企业、港澳台投资企业、非政府组织、军队、个人经营和其他。事业单位的志愿者人数最多，占到回收问卷量的33.68%；其次是军队，所占比重是18.75%；政府部门，占15.97%；私营企业占15.28%，国企占6.25%；非营利非政府组织占5.21%；集体企业占3.13%；外商投资企业占1.39%；港澳台投资企业占0.35%。由于我国的志愿服务发展路径是“自上而下”，体制内的人员被动员参与志愿活动的可能性更大。

表 12－5　参与调查的志愿者是否有工作

是否有工作	频数	比例（%）
是	288	31.03
否	640	68.97
总计	928	100

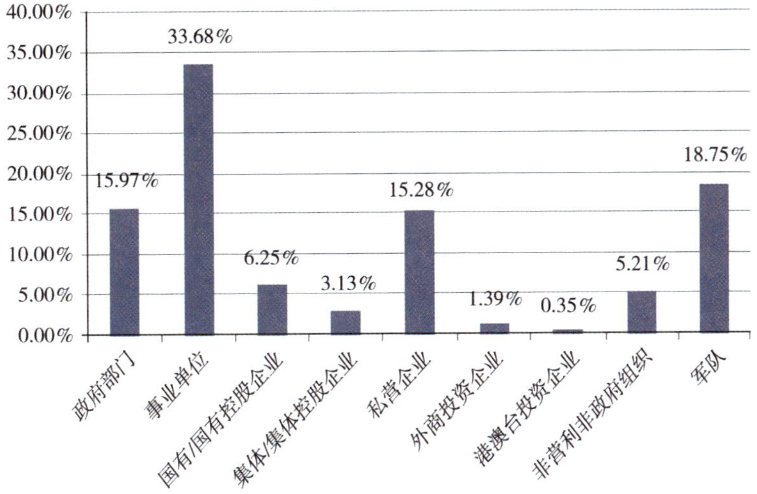

图 12－6　参与调查的志愿者工作分布情况

12.3.3　参与志愿服务行动的基本情况分析

一、第一次志愿服务的途径

在贵阳市参与调查的 928 人中，553 人第一次的志愿服务是自愿行动；122 人第一次志愿活动是在领导要求和单位的安排下参加的；77 人第一次参加志愿活动是在社区带动下；74 人在亲友、家人及同事带动下参加的。除此之外，受街头宣传、媒体广告等其他原因影响，参加志愿活动的志愿者中半数以上是自愿参加志愿活动，说明在一定程度上这些志愿者有较高的社会责任意识，会主动地承担社会责任，公民意识较高。

二、促使自己参加志愿服务的意图

在促使自己参加志愿活动的动力中，希望帮助他人的调查对象频数是 812 人，为了让生活更充实的人有 579 人，发挥自己的经验和技能的人有 472 人，为了增加社会见识的人有 470 人。服从领导安排、给孩子好的影响、有助于升学和找工作等原因也是人们参加志愿活动的原因。可以看出，人们参加志愿活动更多的是为

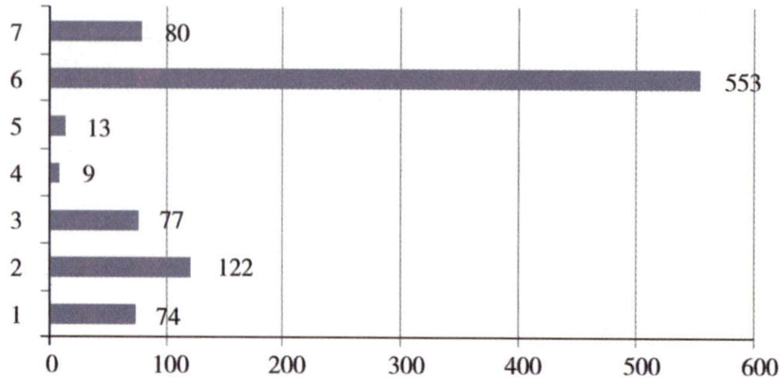

图 12－7　参与调查的志愿者第一次参与志愿活动途径的分布

注：1＝家人/亲友/同事带动；2＝领导要求/单位统一安排；3＝社区组织动员；4＝被街头宣传吸引；5＝受媒体广告影响；6＝自愿行动；7＝其他。

了精神层面的追求。志愿服务可以使得人们在志愿活动中得到精神满足和充实，获得一种心灵体验，同时也是志愿者社会价值的体现。

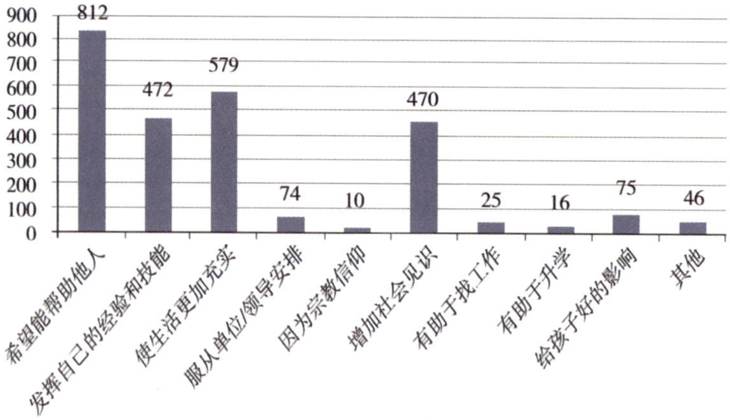

图 12－8　促使志愿者参加志愿活动的动力因素分布情况

注：该题是多项选择题。

三、参与志愿服务信息获得的途径

在参与信息获得的渠道上，回收的问卷里有 547 人是通过网络搜集志愿信息，成为人们获得信息的主要渠道；其次是 388 人是通过报纸、电台等传统媒体获得志愿信息；357 人是通过本单位相关部门获得志愿信息；336 人是通过微博、微信等新媒体获得志愿信息。同时，166 人是通过熟人之间的传播获得信息，156 人是通过村（居）委会获得志愿信息。由于网络媒体信息技术的发展，人们不论是在生活还是获取信息上，网络成为人们必不可少的媒介。在网络技术的基础上，随着新型媒体的出现，成为人们获取信息的主要平台。但不可否认的是，贵阳市属于我国的西部地区，经济、社会等方面与东部地区比起来，发展程度较低，这使得报纸、电台、电视等传统媒介在志愿者宣传方面仍然起着重要作用。

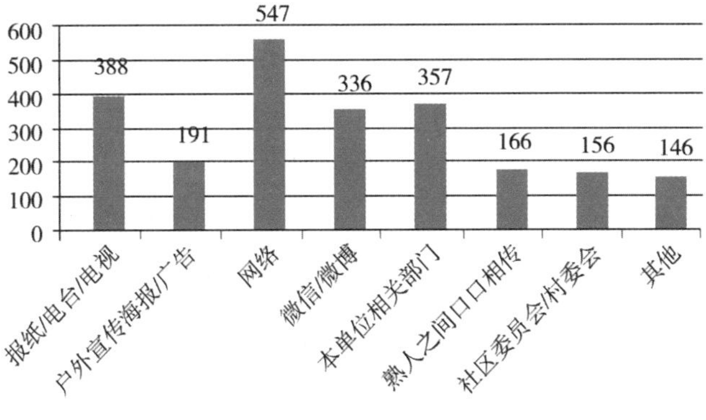

图 12－9　参与调查的志愿者获得志愿服务信息的途径分布情况

注：该题是多项选择题。

四、参加的志愿服务类型

从志愿者的志愿服务类型上看，向陌生人提供临时帮助人数最多，有 418 人；“邻里守望”是 265 人；照顾朋友和非直系亲属有 254 人；教育健康医疗服务有 183 人；此外，还有动植物保护有 216 人，信息法律咨询、赛会服务等都是 100 余人。

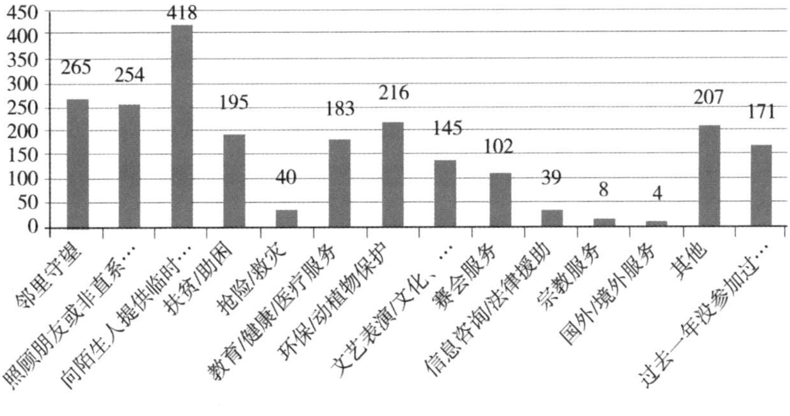

图 12－10　参与调查的志愿者参加过的志愿服务分布情况

注：该题是多项选择题。

五、参加过有组织（政府、非政府）志愿服务得到补贴和承担的费用

因志愿者参加有组织的志愿活动，有 246 人没有承担费用，287 人承担过 100 元以下的费用，168 人承担过 100—500 元的费用，42 人承担过 500—1000 元的费用，12 人承担过 1000—5000 元的费用，2 人承担过 5000—1 万元的费用。没有得到补贴人数最多有 642 人，得到 100 元以下补贴的人数有 56 人，得到 100—500 元

补贴的人数有39人，得到500—1000元补贴的人数有10人，得到1000—5000元费用的人数有8人，得到1万—5万元费用的人数有1人，得到5万元补贴人数有1人。由此可以看出，自己承担费用的人数远大于得到补贴的人数。虽然志愿服务是一种不以营利为目的的行动，但为了鼓励大家参加志愿活动，促进志愿活动能够持久，提供一定的补贴，给予一定的鼓励也是必要的。

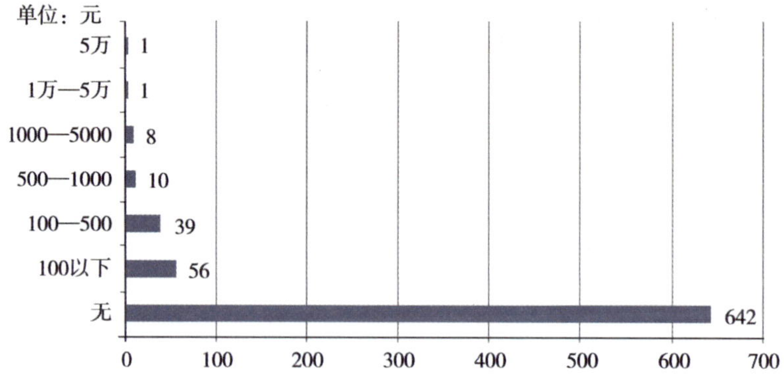

图12－11　参与调查的志愿者得到补贴分布

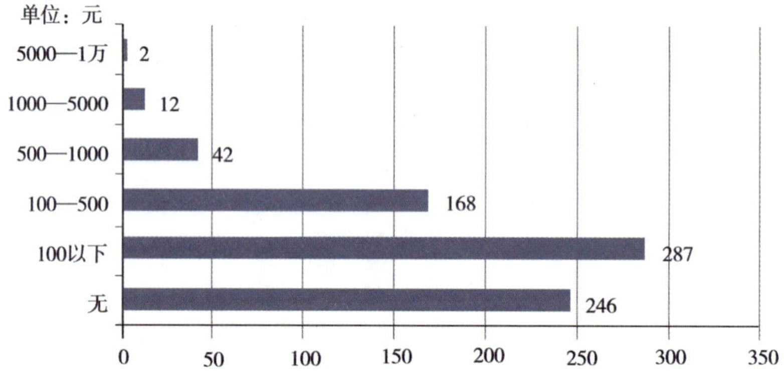

图12－12　参与调查的志愿者承担的费用分布

六、志愿服务中最看重的收获

在“您参加志愿服务，最看重哪方面收获”的问题中，有421人是回答是“心情愉悦，自我满足”，199人的回答是“认识更多的朋友”，134人的回答“获得服务对象的衷心感谢”，66人是为了获得更好的发展机会。此外，还有的志愿者是为了荣誉证书和获得亲朋好友的赞许等其他原因。从这些回答中，可以看出，人们参加志愿活动更多的是出于精神层面的需求。

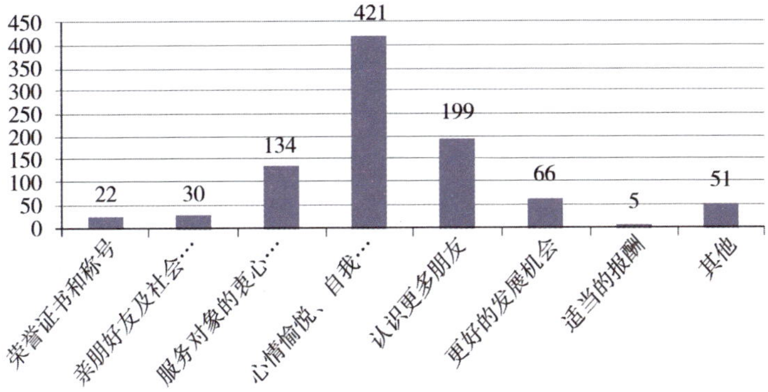

图 12－13　参与调查的志愿者在志愿服务中最看重的收获分布情况

七、对志愿服务的评价

表 12－6　参与调查志愿者对志愿活动的评价

	每次都有	多数有	少数有	从来没有
被告知志愿服务内容和要求	409	190	121	37
	54.03%	25.10%	15.98%	4.89%
与志愿组织签订书面协定	71	90	175	421
	9.38%	11.89%	23.12%	55.61%
为志愿服务提供必要的知识和技能	138	202	261	156
	18.23%	26.68%	34.48%	20.61%
对志愿者工作进行监督和指导	183	217	212	145
	24.17%	28.67%	28.01%	19.15%
提供必要的安全保障和医疗条件	188	215	208	146
	24.83%	28.40%	27.48%	19.29%
提供人身保险和费用补贴	78	125	239	315
	10.30%	16.51%	31.57%	41.61%
对志愿工作评估和激励	172	228	231	126
	22.72%	30.12%	30.52%	16.64%
记录志愿服务时长或认证	158	181	208	210
	20.87%	23.91%	27.48%	27.74%
征询意见改进志愿服务	170	236	242	109
	22.46%	31.18%	31.97%	14.40%

以上问题是关于参加过的志愿服务活动的评价，关于“在参加志愿服务是否被告知志愿服务的内容和要求”，对于该回答有54.03%（409人）回答是“每次都有”，25.10%（190人）回答“多数有”，15.98%（121人）回答“少数有”，4.89%（37人）回答“从来没有”。可以看出大多数的志愿活动还是保障了志愿者对活动的知情权。

与志愿组织签订书面协议，对于该回答，9.38%（71人）回答是“每次都有”，11.89%（90人）回答“多数有”，23.12%（175人）回答“少数有”，55.61%（421人）回答“从来没有”。签订书面协议保障的是志愿者的利益和权益。从调查来看，1/2以上的调查者没有签过相关的协议。

在志愿服务中，提供相关的必要的知识和技能是提升志愿服务质量的必要条件之一。关于“参与志愿活动提供给必要的知识和技能”的调查中，18.23%（138人）的调查对象回答“每次都有”；26.68%（202人）的人回答“多数有”，34.48%（261人）认为“少数有”，20.61%（156人）认为“从来没有”。说明，志愿服务在提供必要知识和技能方面的服务还有待完善。

在谈到“对志愿者工作进行监督和指导”的问题时，24.17%（183人）回答“每次都有”，28.67%（217人）的调查对象认为“多数有”，28.01%（212人）回答“少数有”，19.15%（145人）回答“从来没有”。志愿服务在我国算是一种新事物，各个方面还不够完善，而鼓励志愿者对志愿工作进行监督和指导也是完善志愿服务的途径。

安全保障和医疗提供涉及志愿者生命安全，关于志愿活动是否提供必要的安全保障和医疗条件的问题，24.83%（188人）的调查对象回答“每次都有”；28.40%（215人）的人回答“多数有”，27.48%（208人）认为“少数有”，19.29%（146人）认为“从来没有”。可以看出，有1/4的志愿者每次都得到了相关的保障，而3/4的志愿者并不是每次都能得到。

在谈到“志愿活动是否提供人身保险和费用补贴”的问题时，10.30%（78人）回答“每次都有”，16.51%（125人）的调查对象认为“多数有”，31.57%（239人）回答“少数有”，41.61%（315人）回答“从来没有”。人身保险和费用补贴关乎志愿者的切身利益，1/2以上的志愿者，并没有得到或是少数得到相关的费用补贴，这说明目前贵阳市的保障志愿者权益的相关体系还有很大的提升空间。

在对志愿服务过程中是否对志愿工作评估和激励问题中，22.72%（172人）认为“每次都有”，30.12%（228人）认为“多数有”，30.52%（231人）认为“少数有”，16.64%（126人）认为“从来没有”。志愿评估和激励工作是下一步提升志愿服务的必要步骤，如果只是着眼于当前，那么志愿服务只会停滞不前。而从以上数据看，有将近一半的志愿者认为相关服务并没有或很少有相关的工作。

在谈到“是否记录志愿服务时长或认证”的问题时，20.87%（158人）回答“每次都有”，23.91%（181人）的调查对象认为“多数有”，27.48%（208人）回答“少数有”，27.74%（210人）回答“从来没有”。1/2以上的志愿者的服务并没有得到完全的认证，这些志愿者的服务价值被忽略。志愿服务时长代表志愿者创造的社会价值，如果不能有效记录志愿服务时长，这样对志愿服务的社会价值很难估计，从而也就没法估算志愿服务对经济和社会的影响，从而也会影响到国家政策的调整和修改。

关于“志愿活动主办方是否征询意见改进志愿服务”的问题，22.46%（170人）的调查对象回答“每次都有”；31.18%（236人）的人回答“多数有”，31.97%（242人）认为“少数有”，14.40%（109人）认为“从来没有”。

12.3.4 志愿价值服务测度

志愿服务时长是价值测算的关键内容，因为这既是志愿者最重要的投入，也是志愿服务经济价值的主要衡量指标。国际上对志愿服务价值测量主要采用两种方式：机会成本法①和重置成本法②。在本报告中，采用的是重置成本法。因为，从数据的可得性和测算的合理性上，倾向于选择重置成本法。

表12－7 行业平均小时工资（元/小时）（2015年）

指　　标	平均工资数
农、林、牧、渔业	24.04
采矿业	24.75
制造业	26.01
电力、热力、燃气及水生产和供应业	36.45
建筑业	23.92
批发和零售业	28.78
交通运输、仓储和邮政业	32.75
住宿和餐饮业	18.60

① 机会成本法，是根据志愿者的本职工资，计算如果将参与志愿服务的时间，用来做本职工作能够获得的收入，即参与志愿服务放弃的机会成本。

② 重置成本法是根据市场上同类有偿劳动的报酬来进行计算，通常取同类职业的平均工资，或者本地职工平均工资。

续表

指　　标	平均工资数
信息传输、软件和信息技术服务业	40.48
金融业	61.80
房地产业	24.17
租赁和商务服务业	24.15
科学研究和技术服务业	32.17
水利、环境和公共设施管理业	18.17
居民服务、修理和其他服务业	17.76
教　育	32.13
卫生和社会工作	33.76
文化、体育和娱乐业	28.63
公共管理、社会保障和社会组织	30.69

注：数据来源于贵州省统计局 http：//www.gz.stats.gov.cn/Web62/News/20160520/29736.htm。2015 年各行业平均工资按照年工作天数 250 天、每天工作时数 8 小时计算得出各行业每小时的工资数。

表 12－8　贵阳市志愿服务经济价值（亿元）

项　目	2015 年参加志愿活动的志愿者人数	小时工资（元）	志愿时长（小时）	总计（亿元）
普通志愿服务价值	666127	17.76	44.7	5.2
专业志愿服务价值	666127	31.47	25.91	5.4
贵阳市志愿服务价值	10.6			

注：贵阳市志愿服务价值＝普通志愿服务价值＋专业志愿服务价值。志愿服务价值＝志愿者人数×人均志愿时长（小时）×平均工资（元/小时）。普通志愿服务价值参考居民服务的平均工资数。专业志愿服务价值参考科学研究、水利环境、教育、卫生、文化和公共管理五个行业总的平均工资。

由表 12－8 可知，贵阳市 2015 年的普通志愿服务时长所创造的经济价值有 5.2 亿元，专业志愿服务时长的经济价值有 5.4 亿元，2015 年参加过志愿者活动的志愿者创造了大约 10.6 亿元的经济价值，占地区生产总值①的 0.4%。

① 数据来源：贵阳市统计局网站，2015 年 GDP 是 2891.16 亿元。

12.4 贵阳志愿服务案例

12.4.1 绿丝带爱心银行：储存爱心、支取帮助

“绿丝带爱心银行”是一个“存储爱心、支取帮助”的志愿服务平台，通过社区居民或企事业单位参加志愿服务或捐赠钱物帮助他人，志愿者可以申办“爱心储户”，将自己提供的志愿服务折合为“爱心值”在“银行”储蓄起来，也可以在“爱心银行”支取自己所需的帮助或物品，以储蓄兑换服务，从而达到“社区服务居民，居民反哺社区”的目标。

截至目前，全市共有47个爱心银行。储户由社区居民、商户、群团组织、辖区企事业单位人员、中小学生、流动党员及自愿从事志愿服务的其他人群组成，年龄范围上至80多岁的老人，下至10多岁的小孩。

一、“爱心银行”简介

2013年，贵阳市世纪城社区等城市社区，借用“银行”这一概念，创新设立“绿丝带”爱心银行，开展以“储存爱心、支取帮助”为宗旨的志愿服务活动，社区志愿者通过领取“爱心储值卡”，即志愿服务卡，在社区里提供志愿服务或捐赠物资。“爱心储值卡”将详细记录志愿者每次服务的时间、地点、内容和每次捐助物资及现金价值，并进行量化，据此还对志愿者进行一至五星级别的评定。志愿者将自己提供的志愿服务存入“爱心储蓄银行”，当自己需要帮助时，可以消耗储蓄积分来“支取”别人的帮助，获取公益反哺服务。

社区有专门设置的“绿丝带”志愿者协会兼“绿丝带”爱心银行办公室，作为接受咨询、查询积分、领取任务、支取帮助、存放资料以及其他日常管理的相对独立、固定的场所。“银行”设行长、副行长各一名，分别由社区党委和服务中心负责人担任，同时设专职管理员一名，专职管理员在社区党委的领导下专门负责“爱心银行”的日常工作。爱心银行下设爱心互助协会、大型活动综合服务协会、法律援助协会、环保志愿者协会、环境卫生协会、交通秩序督导协会、教育服务协会、群防群治协会、消防志愿者协会、医疗卫生协会等多个志愿服务分会。

二、“爱心银行”的特点

1. 创新的志愿服务模式。“爱心银行”这种新型的志愿服务模式，能充分调动广大居民、团体参加志愿服务的积极性，有效地整合了社区资源，使居民、团体积极参与到社区的建设和服务中来，充实了社区公共服务体系。通过柔性化管

理凝聚志愿者的智慧和力量，解决了社区服务职能难以触及的一些社会难题，如交通劝导、引导树立文明行为、关爱空巢老人等；降低了社会管理成本，提高了城市社区的自治能力。小小的“爱心银行”，实现了“搭建小支点、撬动大服务”的目标。

2. 成熟的管理流程。志愿者或团体作为“爱心储户”，申请加入“绿丝带”爱心银行即可领取“爱心银行卡”，通过详细记录“爱心储户”每次服务的时间、地点、内容或每次捐助物资及现金的价值，兑换成爱心积分存入卡中，实现爱心的储蓄。“爱心银行”和一般银行一样，可储蓄，也可支取，“储户”可以按自己的需求支取积分兑换服务：可按照家政服务 50 分/次、家教 50 分/次、送医 50 分/次、电脑培训 10 分/次、心理咨询 10 分/次、免费公交 3 分/次等兑换标准，消耗积分兑换相应的公益反哺服务项目。

12. 4. 2 贵阳市众益志愿者服务发展中心

一、概况

贵阳市众益志愿者服务发展中心（以后简称中心）是 2011 年在贵阳市民政局注册成立的一个民办非企业单位，致力于社会组织发展和志愿者培养。中心希望建立起一个本土社区工作者的培养支持平台，践行人人公益、全城一家、群策群力、知行合一的公益理念；通过帮助本土公益组织提升自身能力，以适应社会多元化需求，从而实现人人公益的目标。

中心的主要工作是开展志愿服务工作的研究、开发与培训，组织国内外及港澳台地区的志愿服务工作交流与合作，为本土社会组织、志愿者服务组织专业化的培育和成长提供支持，提升社会服务项目的资源动员和管理能力。

中心长期开展关爱农民工子女、留守儿童等志愿服务活动，与联合国妇女署在贵州地区开展拾荒妇女卫生健康项目，以及与壹基金等公益基金会合作开展项目工作。曾获“贵州省优秀志愿服务组织”“贵阳市志愿服务工作先进单位”等荣誉称号，是贵阳市“3A”级社会组织。

二、机构特点

1. 完善的工作人员学习制度。中心建立了完善的员工培训学习制度。新员工由老员工持续三个月带着学习相关理论和行业动态，并进行实战演练，使得新员工能快速掌握中心的业务、了解行业发展现状。老员工会每年参加不定期的相关专业培训，根据不同部门的工作性质，制订部门外出学习计划。此外，每个星期还召开各个部门的项目进度会，让全员都对项目进展有全面的了解，针对出现的问题可以及时得到解决。

2015—2016 年间，中心项目部（灾害管理方向）先后参加了由香港壹基金主办的关于“政府救灾体系流程”的学习，培训会邀请了国家行政学院、云南省疾控中心、贵州省民政厅救灾处等相关政府部门的专家进行授课，对政府的救灾流程、应急机制进行了深入学习，明确了民间组织在救灾行动中以查余补漏、做政府救灾的补充这个角色定位，了解了民间救灾的 4 个基本原则：一是政府主导，统筹协调；二是鼓励支持，引导规范；三是效率优先，就近就便；四是自愿参与，自助为主。2016 年中心还参与了由 IAEM 主办的国际应急管理培训，学习借鉴国际上通用的应急管理知识。

2. 加强合作，搭建完善的公益组织发展支持体系。单一的志愿者服务工作能解决的社会问题少之又少，通过支持民间公益组织的成长，可以让不同的公益组织有能力去服务社会多元化的需求。自 2013 年起，中心联合深圳壹基金公益基金会，利用自身多年的支持公益组织的经验，与全国其他 14 个省一起推动成立了 15 个省级联合救灾网络，统筹资金和防灾物资，采取能力建设支持、提前防灾、属地原则、联合行动的方式，对中小型、特大自然灾害分别建立应急机制，增强各省民间救灾网络的综合行动力，更好地应对各类自然灾害，保障受灾同胞生活。截至 2016 年 10 月 16 日，通过中心支持的联合救灾网络已经在全国开展了 87 次救灾行动，受益人群超过 100 万人次，参与的组织达 500 多家。

3. 发挥创新能力，根据儿童多元化需求开发相应产品。针对每年灾后、凝冻山区儿童生活和心理需求，中心搭建了一个社会力量参与公益的平台，与壹基金联合各省民间机构、志愿者、媒体、爱心企业和社会公众一起，开发了“温暖包”这一公益产品。通过发放温暖包的方式，推动民间力量参与重大灾害和中小型灾害救援，根据受灾害影响儿童的应急生活和心理关怀的需求，帮助儿童有尊严地、安全地度过灾后生活。

2011—2012 年，共有 12 省 205 县 29789 名受凝冻灾害影响的儿童和 4 省 18 县 10436 名孤儿收到温暖包平安过冬；2013 年 11 月至 2014 年 3 月，共计 16 省 264 个区县 64585 名受灾害影响的困境儿童收到温暖包；2014 年，通过发放温暖包共计帮助 14 个省 65000 名（包括对鲁甸地震灾区单独投放了 15000 个冬季温暖包）受凝冻、洪灾、风雹、地震等中小型灾害影响的困境儿童、孤儿、事实孤儿；2015 年包括贵州省在内的全国 21 个省/自治区，181 个地州市，593 个区县，1330 个乡镇，2073 个学校，全国共计有 55561 名儿童受益。全国累计有 10497 名志愿者、1452 家组织/社团参与到 2015 冬春救助的联合行动，电视、报纸等传统媒体共计报道 717 次。

4. 提供多样的志愿服务项目。通过不同项目响应政府号召，关爱妇女健康、关注流动儿童，为城市流动人口公共服务均等化助力。中心通过同联合国妇女署，针对贵阳市拾荒妇女开展了健康与卫生项目活动，项目活动联合了贵阳市卫生局、贵阳市红十字会、各区县的相关部门、高校专家及高校志愿者，在贵阳市云岩区和南明区为非正规就业的妇女，开展了卫生健康培训工作，并给近500位妇女发放了卫生用品等物资。同期，中心还与基金会合作，开展“贵州省三马社区农民子女教育”项目。通过联合社会爱心人士、贵阳市文明办、贵阳市志愿者协会、云岩区教育局、贵州各类高校社区组织及志愿者们，为三桥马王庙的近2万个农民子女提供兴趣课程，如美术课、音乐课、城市生计课程等，透过这些课程增强进城务工人员子女的自信心。

第13章　泰安志愿服务报告

13.1　城市基本情况

泰安位于山东省中部的泰山南麓，东邻莱芜市、淄博市、临沂市，南连济宁市，西隔黄河与聊城市、河南省濮阳市相望，北以泰山与济南市为界。总面积7762平方千米，下辖泰山区、岱岳区、新泰市、肥城市、宁阳县、东平县6个县（市、区），包括88个乡、镇、办事处，其中有城市社区157个，行政村3577个。

2015年年末，泰安市常住人口560.08万人，比2014年年末增长0.35%。其中城镇人口319.47万人，增长4.03%。[①]

2015年，泰安市全市实现生产总值（GDP）3158.4亿元，按可比价格计算（下同），比2014年增长8.1%，全年增速保持稳定。其中，第一产业增加值269.1亿元，增长4.1%；第二产业增加值1461.8亿元，增长7.2%；第三产业增加值1427.5亿元，增长9.9%；第一、二、三产业结构由2014年的8.7：47.6：43.7调整为8.5：46.3：45.2。人均生产总值56490元，比2014年增长7.7%。

城乡居民可支配收入21377元，比2014年增长8.9%；生活消费支出12904元，增长10.1%。其中，城镇居民人均可支配收入28132元，增长8.0%；人均生活消费支出16524元，增长10.6%；农村居民人均可支配收入13322元，增长9.5%，人均生活消费支出8588元，增长7.7%。

---

① 泰安市统计局　国家统计局泰安调查队官方网站公布的《2015年泰安市国民经济和社会发展统计公报》。

13.2 泰安市志愿服务发展概况

13.2.1 主要内容

泰安市从2011年起提出了“菜单式”志愿服务模式，探索建立了“备菜、点菜、送菜、评菜”四项制度，推行“你点我供”的精细化运作，实现志愿服务规范有序。目前，泰安市志愿服务“菜单”提供涉及医疗卫生保健、就业指导、法律援助、心理咨询疏导、文艺体育、助老助残、科技普及、应急救援等12大类、126个类别的专业服务，基本涵盖了群众需求的各个方面。

13.2.2 服务平台

一是积极推动志愿服务组织项目化运作。泰安市每年举办志愿服务组织新春座谈会，专门安排资深志愿者介绍项目化运作经验。在各类志愿服务培训班上，安排志愿服务项目方面的培训，重点培训志愿服务组织负责人，提高项目策划和执行能力。大力推广优秀项目，提供项目资金。如开展“4个100”评选表彰活动，评选出30个最佳志愿服务项目，通过平面和网络媒体对各个项目进行了集中宣传。开展首届“文明泰山、创益泰安”青年公益创投大赛，对20个优秀志愿服务项目颁发2万—4万元的项目资金。

二是优化志愿服务的政策环境。2012年以来，泰安市先后制定出台了《关于促进社会组织发展的意见》等13个配套文件，全面加强社会组织建设顶层设计，从培育、成立到管理、服务、扶持等各方面建立起了系统化的社会组织发展政策支撑，为各类公益性、志愿服务类社会组织的发展注入强劲的动力。

三是鼓励和支持志愿服务专业队伍建设。推动各类具有专业服务职能的行业成立志愿服务队；吸收有专业技能的志愿者加入“菜单式”志愿者名录；鼓励各类社会组织成立特色志愿服务队。近年来，涌现出了一批优秀组织，如泰山救援队以其专业的救援能力，多次应邀赴各地参加地震灾害救援。

四是推进志愿服务扎根社区。泰安市制订印发了《泰安市邻里守望志愿服务活动方案》，以社区为载体，以社区志愿服务站为抓手，引导社区居民广泛开展“邻里守望”志愿服务活动。

五是推进志愿服务信息化管理。泰安市积极推广“志愿云”系统，动员志愿者和志愿服务团队通过“志愿云”系统进行注册，并通过“志愿云”系统实现对志愿者的信息整合和有效管理。

六是引导在职党员参与志愿者活动。通过广泛宣传动员，引导社区党员、机关党员主动到社区登记报到；通过创新组建模式，实现社区党员管理“系统化”。在社区设立党员志愿服务站，组建党员志愿者服务小队。推行党员领岗任责，根据党员的职业特点和服务意愿，为各类在职党员分别设置不同的“泰山先锋”服务岗位，党员自愿申报认领服务岗位；推动建立保障机制，推动党员志愿服务“长效化”。

七是加强志愿服务培训工作。通过加强志愿服务培训基地建设，多层次、多角度地培训提升志愿服务专业化水平。建立志愿服务培训基地，根据社会需要和志愿者的要求，广泛开展专业化的志愿服务培训。重点加强对志愿者带头人的培训、对志愿服务工作者的培训，对大型活动志愿者开展服务技能培训。

八是探索建立系统可行的嘉许回馈制度。加强生活方面的关心，每年免费为优秀志愿者体检，对家庭困难的志愿者进行帮扶。加强政治方面的关怀，通过在全市宣传思想工作会议隆重为优秀志愿者颁奖等；加强工作方面的支持，有关部门和市志愿服务联合会对各志愿服务组织开展的活动，尽可能地提供便利条件。加强形象方面的维护，要求志愿组织和志愿者严格自律，加强监督，对假冒志愿者组织谋利的，进行曝光，维护志愿服务的声誉。

13.2.3 发展成效

目前，泰安市的志愿服务已经取得了积极的发展成效。据不完全统计，2015年度，全市开展各种志愿服务活动2.8万多次，受益群众360万余人次。截至2016年4月，全市各类志愿服务组织已发展到近6000个，其中，带头人是中共党员的志愿服务组织4048个，“泰山巾帼志愿者”服务队1406支，基层志愿服务平台4824个，已注册等志愿者达到42.9万人。其中，巾帼志愿者1.8万余名，青年志愿者6.2万余人，3.8万名在职党员到社区报到。泰安市城区注册志愿者人数占常住人口的比例达到15.3%。[①]

13.2.4 经验与问题

泰安市志愿服务在发展和实践过程中积累了不少有益的经验：

一是通过制度建设为志愿服务提供有力保障。泰安市市县两级为志愿服务的各方面的工作制定了标准要求，出台了一系列制度规定，为志愿服务工作的顺利

① 《泰安市推进学雷锋志愿服务制度化的调研报告》2016.04.27。

推进，达到规范化、常态化、长效化提供了依据、遵循和保障。

二是发扬良好传统，推动群众广泛参与。泰安市的志愿服务具有良好的传统，在群众中已形成良好的互帮互助、互相关爱、扶危济困、奉献爱心的传统习惯。在农村和社区，活跃着大量的志愿者，帮事团等群众组织，群众的志愿服务意识得到激发，进而推动了群众广泛参与志愿服务活动。

在工作推进过程中，也面临一些问题：

一是志愿者的回报与社会的尊重支持亟待提升。泰安市的很多志愿者从事志愿服务付出了大量的时间、精力、热情和智慧，其中一些志愿者还额外付出一些资金和物质，但是社会对他们付出对认知不够，部分群众对志愿服务还存在不了解、不信任、定位不准确等多重误区，或把志愿者当救世主，使志愿者承担他们不能承担的责任；或把志愿者当免费劳动力，使志愿者劳动不能得到社会充分等了解、理解和支持，一定程度上伤害了志愿者参与服务的积极性。

二是志愿服务队伍素质亟待提升。目前，志愿服务队伍的能力与社会发展需求不尽相称，高素质、高水平志愿者和规范、专业的志愿服务队伍较为匮乏，与社会发展对志愿服务的需求相脱节。总体上看，志愿者水平和专业性相对较低，部分志愿者只能够提供付出简单劳动力的服务，大量的组织停留在召集起来做好事的层面，志愿服务组织和志愿者整体上还存在“弱、小、散”的现象，在项目策划和执行力上比较弱，团队建设不够规范，组织管理比较松散。

三是志愿服务供应与需求脱节问题仍然突出，政府提供的服务与群众参与志愿服务的积极性不对称。从政府供给角度看，一般性的号召多，具体的指导帮助缺乏；从志愿者需求角度看，完善的制度保障和规范、便捷的平台能够提高志愿者参与意愿和积极性，也能保障志愿服务的规范发展和正当权益。目前看，志愿服务组织希望能够得到更多实在的支持，但实际操作中，政府在普及志愿精神、搭建志愿服务平台、完善制度建设等方面还有待改进，应为志愿服务提供更多刚性政策支持。

13.3 泰安市志愿服务现状

13.3.1 志愿者参加志愿活动时长

志愿服务时长是志愿者提供服务的时间长度。以志愿服务时长一小时作为计量单位，使得志愿服务有了量化标准。在“您过去一年提供了多少小时的志愿服务”问题中，637 个有效样本中，志愿者的平均志愿服务时长约为 93.81 小时。从表中可以得知，志愿者群体中，有的志愿者最短志愿服务时长是 1 小时，最长志愿服务时长是 2000 小时，个体之间志愿服务时长悬殊较大，使得数据波动较大。

表 13－1 泰安市志愿者过去一年提供的平均志愿服务时长

变量	观测值	平均时长	最小值	最大值
过去一年服务时长	637	93.81	1	2000

志愿服务从组织方式上，可以分为有组织的志愿服务和无组织志愿活动。有组织的志愿活动中根据组织主体的不同，可以分为政府组织的志愿活动和非政府组织的志愿活动。637 个样本中，志愿者参与政府组织的志愿活动时长平均是 24.29 小时；参与非政府组织的志愿服务平均时长是 40.78 小时；参与无组织行动的志愿服务平均时长是 28.74 小时。

表 13－2 泰安市志愿者过去一年提供的平均志愿服务时长

变量	观测值	平均时长	最小值	最大值
政府组织	637	24.29	0	1000
非政府组织	637	40.78	0	1736.04
无组织	637	28.74	0	1805.56

此外，根据志愿服务内容的不同，志愿服务时长可以分为普通志愿服务时长和专业志愿服务时长。637 个观测值中，志愿者的普通志愿服务时长平均时长是 55.86 小时，最短志愿服务时长是 0 小时，最长志愿服务时长是 1805.56 小时；普通志愿服务时长与专业志愿服务相对应，志愿者的专业志愿服务时长平均时长是 37.95 小时，最短服务时长是 0 小时，最长服务时长是 1300 小时。可以看出普通服务时长大于专业服务时长。

表 13－3 不同专业下志愿者提供的志愿服务时长

变量	观测值	平均时长（小时）	最小值	最大值
普通志愿服务时长	637	55.86	0	1805.56
专业志愿服务时长	637	37.95	0	1300

13.3.2 志愿者群体基本特征描述

一、参与者性别分布情况

在有效的753个样本中，男性志愿者是399人，占调查总人数的52.99%；女性志愿者354人，占调查总数的47.01%。由此得出，男性志愿者人数高于女性志愿者。

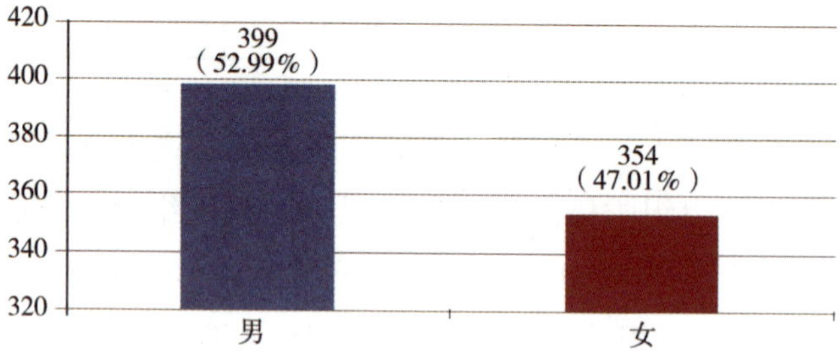

图13－1 参与调查的志愿者性别分布情况

二、参与者从参与者年龄分布看

在分析志愿者年龄结构过程中，将调查对象的年龄分成六个组：20岁以下、20—30岁、30—40岁、40—50岁、50—60岁、60岁以上，依次所占比例是26.05%、24.48%、26.70%、16.49%、4.19%、2.09%。20岁以下、20—30岁、30—40岁，这三个年龄阶段的志愿者所占比例相近，是泰安市志愿者群体的主要组成部分。40岁以上志愿者，随着年龄的增大，志愿者参与人数逐渐递减。

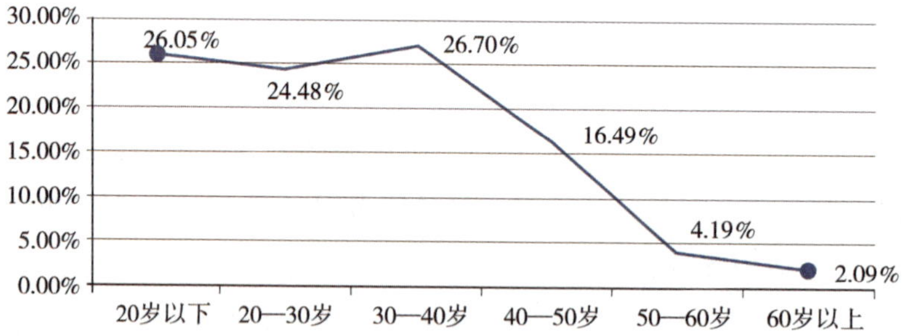

图13－2 参与调查的志愿者年龄分布情况

三、参与者学历分布

参与问卷调查的志愿者人群中，小学文化的志愿者占2.49%，初中学历的志愿者占7.85%，高中学历占23.43%，大学（包括高职和大专）占18.59%，大学本科及以上占47.51%，未上过学占0.13%。由此可以看出，大学学历及以上的志愿者成了志愿活动的主力军。受过高等教育的人更有可能成为志愿者。教育可以提升人们的认知能力，帮助人们认识周围的世界，提升人们对社会问题的觉悟，告诉他们社会问题存在的原因和问题出现的内在机制，这在一定程度上加深了他们对志愿服务的理解，提高了对志愿服务的认知。此外，从社会资源角度来看，高学历的人比低学历的人拥有更多的社会网络，获得参与志愿活动的途径也就相对多一些，也就增加了他们参加志愿服务活动的可能性。

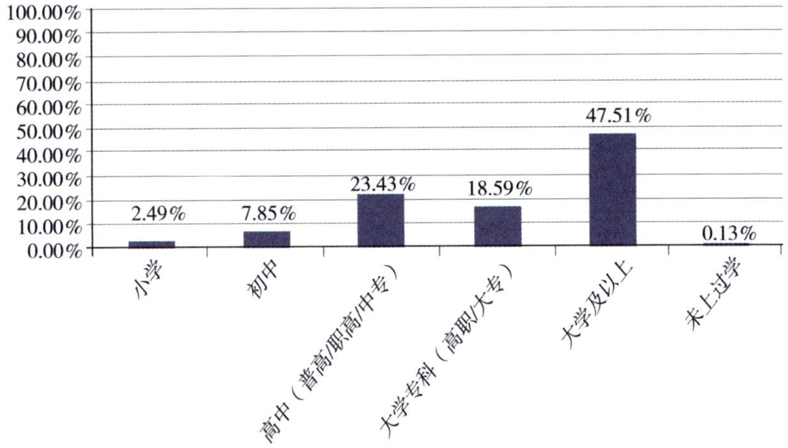

图 13－3　参与调查的志愿者学历分布情况

四、参与者政治面貌

从参与者政治面貌来看，中共党员、预备党员、共青团员、民主党派及无党派和群众依次所占比例为 31.41%、2.49%、36.26%、0.39%和 29.45%。共青团员所占比重最大，其次是中共党员，再次之是群众、预备党员和民主党派及无党派人士。

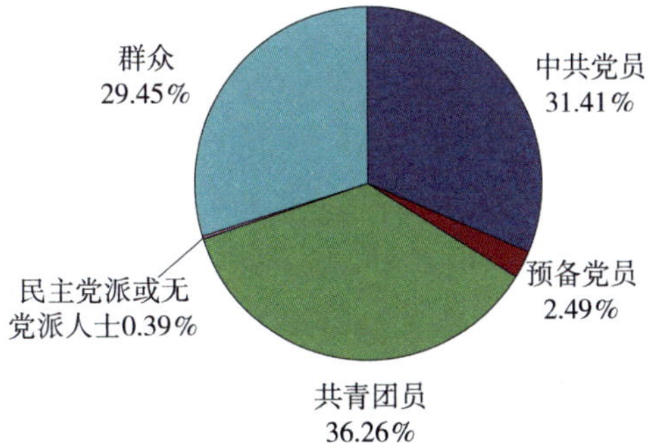

图 13－4　参与调查的志愿者政治面貌分布情况

五、参与者的工作

回收的 764 份问卷中，参与调查的志愿者中有工作的是 472 人，占 61.78%；没有工作的有 292 人，占 38.22%。从 472 位“有工作”志愿者的工作类型上看，他们的工作单位类型涉及政府部门、事业单位、国有企业、集体企业、私营企业、港澳台投资企业、非政府组织。事业单位的志愿者人数最多，占到回收问卷量的56.14%；其次是政府部门占13.98%，其他部门占10.38%，私营企业占5.93%，国企占5.93%，个人经营占5.51%，集体控股企业占1.48%，非营利非政府组织占0.42%，港澳台投资企业占0.42%。由于我国的志愿服务发展路径是"自上而下"，很多志愿活动都是相关部门发动的，因此体制内的人员被动员参与志愿活动的可能性更大。

表 13－4　参与调查的志愿者是否有工作

是否有工作	频数	比例（%）
是	472	61.78
否	292	38.22
总计	764	100

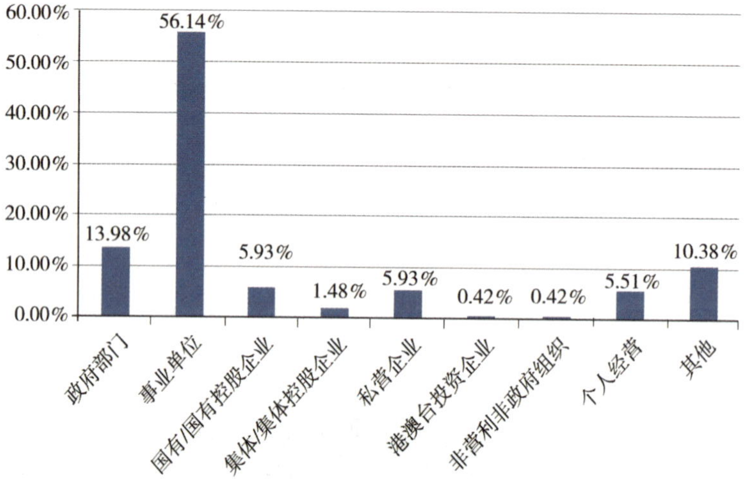

图 13－5　参与调查的志愿者工作分布情况

13.3.3　参与志愿服务行动的基本情况分析

一、第一次志愿服务的途径

泰安市参与调查的764人中，346人第一次的志愿服务是自愿行动；215人第一次志愿活动是在领导要求和单位的安排下参加的；93人是在亲友、家人及同事带动下参加的；51人第一次参加志愿活动是在社区带动下；除此之外，也受街头宣传、媒体广告等其他原因影响。

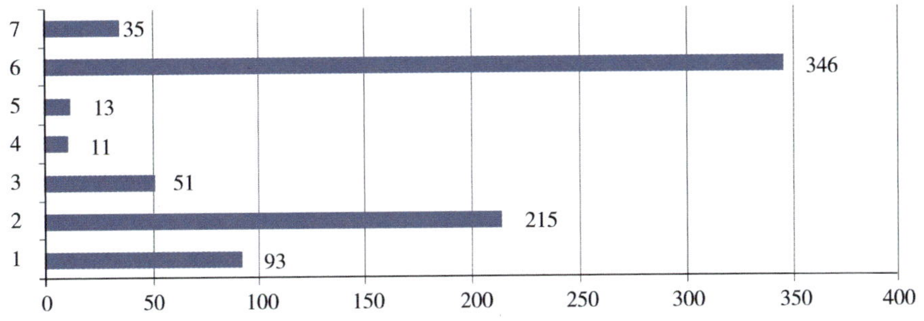

图 13－6 参与调查的志愿者第一次参与志愿活动途径的分布

注：1＝家人/亲友/同事带动；2＝领导要求/单位统一安排；3＝社区组织动员；4＝ 被街头宣传吸引；5＝ 受媒体广告影响；6＝ 自愿行动；7＝ 其他。

二、促使自己参加志愿服务的意图

在促使自己参加志愿活动的动力中，希望帮助他人的调查对象频数是673 人，有445 人的选择是为了让生活更充实，为了发挥自己的经验和技能的有364 人，为了增加社会见识的有258 人，155 人参加志愿活动是为了给孩子一个好的影响。此外，服从领导安排、有助于升学和找工作等原因也是人们参加志愿活动的原因。志愿者参加志愿活动更多的是为了精神层面的追求和非物质利益的实现。

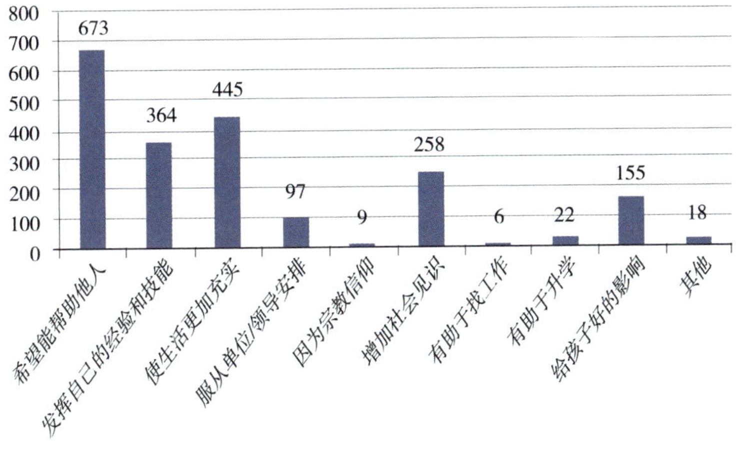

图 13－7 促使志愿者参加志愿活动的动力因素分布情况

注：该题是多项选择题。

三、参与志愿服务信息获得的途径

在参与信息获得的渠道上，回收的问卷里有442 人是通过网络搜集志愿信息；395 人是通过本单位相关部门获得志愿信息；301 人是通过报纸、电台等传统媒体获得志愿信息；276 人是通过微博、微信等新媒体获得志愿信息；119 人是通过村

（居）委会获得志愿信息；91 人是通过熟人之间的传播获得信息；85 人通过户外宣传海报和广告；73 人是通过其他方式来获取信息的。与其他城市一样，网络平台成了泰安市志愿者获取志愿活动信息的主要途径之一。在网络技术的基础上，新媒体成为人们获取信息的途径之一。同时，一些传统渠道即传统媒体和单位内部传播也是多数志愿者获取信息的渠道。

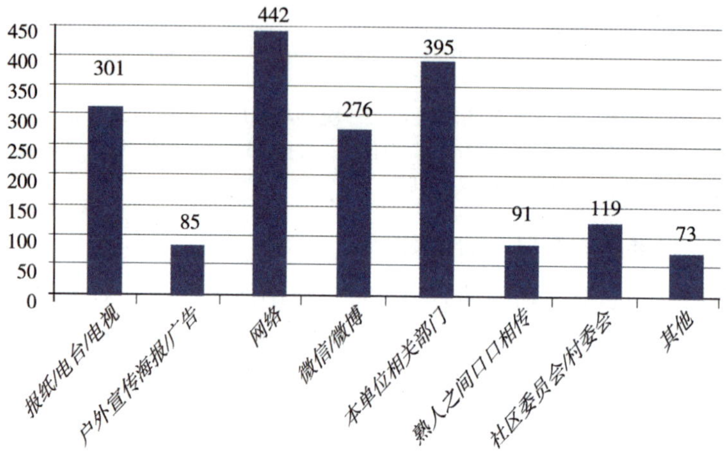

图 13－8　参与调查的志愿者获得志愿服务信息的途径分布情况

注：该题是多项选择题。

四、参加的志愿服务类型

从志愿者的志愿服务类型上看，向陌生人提供临时帮助的有 327 人；“邻里守望”有 294 人；扶贫助困有 248 人；照顾朋友和非直系亲属有 226 人；教育健康医疗服务有 174 人；参加环保和动植物保护的志愿者有 170 人；文艺表演和艺术保护的有 86 人；提供信息咨询和法律援助的有 58 人；抢险救灾的有 40 人；参加赛会服务的志愿者有 45 人。127 人选择过去一年没有参加过志愿服务。向陌生人提供临时帮助成了志愿行动人数最多的，其次是“邻里守望”和扶贫助困。普通志愿服务占有很大的比重，而其他的一些专业性志愿服务人数微乎其微。

五、参加过有组织（政府、非政府）志愿服务得到补贴和承担的费用

志愿者参加有组织的志愿活动，有 185 人没有承担费用，251 人承担过 100 元以下的费用，137 人承担过 100—500 元的费用，43 人承担过 500—1000 元的费用，18 人承担过 1000—5000 元的费用，1 人承担过 5000—1 万元的，1 人承担过 1 万—5 万元的费用。没有得到补贴人数最多有 581 人，得到 100 元以下补贴的人数有 29 人，得到 100—500 元补贴的人数有 17 人，得到 500—1000 元补

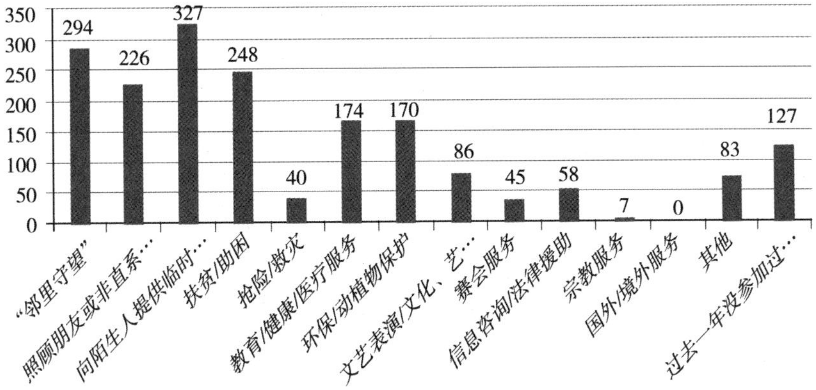

图 13－9　参与调查的志愿者参加过的志愿服务分布情况

注：该题是多项选择题。

贴的人数有 9 人，得到 1000—5000 元补贴的有 1 人。由此可以看出，自己承担费用的人数远大于得到补贴的人数。

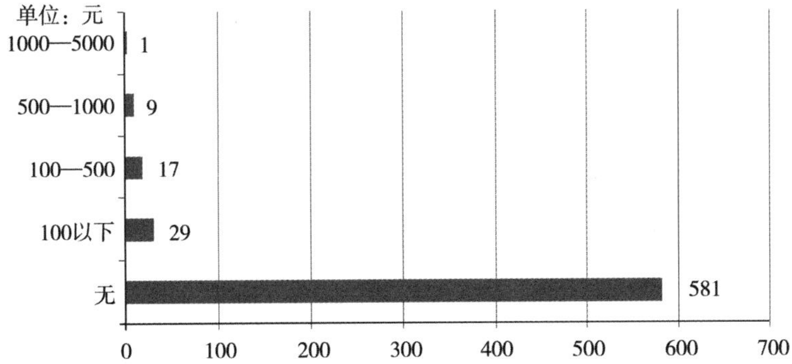

图 13－10　参与调查的志愿者得到补贴分布

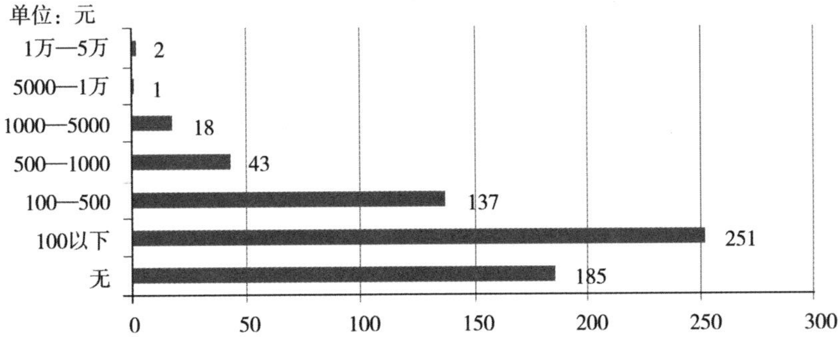

图 13－11　参与调查的志愿者承担的费用分布

六、志愿服务中最看重的收获

在“您参加志愿服务，最看重哪方面收获”问题中，有386人是回答是“心情愉悦，自我满足”，89人的回答是“认识更多的朋友”，152人的回答“获得服务对象的衷心感谢”。此外，还有的志愿者是为了更好的发展机会和获得亲朋好友的赞许等其他原因。从这些回答中，可以看出，人们参加志愿活动更多的是出于精神层面的需求即为了更多的心灵体验。

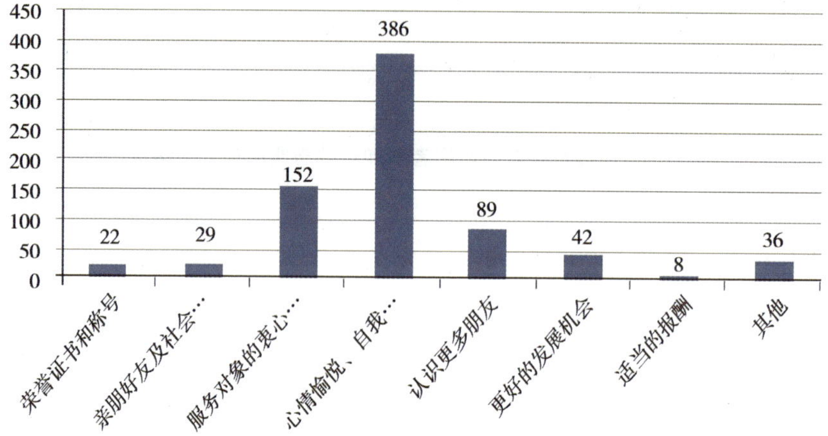

图13－12 参与调查的志愿者在志愿服务中最看重的收获分布情况

七、对志愿服务的评价

表13－5 参与调查志愿者对志愿活动的评价

	每次都有	多数有	少数有	从来没有
被告知志愿服务内容和要求	399	131	69	38
	62.64%	20.57%	10.83%	5.97%
与志愿组织签订书面协定	79	89	145	324
	12.40%	13.97%	22.76%	50.86%
为志愿服务提供必要的知识和技能	132	179	191	135
	20.72%	28.10%	29.98%	21.19%
对志愿者工作进行监督和指导	186	177	170	104
	29.20%	27.79%	26.69%	16.33%
提供必要的安全保障和医疗条件	187	157	172	121
	29.36%	24.65%	27.00%	19.00%

续表

	每次都有	多数有	少数有	从来没有
提供人身保险和费用补贴	84	76	162	315
	13.19%	11.93%	25.43%	49.45%
对志愿工作评估和激励	174	174	178	111
	27.32%	27.32%	27.94%	17.43%
记录志愿服务时长或认证	160	132	164	181
	25.12%	20.72%	25.75%	28.41%
征询意见改进志愿服务	210	177	160	90
	32.97%	27.79%	25.12%	14.13%

以上问题是关于参加过的志愿服务活动的评价，关于“在参加志愿服务是否被告知志愿服务的内容和要求”，对于该回答有62.64%（399人）回答是“每次都有”，20.57%（131人）回答“多数有”，10.83%（69人）回答“少数有”，5.94%（38人）回答“从来没有”。可以看出大多数的志愿活动还是保障了志愿者对活动的知情权。

与志愿组织签订书面协议，对于该回答，12.40%（79人）回答是“每次都有”，13.97%（89人）回答“多数有”，22.76%（145人）回答“少数有”，50.86%（324人）回答“从来没有”。签订书面协议保障的是志愿者的利益和权益。从调查来看，一半以上的调查者没有签过相关的协议。

在志愿服务中，提供相关的必要的知识和技能是提升志愿服务质量的必要条件之一。关于“参与志愿活动提供给必要的知识和技能”的调查中，20.72%（132人）的调查对象回答“每次都有”，28.10%（179人）的人回答“多数有”，29.98%（191人）认为“少数有”，21.19%（135人）认为“从来没有”。

在谈到“对志愿者工作进行监督和指导”的问题时，29.20%（186人）回答“每次都有”，27.79%（177人）的调查对象认为“多数有”，26.69%（170人）回答“少数有”，16.33%（104人）回答“从来没有”。

安全保障和医疗提供涉及志愿者生命安全，关于志愿活动是否提供必要的安全保障和医疗条件的问题，29.36%（187人）回答“每次都有”，24.65%（157人）的调查对象认为“多数有”，27.00%（172人）回答“少数有”，19.00%（121人）回答“从来没有”。

在谈到“志愿活动是否提供人身保险和费用补贴”的问题时，13.19%（84人）的调查对象回答“每次都有”，11.93%（76人）的人回答“多数有”，

25.43%（162人）认为“少数有”，49.45%（315人）认为“从来没有”。人身保险和费用补贴关乎志愿者的切身利益，1/2以上的志愿者，并没有得到或是少数得到相关的费用补贴，这说明泰安市的保障志愿者权益的相关体系还有很大的提升空间，费用补贴也是鼓励大众参与志愿服务的一种方式。

在对志愿服务过程中是否对志愿工作评估和激励问题中，27.32%（174人）认为“每次都有”，27.32%（174人）认为“多数有”，27.94%（178人）认为“少数有”，17.43%（111人）认为“从来没有”。从数据来看，各种选项之间的差异不大。

在谈到“是否记录志愿服务时长或认证”的问题时，25.12%（160人）回答“每次都有”，20.72%（132人）的调查对象认为“多数有”，25.75%（164人）回答“少数有”，28.41%（181人）回答“从来没有”。1/2以上的志愿者的服务并没有得到完全认证。说明，志愿服务时长认证体系还需完善。

关于“志愿活动主办方是否征询意见改进志愿服务”的问题，32.97%（210人）的调查对象回答“每次都有”，27.79%（177人）的人回答“多数有”，25.12%（160人）认为“少数有”，14.13%（90人）认为“从来没有”。有一半的志愿者每次都得到或大多数时候得到了改进志愿服务相关意见的询问。

13.3.4 志愿价值服务测度

志愿服务时长是价值测算的关键内容，因为这既是志愿者最重要的投入，也是志愿服务经济价值的主要衡量指标。国际上对志愿服务价值测量主要采用两种方式：机会成本法①和重置成本法②。在本报告中，采用的是重置成本法。因为，从数据的可得性和测算的合理性上，倾向于选择重置成本法。

表13-6 行业平均小时工资（元/小时）（2014）

指标	平均工资数
农、林、牧、渔业	26.06
采矿业	25.16
制造业	20.84
电力、热力、燃气及水生产和供应业	26.23

① 机会成本法，是根据志愿者的本职工资，计算如果将参与志愿服务的时间，用来做本职工作能够获得的收入，即参与志愿服务放弃的机会成本。

② 重置成本法是根据市场上同类有偿劳动的报酬来进行计算，通常取同类职业的平均工资，或者本地职工平均工资。

续表

指　　标	平均工资数
建筑业	21.80
批发和零售业	21.18
交通运输、仓储和邮政业	21.27
住宿和餐饮业	22.08
信息传输、软件和信息技术服务业	35.06
金融业	36.78
房地产业	22.22
租赁和商务服务业	22.01
科学研究和技术服务业	27.05
水利、环境和公共设施管理业	24.26
居民服务、修理和其他服务业	21.48
教　育	29.38
卫生和社会工作	32.07
文化、体育和娱乐业	22.56
公共管理、社会保障和社会组织	27.23

注：数据来源于山东省统计官网 http://www.stats-sd.gov.cn/tjnj/nj2015/new/indexch_new.htm，2014 年各行业平均工资按照年工作天数 250 天、每天工作时数 8 小时计算得出各行业每小时的工资数。

表 13-7　泰安市志愿服务经济价值（亿元）

项　目	志愿者人数	小时工资数（元）	志愿时长（小时）	总计（亿元）
普通志愿服务价值	439274	21.48	55.86	5.3
专业志愿服务价值	439274	27.66	37.95	4.6
泰安市志愿服务价值				9.9

注：泰安市志愿服务价值 = 普通志愿服务价值 + 专业志愿服务价值。志愿服务价值 = 志愿者人数 × 人均志愿时长（小时）× 平均工资（元/小时）。普通志愿服务价值参考居民服务的平均工资数 。专业志愿服务价值参考科学研究、水利环境、教育、卫生、文化和公共管理五个行业总的平均工资。

由表 13-7 可知，泰安市 2015 年的普通志愿服务时长所创造的经济价值有 5.3 亿元，专业志愿服务时长的经济价值有 4.6 亿元，2015 年参加过志愿者活动的志愿者创造了大约9.9亿元的经济价值，占地区生产总值①的0.3%。

13.4 泰安志愿服务案例

13.4.1 泰山救援中心：打造高水平的志愿者救援队伍

2011年，泰山救援中心被山东省文明委评为“全省优秀志愿服务组织”；2013年，被山东省红十字会评为“优秀志愿服务组织”；2014年，荣获首届中国青年志愿服务项目大赛银奖，“蓝盔进校园”安全教育项目荣获团省委“青年社会组织十大杰出公益项目”称号；2015年，在山东省志愿服务“四个100”先进典型评选活动中荣获“最佳志愿服务组织”称号。

一、服务概况

泰山救援中心自成立以来，按照“来得快，找得着，救得出”的原则，先后成功救援迷路受伤游客100名，帮助和救助省内外徒步登山爱好者300余人。队伍基本完成了从最初的山地救援向城市救援、水域救援、安全教育培训、公益演习、重大活动安全医疗保障等综合职能的志愿服务组织的完善过程，得到市领导、各组织部门和市民群众的广泛好评。2013年雅安地震后，在第一时间奔赴四川雅安地震灾区，在芦山县进行盲区搜救、医疗救助和救灾物资发放工作，圆满完成了救援任务。

二、发展历程

泰山救援中心于2009年5月筹建，2010年3月经泰安市红十字会批复正式建队，2011年9月10日由山东省红十字会授旗，2013年10月在泰安市民间组织管理局正式注册成立“泰安泰山救援中心”。目前实名认证队员发展到170余人，骨干队员60余人，是一支由泰安市的不同阶层、不同职业的志愿人士组成的公益志愿者救援组织。

三、泰山救援中心的主要特点

泰山救援中心，因其工作内容的特殊性、专业性，自成立起就具有自身发展的工作目标及一定的志愿服务要求。通过6年的不断发展，队伍逐步走向制度化、标准化、技能化的综合志愿服务组织，获得广泛的好评。在志愿服务工作中，泰安泰山救援中心秉承志愿服务精神，坚持队伍创新意识，更加有效、精准地进行

① 数据来源：http://www.tatj.gov.cn/waiwang2012/ssfz/default_disp.asp?id=3610，泰安市地区生产总值是3158.4亿元。

志愿服务工作。

1. 增强技能、打造专一。建队之初，泰山救援中心定位于泰山及周边的山野紧急救援，对意外事故中受困人员提供专业的搜救及医疗保障。通过与北京蓝天救援队进行专业技术培训，建立自己队伍的专业搜救教官组，掌握完善的山野救援技术，速降、桥降、崖降绳索技术，心肺复苏、包扎、转移人员等医疗技术GPS定位技术，个人手术台户外通联技术等。在日常的拉练过程中，经过不断的小组合作培训，提高队员的个人技能水平及小组内不同分工协作的合作能力，模拟真正的野外搜救工作，提高队伍的整体技能水平。“泰山救援 救在身边”荣获首届中国青年志愿服务项目大赛银奖，并在2015年参加山东青年志愿服务项目展出。

近年来，泰山救援中心把水域搜救及安全教育培训工作纳入队伍的志愿服务内容，针对不同的志愿服务内容，进行不同的小组安排及培训计划。通过冲锋舟、声呐、排钩、抛绳等水域救援设备的学习，针对性地进行水域救援技能训练；下一步将继续开展潜水技术的学习，提高水域搜救工作的技能水平。另外，泰山救援中心选择综合素质较高的队员组成户外安全教育宣传小组，组织泰安市中小学生及驻泰高校的大学生学习户外安全自救与互救技术，把户外安全的发生概率降到最低。“蓝盔进校园”安全教育培训项目普及在校师生6000余人，荣获山东省团委2014年度山东青年社会组织十大杰出公益项目。

泰山救援中心从自身队伍的发展出发，组织相关的专业技能学习，提高队员的专业技能及综合素质，坚持技能化、专一化的队伍特色。

2. 强化制度、统一标准。泰安泰山救援中心从最初的山地救援逐步向山地救援、城市救援、水域救援、安全教育培训、公益演习、重大活动安全医疗保障等综合职能的志愿服务组织的完善。队伍的组织框架也逐步发生改变，由最初的“一处四组”（秘书处、搜救组、医疗组、通讯组、后勤组）演变为现在的“两中心两部门”（指挥中心、搜救中心、公益事业推广部、后勤部），职能化的转变更好地服务于项目的进行。

同时，队员的活动参与开始采用考核机制。实名制认证、队员队列训练是救援中心队员的入门考核，医疗培训、技能学习是救援中心队员的必选考核，个人体力、综合素质、小组协作是救援中心队员的延伸考核。在平时的训练过程中，全程采用军事化的管理制度，使志愿服务工作正式化、意识化，从队伍和队员的双层角度加强志愿服务工作的基本保障。通过一定的考核机制，使队伍的展示更加制度化、标准化、效率化。

3. 合作交流、强强联手。在技术层面上，泰安泰山救援中心与北京蓝天救援队、威海救援队、青岛救援队、安徽阜阳救援队、内蒙古包头救援队等多个相关队伍进行不同层次的技术交流与学习，进一步加强水域搜救技术、山野行进技术、城市破拆技术、地震灾害救援技术等方面的学习，并与北京蓝天救援队、新疆乌鲁木齐救援队开展合作救援、接力救助工作；在活动开展层面，泰安泰山救援中心与泰安市消防、武警、公安、教育、体育、泰山管委等部门及汽车联盟会、HAM联盟、传媒集团、马拉松比赛组委会等单位，在户外安全宣传、社区救助演习、紧急救援等方面进行多方位的沟通与合作，为志愿服务工作的顺利开展提供了强有力的保障。

13.4.2 “彩虹村”助学项目：关爱服刑人员未成年子女

2013年“彩虹村”助学项目被共青团山东省委授予“杰出公益项目”称号，2014年获得“中国第三届公益慈善项目大赛实施类项目百强”称号，在第三届全国公益峰会（杭州）上被评为“中国公益好项目”三强。

一、服务概况

服刑人员未成年子女由于父亲或母亲服刑，不但缺乏父母直接有效的监护，还容易遭受社会歧视，经济上往往也存在严重的困难，加之社会关注程度低，往往生活上没有保障，学习上无人辅导，心里话无处倾诉，存在一定的学业失教、生活失助、行为失控、道德失范、心理失衡等问题。

“彩虹村”助学项目自2012年项目启动以来，实际入户走访289名服刑人员未成年子女，确定帮扶对象102人，间接受益人800多人。参与项目的注册志愿者58名、专职社工3名，聘请兼职专业心理咨询师50名、兼职社工10名，参与项目的志愿者500多名。项目累计开展活动80多次，支出资金80多万元。

项目实施4年来，102名受助对象在学习、生活以及融入社会方面等整体上取得了显著进步，已有2人考上大学，9人考入高中或中专，23名厌学弃学的孩子返校继续学习，1名参加工作后成为志愿者，9名孩子的家长出狱，其中1名家长也成为合格的志愿者。

二、“彩虹村”简介

“彩虹村”项目是泰山小荷公益2012年开展的关注服刑人员特困家庭未成年子女的助学计划项目，2012年获得了中华儿慈会10万元基金捐赠，2013年获得河仁基金会25万元奖励基金，并通过其他方式筹集了30多万元，保证了项目4年的顺利实施。

三、“彩虹村”助学项目特点

“彩虹村”助学项目运作模式规范。制定了完整的项目策划书，明确了目标定位、运作模式、物资筹集渠道、财务管理办法等。

1. 帮扶模式新颖。在全国首创“分散助养”的模式，让孩子在原来的家庭生活，最大可能保持原有社会关系，帮助其更好地融入社会、健康成长。

2. 筹资模式多元。一是向基金会申请项目资金，先后从“中华少年儿童慈善救助基金会”和“河仁基金会”申请项目资金35万元；二是积极申报政府购买服务项目，2015年获得泰安市政府4万元扶持资金；三是接受社会捐赠，累计募集物资40多万元；四是开展爱心义卖、“微心愿爱心认领”等筹资活动。

3. 财务管理规范。所有收支款项7天内在官方网站向社会公示，支出物资同时公布发票、收据等凭证。每年接受审计事务所审计，接受第三方评估机构的监管和社会监督。

4. 活动流程严格。一是对每一个拟帮扶的对象都入户走访，根据其具体条件确定是否予以帮扶；二是针对每一名孩子的不同情况制订个性化帮扶方案，一把钥匙开一把锁；三是进行常态化的跟踪服务，采取志愿者与孩子“结对子”的方式，随时掌握每一名孩子的情况，及时解决问题。

5. 帮扶内涵丰富。一是解决基本需要，保证孩子有饭吃、有衣穿、有学上；二是关注心理健康，50名专业心理咨询师随时解决心理问题；三是开展“代理妈妈”活动，适时邀请孩子到女性志愿者家里，像家里的孩子一样学习、做家务、外出游玩等，感受完整的家庭生活，培养健全人格；四是开展安全知识培训，帮助孩子们特别是女童提高自我保护的意识和能力；五是举办“亲情见面会”，让孩子们走进监狱和服刑的父母见面，感受亲情，同时也起到帮助服刑人员改造、降低二次犯罪率的效果。

第 14 章　鞍山市志愿服务活动报告

14.1　城市基本情况

14.1.1　行政区划

鞍山因市区南部一座形似马鞍的山峰而得名。考古发现，早在 2 万年前，人类就在这里繁衍生息。战国秦汉时期，鞍山设置郡县，汉代土法冶铁，辽金时代进入繁盛时期。1917 年建设第一座高炉。1937 年鞍山建市。1948 年 2 月 19 日，鞍山解放。鞍山现辖海城市、台安县、岫岩满族自治县和铁东、铁西、立山、千山四个城区，总面积 9252 平方千米。

14.1.2　人口情况

2015 年年末全市总人口 346.0 万人，比 2014 年年末减少 2.2 万人。其中，市辖区人口 150.1 万人。在总人口中，城镇人口 179.2 万人，农村人口 166.8 万人；男性 174.2 万人，女性 171.8 万人，占总人口比重分别为 50.3% 和 49.7%。全年出生人口 2.0 万人，其中，男性 1.5 万人，女性 1.4 万人，出生率为 5.8‰；死亡人口 3.1 人，死亡率为 8.8‰；自然增长率 -3.1‰。①

14.1.3　地理情况

鞍山市的地势地貌特征是东南高西北低，自东南向西北倾斜。东南属于千山山脉延伸部分的山区，一般海拔 400—600 米；最高为岫岩的帽盔山，海拔 1141 米，海城一棵树岭次之；山区主峰海拔 931 米，面积约为 5271.44 平方千米，占鞍山市总面积的 56.97%。中部为千山山脉向西部冲积平原过渡地带，属低山坡岗丘陵区，一般海拔 100—200 米，面积约为 1232.56 平方千米，占鞍山市总面积的

① 数据来源：鞍山市统计局官方网站公布的《二〇一五年鞍山市国民经济和社会发展统计公报》。

13.32%。长（春）大（连）铁路以西系辽河、浑河、太子河冲积平原，一般海拔5—20米，鞍山市海拔最低的是台安县韭菜台乡杨塘村，海拔仅2米；平原面积约为2748.4256平方千米，占鞍山市总面积的29.71%。鞍山市境内有大小河流40余条。其中，较大的河流有辽河、浑河、太子河、大洋河、哨子河。前3条为过境河，后2条流源均在岫岩满族自治县境内。

14.1.4 自然气候

鞍山市地处中纬度的松辽平原的东南部边缘，暖温带大陆性季风气候，四季分明，降水充沛。大风、冰雹、旱涝、霜冻等灾害性天气在不同年份和季节均有不同程度的发生。春季（3—5月）大风多，降水少，日照长，回暖快，蒸发大，湿度小；夏季（6—8月）降水多且集中，暴雨多发生在此季，气温高而少酷热；秋季（9—11月）天高气爽，雨量骤减，气温急降；冬季（12月—次年2月）雪少北风多，干燥寒冷。鞍山所辖区域虽属同一个气候带，但因地理环境（地形、地貌、距海远近）不同而有差异。年降水量为640—880毫米，自东南向西北逐次减少；年平均气温平原地区为8.0—9.0℃，而东部和东南部山区为6.3—7.0℃；日照小时数年平均为2350—2700小时，西北部多于东南部。

14.1.5 自然资源

东部山区森林植被丰富，森林覆盖率50%，盛产苹果、梨、板栗、柞蚕，南果梨是鞍山著名特产。西部平原耕地面积25.3万公顷，主产玉米、水稻、大豆、花生。

鞍山境内已探明的矿产资源有51种。铁矿，探明储量100亿吨，占全国的1/4。菱镁矿，探明储量23亿吨，占全国的80%，占世界储量的1/4。滑石矿，探明储量为6000万吨，占全国的40%。岫玉，探明储量约206万吨，占世界的60%，被确定为中国“国石”第一候选石，2006年12月，岫岩县被中国矿业协会命名为“中国玉都”。

14.1.6 经济情况

2015年全年实现地区生产总值2349.0亿元，按可比价格计算，比2014年增长3.0%。其中，第一产业增加值136.5亿元，增长3.5%；第二产业增加值1116.9亿元，增长1.7%；第三产业增加值1095.6亿元，增长4.6%。第一、二、三产业增加值占地区生产总值的比重为5.8：47.5：46.7。人均生产总值67675元，按可比价格计算，比2014年增长3.5%。全年城镇常住居民人均可支配收入

29943 元，比 2014 年增长 7.5%。农村常住居民人均可支配收入 13117 元，比 2014 年增长 8.5%。①

14.2 城市志愿服务发展概况

14.2.1 本城市志愿服务活动的历史沿革或发展阶段

鞍山市志愿服务活动的发展过程大致可分为以下三个发展阶段：

一是发起实施阶段。1994 年起，根据团中央和中国青年志愿者协会的工作安排，鞍山团市委所属青年志愿者协会启动实施了青年志愿者扶贫接力计划、社区“一助一”服务计划和助老助残、环境保护、大型赛会、抢险救灾等领域的志愿服务项目，特别是重点实施了“共青团关爱农民工子女志愿服务行动”“阳光教室”“关爱行动”“蒲公英计划”，以及成功组织了第十二届全国运动会、全国乒乓球锦标赛等大型赛会的志愿服务。在这个阶段，鞍山市共青团组织和广大团员青年发挥了极其重要的作用，团员青年志愿者达 20 多万人。

二是广泛参与阶段。1999 年，鞍山市提出创建全国文明城市，志愿服务的发展呈现出社会各界广泛参与的良好态势。鞍山市委各地区、各部门、各单位把志愿服务作为创建全国文明城市的重要内容，纳入创城目标考核体系。鞍山市全市各行各业、社会各界以“关爱他人、关爱社会、关爱自然”为内容的党员、青年、巾帼、老年、民营企业、社会公益组织等志愿服务组织（团队）大量涌现，广泛开展了关爱空巢老人、留守儿童、农民工、贫困家庭，以及环境保护、治安防范、文化体育、便民利民等志愿服务活动。

三是规范发展阶段。2013 年 4 月，以鞍山市志愿服务协会成立为标志，鞍山志愿服务步入了规范发展阶段。鞍山市委成立了鞍山市志愿服务工作委员会，制定了《鞍山市志愿服务条例》和《鞍山市志愿服务条例实施细则（征求意见稿）》，以及志愿者注册、登记、培训、表彰等 28 项法规制度。以跟着郭明义学雷锋为主题，鞍山市全市广泛开展了建设“学雷锋志愿服务城”活动，制订下发了《鞍山市建设“学雷锋志愿服务城”实施方案》，推动鞍山市的志愿服务活动不断实现规范化发展。

① 数据来源：鞍山市统计局官方网站公布的《二〇一五年鞍山市国民经济和社会发展统计公报》。

14.2.2 本城市志愿服务活动的主要做法

一、本城市志愿服务活动的主要内容

鞍山市的志愿服务活动内容，主要包括以下一些方面：

一是“学雷锋志愿服务城”建设工程。鞍山市委、市政府于2016年8月召开了“鞍山市创建全国文明城暨建设‘学雷锋志愿服务城’工作推进大会”，印发了《鞍山市建设“学雷锋志愿服务城”工作实施意见》（鞍委办发〔2016〕32号），对建设“学雷锋志愿服务城”工作进行了全面部署。在各县（市）区、各范围内开展实施了“学雷锋志愿服务城”活动，各种“学雷锋志愿服务”街道（乡镇）、社区（村屯）、行业、单位等建设活动广泛开展。

二是志愿服务“百千万”工程。2014年以来，鞍山市连续三年在全市开展了以建设100个各具特色的志愿服务示范点，建立1000个常态化志愿服务帮扶对子，培育10000名常态化志愿服务活动骨干为主要内容的志愿服务活动。整个工程涉及各县（市）区、开发区、市直各有关单位、鞍钢等50个部门，共计37项具体内容。

三是“社区敬老助残”试点工程。“社区敬老助残”试点工程项目由中华志愿者协会负责组织实施，鞍山市被确定为全国5个试点市（地区）之一。鞍山市确定了8个试点社区和160名老年人和残疾人为捐赠、帮扶对象，有针对性地开展了“一帮一”“多帮一”“队帮一”“楼帮一”帮扶活动。如将中华志愿者协会划拨的价值20万元的电脑、电视、图书、健身器材和生活用品全部发放给试点社区和受捐赠人员，建立日间照料室，组织驻区医疗机构为帮扶对象进行免费体检等。

四是“郭明义在行动”党员志愿服务工程。2013年以来，鞍山市全市23万党员积极参加“郭明义在行动”党员志愿服务活动，共创建郭明义党员急救先锋队、郭明义党员志愿服务团队、365阳光驿站等各具特色、群众欢迎的党建品牌1000余个，开展活动9000多次，为广大群众解决就业、就学、就医以及企业遗留、涉法涉诉等问题20多万件。

五是“品牌建设”工程。开展社区便民服务，鞍山市成立了鞍山市志愿服务协会“邻里守望”便民服务总队，在鞍山市属四个城区和三个经济开发区46个街道办事处招募具有专业技能人员建立分队，以空巢老人、三无人员、丧失劳动能力残疾人和特困家庭四类人员为重点开展便民服务；开展文明交通引导，鞍山市老年、青年、学生、机关干部志愿者积极参与文明交通引导志愿服务活动；开展供暖监督服务，鞍山市组织供暖质量监督直属队350多名志愿者，对鞍山四城区连续多年监督供暖质量，如监督供暖企业锅炉改造、组织测温组等，基本实现无

死角、不间断、全天候监督服务。

二、本城市志愿服务管理单位的支持促进工作

一是加强各级党委的领导。鞍山市委常委会开会专门研究创建志愿服务城的工作部署。鞍山市专门设立志愿服务工作委员会，由鞍山市文明委牵头，文明办具体负责，民政、共青团、妇联等多个职能部门和群团组织成为委员会成员，加强了对志愿服务工作的领导、指导和协调。鞍山市委组织部专门下发文件，对全市党组织、党员参加志愿服务工作提出要求，并安排专人在各区、街道、社区专职负责志愿服务工作。鞍山市委每年一次召开全市志愿服务工作推进会，表彰志愿服务工作先进集体、先进个人、优秀组织者、优秀项目。

二是加强对志愿服务各方面工作支持。2015 年 3 月 5 日施行的《鞍山志愿服务工作条例》中规定设立了对志愿服务工作每年都要在资金上予以支持的条款，市财政、各县区财政都根据条例规定对志愿服务工作提供资金的支持；鞍山市志愿服务协会为全市志愿者参与较大型志愿服务活动办理保险，各区也参照为志愿者办理保险，还为域下的志愿服务组织提供工作上的支持。

三是加强社区志愿服务工作基础设施建设。鞍山市志愿服务协会出资为全市 200 多个社区工作站装修房舍，购买电脑、打印机等办公用品，强化了各志愿服务基层工作站的工作开展。

四是健全志愿服务组织体系。鞍山市推动建立了志愿服务工作四级组织体系，市里有志愿服务协会，各城区有志愿服务协会，各街道有志愿服务分会，各社区有志愿服务工作站。

五加大志愿服务者典型宣传。鞍山市一直在宣传郭明义，也一直在开展着跟着郭明义学雷锋的广泛活动。鞍山市文明办、市志愿服务协会，《鞍山日报》、鞍山电视台等媒体还大力宣传获全国道德模范提名奖的冯志国、辽宁好人孙宝江、爱心爸爸郑安宏、时代楷模鞍钢李超等一批典型。

六是推进志愿服务活动项目化运作。以开展邻里守望项目为重点，鞍山市组织建立了便民总队，各街道、社区成立了便民服务分队，加强了精准服务工作，加强推进项目化运作。

14.2.3 本城市志愿服务活动的发展成效和影响

当前，鞍山市的志愿服务活动的发展已经取得了显著的成效。2013 年以来，鞍山市共有 130 名志愿者被授予“最美志愿者”荣誉称号，40 名志愿者被授予“最美志愿服务活动优秀组织者”荣誉称号，60 个志愿服务组织被授予“最美志愿服务团队”荣誉称号。

据不完全统计，目前，鞍山市受到国家和省、市命名表彰的志愿组织有260多个（次），志愿者有1300多人（次）。截止到2016年9月，在全市志愿服务协会实名注册等级的志愿服务组织有1627个，志愿者有197395名。

14.2.4 本城市志愿服务活动事业发展过程中的有益经验

一是建立了健全的志愿服务组织领导体制。健全的志愿服务组织体系保障了志愿服务活动的有序组织和健康发展。成立了鞍山市志愿服务工作委员会、鞍山市志愿服务协会，建立了市、区（县）、街道、社区“四级网络”组织体系。全市四个城区的46个办事处和255多个社区都建立了志愿服务分会和志愿服务站。

二是建立了规范的志愿服务运行机制。通过制定出台一系列相关法规、政策、规章制度，如《鞍山市志愿服务条例》《鞍山市关于推进志愿服务制度化的意见》等，为志愿服务活动的发展提供了制度性保障和指导规定。

三是建立了完善的志愿服务激励保障机制。通过加大财政投入，为志愿服务提供保障资金；评选表彰优秀志愿者和志愿服务组织，设立志愿服务活动保险基金，不断促进志愿者参加志愿服务活动的积极性和保障志愿者的权益。

14.2.5 本城市志愿服务活动当前存在的问题和不足之处

鞍山市的志愿服务虽然已经取得了显著的成效，但是目前也仍存在一定的问题与不足，主要表现在以下方面：

一是志愿者的登记仍存在一些不便利之处。“推进志愿服务组织依法登记”上，目前的登记机关是民政部门，但涉及的“门槛”较严，对团队的规模、条件等都有规定，尤其是还需要一笔登记资金，这是影响登记的直接因素，鞍山市目前已有1500多团队、30多万志愿者，但是在民政部门登记的志愿者却仅有4万多人。

二是在志愿者的激励奖励机制仍需要改善。《鞍山志愿服务条例》已有了在升学、就业上等优先照顾的规定，但落实起来比较困难，因为既涉及“优秀”程度的量化难的问题，也涉及具体部门操作难的问题。

三是志愿服务参与水平仍有待提高。对于“形成志愿服务工作合力，扩大志愿服务社会覆盖”的要求，鞍山市的农村是薄弱环节。首先，因为农民对志愿服务的认识有差距，让更多的人当志愿者目前甚至说还是个“奢望”；其次，按鞍山市要求各村都要设立志愿服务站，目前基本很难落实；最后，县里对志愿服务工作支持仍然不足，不仅体现在资金支持不到位，其他方面的工作距离要求也有较大的差距。

14.2.6 本城市志愿服务活动的数据情况

截止到2016年9月，鞍山市现有志愿服务的主要数据情况如下：

志愿者情况。根据鞍山市市属各地区、各单位、各志愿服务组织的调查统计，全市参与志愿服务的人员近30万，接近户籍人口的10%，已在中国志愿服务联合会“志愿云”系统注册志愿者208398人，其中实名注册志愿者总数198405人，1年内登录系统的实名志愿者总数197863人。其中党员51530人，预备党员416人，团员3596人，群众140546人，其他人士2051人。志愿者服务方向，社区志愿者113029人，青年志愿者14815人，文明志愿者19322人，文化志愿者9897人，医疗志愿者5270人，教育志愿者10402人。志愿者教育程度分别为，高中中专以下志愿者122473人，大专学历志愿者25594人，本专学历志愿者39404人，硕士学历志愿者2258人，博士及以上学历92人。

志愿服务组织情况。鞍山市在“志愿云”系统实名注册志愿服务组织为1631个，志愿服务时长604666小时。

志愿服务服务项目情况。鞍山市的志愿服务项目有288个，包括社区服务、便民服务、文化服务、体育服务、医疗卫生、法律援助、心理咨询、电器维修、科普教育、设计创意、在线网络志愿者、环境保护、文明旅游、文明交通、治安防范、扶贫济困、敬老助残、弱势儿童、应急救援、献血志愿者、捐献造血干细胞、捐献眼角膜、捐献器官、赛会服务、大型活动。

14.3 鞍山市志愿服务现状

14.3.1 志愿者参加志愿活动时长

志愿服务时长是志愿者提供服务的时间长度。志愿服务时长以小时作为计量单位，使得志愿服务有了量化标准。在“您过去一年提供了多少小时的志愿服务”问题中，348人的志愿服务平均时长约为62.70小时。从表中可以得到最少的服务时长是1小时，最多的服务时长是2000小时，个体之间志愿服务时长悬殊较大，使得数据波动较大。

表 14-1 鞍山市志愿者过去一年提供的平均志愿服务时长

变　量	观测值	平均时长	最小值	最大值
过去一年服务时长	348	62.70	1	2000

志愿服务从组织方式上，可以分为有组织的志愿服务和无组织志愿活动。有组织的志愿活动中根据组织主体的不同，可以分为政府组织的志愿活动和非政府组织组织的志愿活动。348 个样本中，志愿者参与政府组织的志愿活动时长平均是 21.74 小时；参与非政府组织的志愿服务平均时长是 24.50 小时；参与无组织行动的志愿服务时长是 16.76 小时。

表 14-2 鞍山市志愿者过去一年提供的平均志愿服务时长

变量	观测值	平均时长	最小值	最大值
政府组织	348	21.74	0	935.70
非政府组织	348	24.50	0	913.00
无组织	348	16.76	0	992.25

此外，根据志愿服务内容的不同，志愿服务时长可以分为普通志愿服务时长和专业志愿服务时长。348 个观测值中，志愿者的普通志愿服务时长平均时长是 37.93 小时，最短服务时长是 0 小时，最长服务时长是 1000 小时；志愿者的专业志愿服务时长平均时长是 25.07 小时，最少服务时长是 0 小时，最多服务时长是 1126.76 小时。得出，普通服务时长大于专业服务时长。

表 14-3 不同专业下志愿者提供的志愿服务时长

变　量	观测值	平均时长	最小值	最大值
普通志愿服务时长	348	37.93	0	1000
专业志愿服务时长	348	25.07	0	1126.76

14.3.2 志愿者群体基本特征描述

一、参与者性别分布

在回收的 401 份问卷中，除了 5 个（占总比例 1.29%）缺失值外，男性志愿者有 170 人，占 43.70%；女性志愿者是 214 人，占 55.01%。由此可以看出，女性志愿者参与人数高于男性。

二、参与者年龄分布

在分析志愿者年龄结构过程中，将调查对象的年龄分成六个组：20 岁以下、

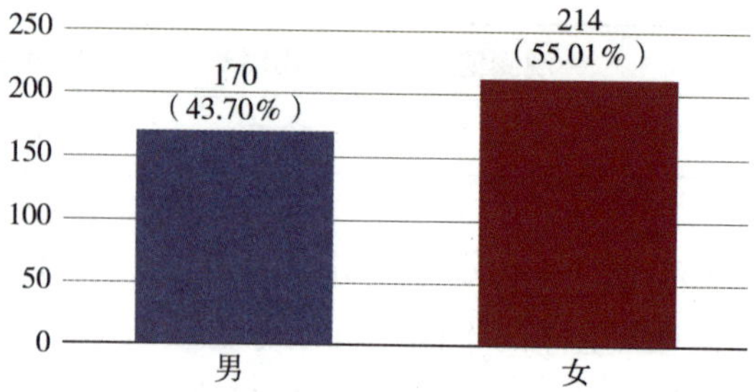

图 14－1　参与调查的志愿者性别分布情况

20—30 岁、30—40 岁、40—50 岁、50—60 岁、60 岁以上，依次所占比例是 6.98%、16.71%、34.16%、26.68%、11.22%、4.24%，其中 30—40 岁年龄段的人数占到 34.16%，其次是 40—50 岁比重是 26.68%，20—30 岁所占比例 16.71%，50—60 岁年龄段所占比例是 11.22%，20 岁以下的志愿者所占比例是 6.98%，60 岁以上比重是 4.24%。峰值出现在 30—40 岁，与其他城市的志愿者相比，鞍山市志愿者群体的年龄偏高。

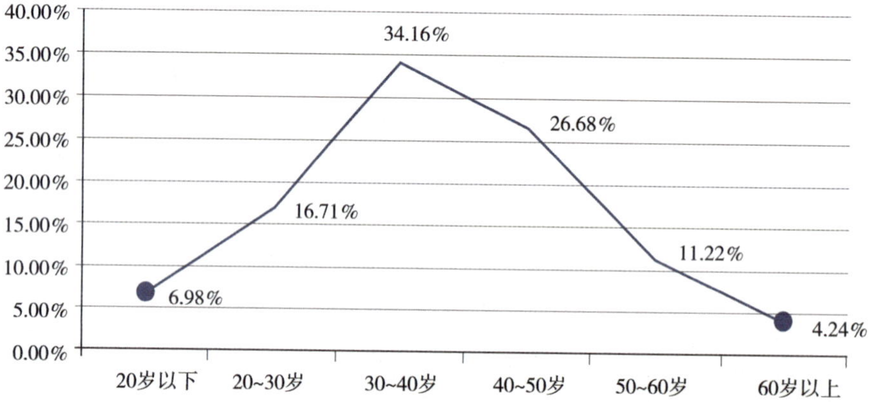

图 14－2　参与调查的志愿者年龄分布情况

三、参与者学历分布情况

参与问卷调查的志愿者人群中，小学文化的志愿者占 1.75%，初中学历的志愿者占 14.71%，高中学历占 14.21%，大学（包括高职和大专）占 16.96%，大学本科及以上 52.37%，由此可以看出，大学学历及以上的志愿者成了志愿活动的主力军。产生这种现象的原因可能是受以下方面的影响：大学教育属于高等教育，它可以提升人们的认知功能，帮助人们认识周围的世界，提升人们对社会问题的觉悟，告诉他们社会问题存在的原因和问题出现的内在机制，这在一定程度上加深了他们对志愿服务的理解，提高了对志愿服务的认知。此外，从社会资源角度来看，高学历的人比低学历的人拥有更多的社会网络，获得参与志愿活动的途径也就相对多一些，也就增加了他们参加志愿服务活动的可能性。

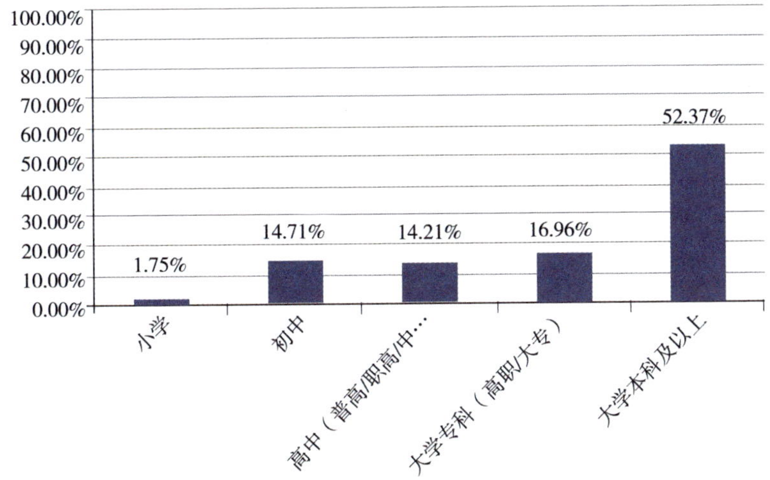

图 14－3　参与调查的志愿者学历分布情况

四、参与者政治面貌分布

从参与者政治面貌来看，中共党员、预备党员、共青团员、民主党派及无党派和群众依次所占比例为 48. 13%、2. 99%、14. 46%、1. 25% 和 33. 17%。中共党员所占比重最大，其次是群众，再次是共青团员、预备党员和民主党派及无党派人士。党员成了志愿者团体的主力军。这是受我国的志愿服务动员系统的影响。我国志愿服务工作主管单位是共青团，共青团受中国共产党的领导。说明我国志愿服务工作开展，带有一定的行政因素即志愿服务是一种自上而下的动员过程。与西方国家自下而上的发展路径相比，我国这种发展模式囿于本国社会“大政府、小社会”的特点。但在这种模式反作用于社会，社会领域也在孕育当中。从结果看，志愿服务中的群众也发挥了重要作用，回收的问卷中，有 33. 17% 志愿者是群众，可以看出群众也在志愿服务过程中发挥了重要的作用。

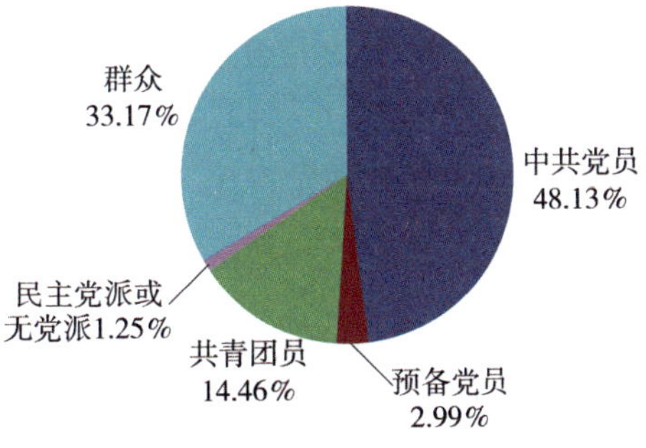

图 14－4　参与调查的志愿者政治面貌分布情况

五、参与者工作类型分布

在回收的401份问卷中，参与调查的志愿者中有工作的是311人，占77.56%；没有工作的有90人，占22.44%。从311位“有工作”志愿者的工作类型上看，他们的工作单位类型涉及政府部门、事业单位、国有企业、集体企业、私营企业、外商投资企业、港澳台投资企业、非政府组织。事业单位的志愿者人数最多，占到回收问卷量的42.12%；其次是政府部门占21.86%，非营利组织占15.43%，私营企业占6.43%，国企占6.11%，港澳台投资企业占4.82%，外商企业占2.25%，集体控股企业占0.96%。由于我国的志愿服务发展路径是“自上而下”，很多志愿活动都是相关部门发动的，因此体制内的人员被动员参与志愿活动的可能性更大。

表14-4　参与调查的志愿者是否有工作

有无工作	频数	比例（%）
是	311	77.56
否	90	22.44
总计	401	100

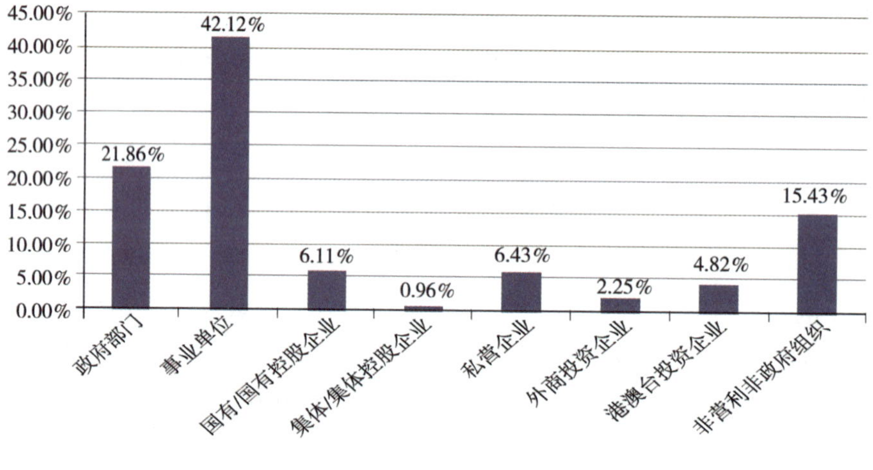

图14-5　参与调查的志愿者工作分布情况

14.3.3　参与志愿服务行动的基本情况

一、参与者第一次志愿服务的途径

志愿服务是一种利他行为，在一段时间内自愿无偿地奉献自己的时间、物力财力和专业技术。在鞍山市参与调查的401人中，144人第一次的志愿服务是自愿行动；93人第一次志愿活动是在领导要求和单位的安排下参加的；90人第一次参加志愿活动是在社区带动下，43人在亲友、家人及同事带动下参加的；除此之外，受街头宣传、媒体广告等其他原因影响。由此看出，参加志愿活动的志愿者中本身就有较高的社会责任意识，会主动地承担社会责任，公民意识较高。除此之外，受到周边同事、亲朋好友的带动也是志愿者参加志愿服务的又一影响因素。

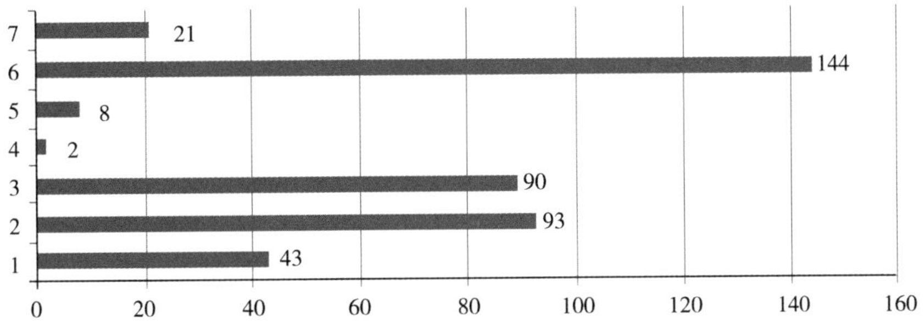

图 14－6　参与调查的志愿者第一次参与志愿活动途径的分布

注：1＝家人/亲友/同事带动；2＝领导要求/单位统一安排；3＝社区组织动员；4＝ 被街头宣传吸引；5＝ 受媒体广告影响；6＝ 自愿行动；7＝ 其他。

二、促使自己参加志愿服务的意图

在促使自己参加志愿活动的动力中，希望帮助他人的调查对象频数是 345 人，有 205 人的选择是为了让生活更充实，为了发挥自己的经验和技能的有 159 人，94 人参加志愿活动是为了给孩子一个好的影响，为了增加社会见识的人有 84 人。此外，服从领导安排、有助于升学和找工作等原因也是人们参加志愿活动的原因。从中可以看出在志愿服务中注重物质利益的表现不是很明显，志愿者参加志愿活动更多的是为了非物质利益。志愿服务可以使得人们在志愿活动中得到精神满足和充实，同时也是志愿者社会价值的体现，发挥自身的经验和技能，创造新的社会价值和经济价值。

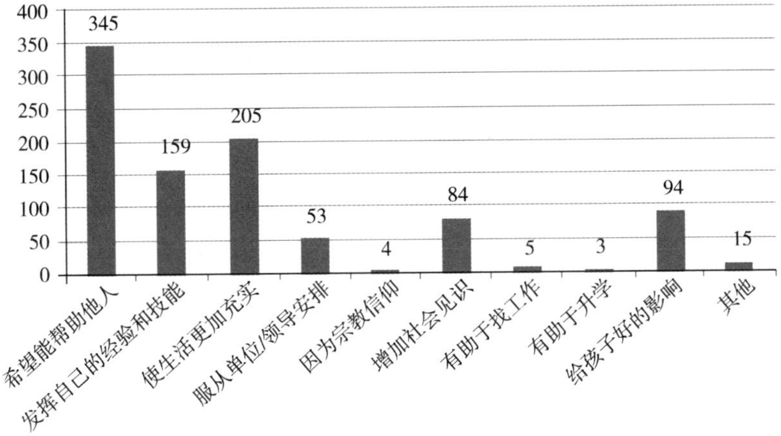

图 14－7　促使志愿者参加志愿活动的动力因素分布情况

注：该题是多项选择题。

三、参与志愿服务信息获得的途径

在参与信息获得的渠道上，回收的问卷里有166人是通过本单位相关部门获得志愿信息；其次是165人是通过网络搜集志愿信息；同时153人是通过报纸、电台等传统媒体获得志愿信息，130人是通过村（居）委会获得志愿信息，112人是通过微博、微信等新媒体获得志愿信息，46人通过户外宣传海报和广告获得志愿信息，44人是通过熟人之间的口口相传传播获得志愿信息，28人是通过其他方式来获取志愿信息的。可以看出，人们获得志愿信息渠道多样化。但从数据来看，与北京志愿者的获取信息方式有所区别的是，通过传统方式获取志愿信息志愿者的比重要高，即通过本单位相关部门、社区委员会和村委会、熟人之间口口相传。同时，由于网络媒体信息技术的发展，人们不论是在生活还是获取信息上，网络成为人们必不可少的媒介。在网络技术的基础上，新媒体成为人们获取信息的途径之一。同时传统媒体在人们获取志愿信息上仍然扮演着重要的角色。对于不同的渠道各有特点，网络渠道和传统媒体渠道可以涉及广泛的人群，但志愿者群体不稳定。而单位内部传播只能涉及本单位的人，有稳定的支援人群，但范围较窄。

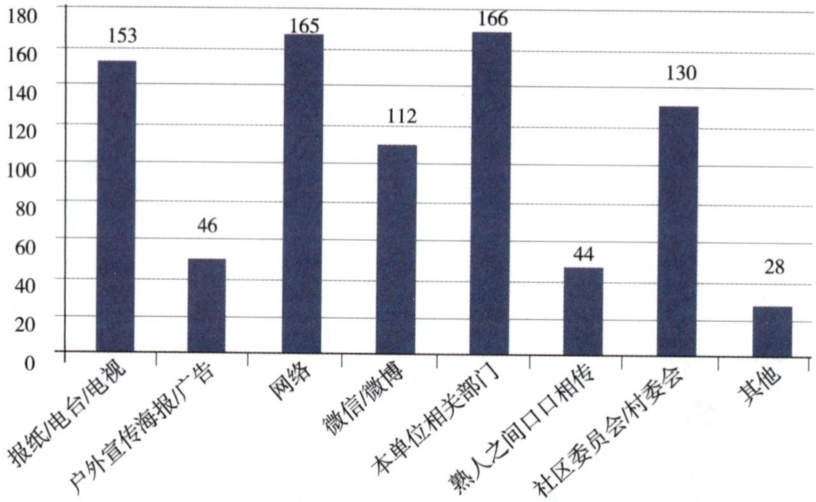

图14-8 参与调查的志愿者获得志愿服务信息的途径分布情况

注：该题是多项选择题。

四、参加的志愿服务类型

从志愿者的志愿服务类型上看，“邻里守望”人数有166人；扶贫助困有156人；向陌生人提供临时帮助的有148人；照顾朋友和非直系亲属有102人；参加环保和动植物保护的志愿者有82人；健康医疗服务有57人；参加其他志愿服务有45人；提供信息咨询和法律援助的有33人；抢险救灾的有32人；文艺表演和艺术保护的有 28 人；参加赛会服务的志愿者有 11 人。此外，53 人过去一年没参加过志愿活动。“邻里守望”成了志愿行动人数最多的，其次是扶贫助困活动和向陌生人提供临时帮助，照顾朋友和非直系亲属志愿者人数也占的比例较大。普通志愿服务占有很大的比重，而其他的一些专业性志愿服务人数微乎其微。

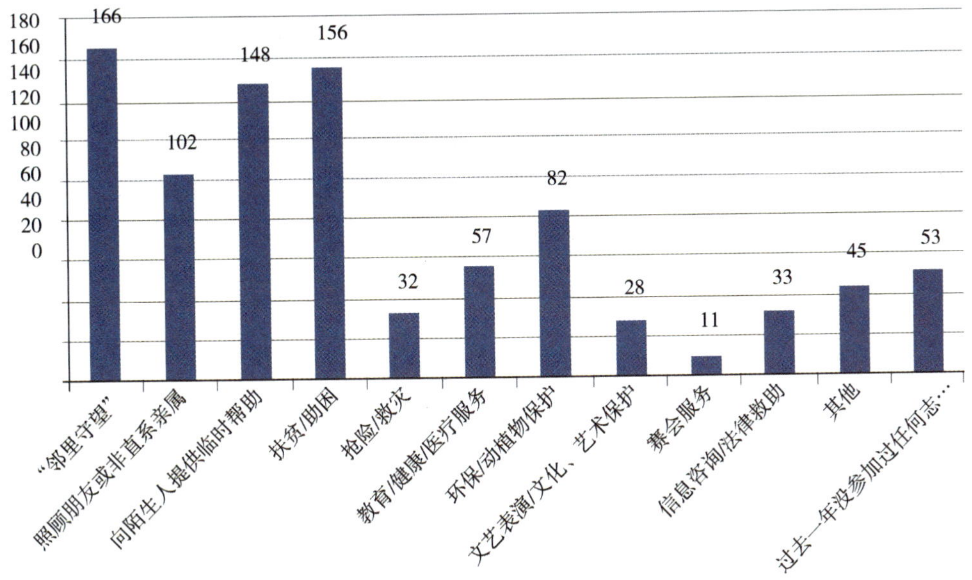

图 14－9　参与调查的志愿者参加过的志愿服务分布情况

注：该题是多项选择题。

五、参加过有组织（政府、非政府）志愿服务得到补贴和承担的费用

志愿者参加有组织的志愿活动中，有 108 人没有承担费用，137 人承担过 100 元以下的费用，72 人承担过 100—500 元的费用，24 人承担过 500—1000 元的费用，6 人承担过 1000—5000 元的费用，1 人承担过 5000—1 万元的。没有得到补贴人数最多有 319 人，得到 100 元以下补贴的人数有 15 人，得到 100—500 元补贴的人数有 10 人，得到 500—1000 元补贴的人数有 3 人，得到 5000—1 万元补贴的有 1 人。由此可以看出，自己承担费用的人数远大于得到补贴的人数。虽然志愿服务是一种不以营利为目的的行动，但为了鼓励大家参加志愿活动，促进志愿活动能够持久，提供一定的补贴，给予一定的鼓励也是必要的。此外，由于志愿活动要承担额外的费用，这也在一定程度上限制了那些在生活上不宽裕的公民，无形中也把一部分能参加志愿活动但受经济条件限制的志愿者排除在外，这对于健全志愿者参与体系也会起到消极作用。

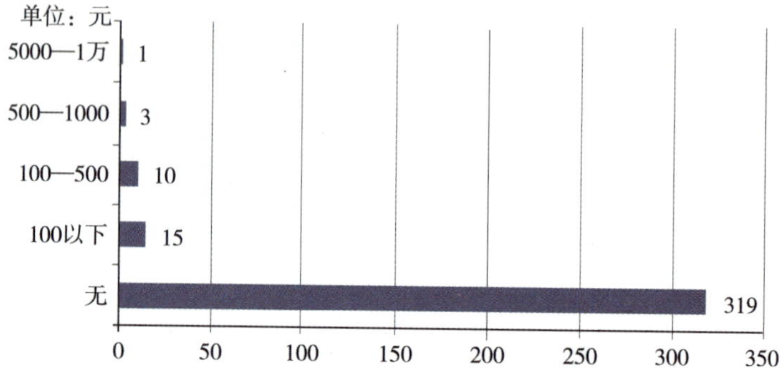

图 14－10　参与调查的志愿者得到补贴分布

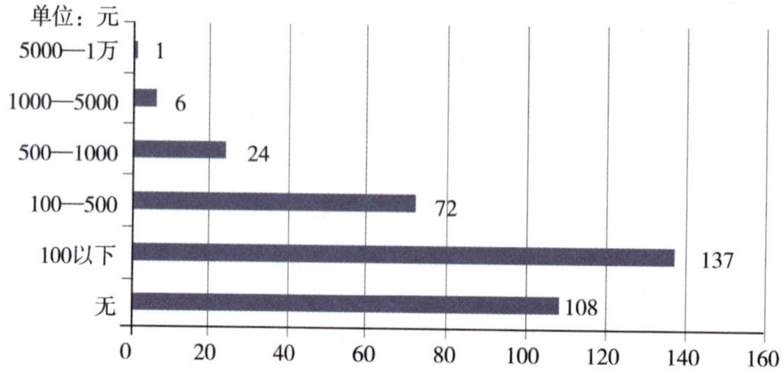

图 14－11　参与调查的志愿者承担的费用分布

六、志愿服务中最看重的收获

在“您参加志愿服务，最看重哪方面收获”的问题中，有 231 人是回答是“心情愉悦，自我满足”，40 人的回答是“认识更多的朋友”，73 人的回答“获得服务对象的衷心感谢”。此外，还有的志愿者是为了更好的发展机会和获得亲朋好友的赞许等其他原因。从这些回答中，可以看出，人们参加志愿活动更多的是出于精神层面的需求即为了更多的心灵体验。

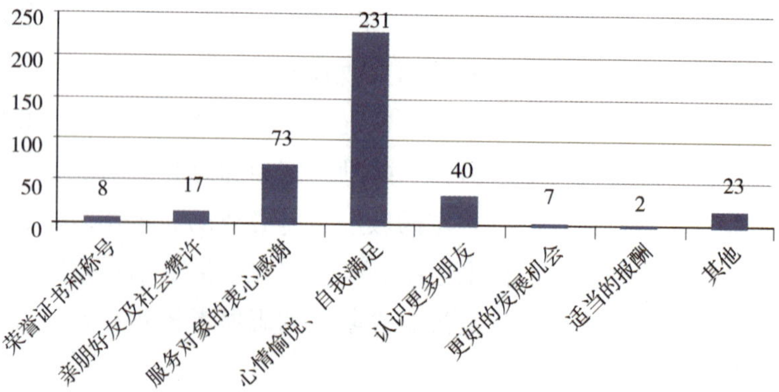

图 14－12　参与调查的志愿者在志愿服务中最看重的收获分布情况

七、对志愿服务的评价

表 14-5 参与调查志愿者对志愿活动的评价

	每次都有	多数有	少数有	从来没有
被告知志愿服务内容和要求	198	56	53	41
	56.90%	16.09%	15.23%	11.78%
与志愿组织签订书面协定	35	42	79	192
	10.06%	12.07%	22.70%	55.17%
为志愿服务提供必要的知识和技能	47	67	119	115
	13.51%	19.25%	34.20%	33.05%
对志愿者工作进行监督和指导	72	77	96	103
	20.69%	22.13%	27.59%	29.60%
提供必要的安全保障和医疗条件	64	71	102	111
	18.39%	20.40%	29.31%	31.90%
提供人身保险和费用补贴	24	23	75	226
	6.90%	6.61%	21.55%	64.94%
对志愿工作评估和激励	54	73	114	107
	15.52%	20.98%	32.76%	30.75%
记录志愿服务时长或认证	54	56	104	134
	15.52%	16.09%	29.89%	38.51%
征询意见改进志愿服务	67	79	123	79
	19.25%	22.70%	35.34%	22.70%

以上问题是关于参加过的志愿服务活动的评价，关于“在参加志愿服务是否被告知志愿服务的内容和要求”，对于该回答有 56.90%（198 人）回答是“每次都有”，16.09%（56 人）回答“多数有”，15.23%（53 人）回答“少数有”，11.78%（41 人）回答“从来没有”。可以看出大多数的志愿活动还是保障了志愿者对活动的知情权。

与志愿组织签订书面协议，对于该回答，10.06%（35 人）回答是“每次都有”，12.07%（42 人）回答“多数有”，22.70%（79 人）回答“少数有”，55.17%（192 人）回答“从来没有”。签订书面协议保障的是志愿者的利益和权益。从调查来看，一半以上的调查者没有签过相关的协议。

在志愿服务中，提供相关必要的知识和技能是提升志愿服务质量的必要条件之一。关于“参与志愿活动提供给必要的知识和技能”的调查中，13.51%（47人）的调查对象回答“每次都有”；19.25%（67人）的人回答“多数有”，34.20%（119人）认为“少数有”，33.05%（115人）认为“从来没有”。说明，鞍山市志愿服务在提供必要知识和技能方面的服务还有待完善的。

在谈到“对志愿者工作进行监督和指导”的问题时，20.69%（72人）回答“每次都有”，22.13%（77人）的调查对象认为“多数有”，27.59%（96人）回答“少数有”，29.60%（103人）回答“从来没有”。志愿服务在我国算是一种新事物，各个方面还不够完善，而鼓励志愿者对志愿工作进行监督和指导也是完善志愿服务的途径。

安全保障和医疗提供涉及志愿者生命安全，关于志愿活动是否提供必要的安全保障和医疗条件的问题，18.39%（64人）的调查对象回答“每次都有”；20.40%（71人）的人回答“多数有”，29.31%（102人）认为“少数有”，31.90%（111人）认为“从来没有”。可以看出，有1/5的志愿者每次都得到了相关的保障，而3/4的志愿者并不是每次都能得到。

在谈到“志愿活动是否提供人身保险和费用补贴”的问题时，6.90%（24人）回答“每次都有”，6.61%（23人）的调查对象认为“多数有”，21.55%（75人）回答“少数有”，69.94%（226人）回答“从来没有”。人身保险和费用补贴关乎志愿者的切身利益，1/2以上的志愿者，并没有得到或是少数得到相关的费用补贴，这说明目前鞍山市的保障志愿者权益的相关体系还有很大的提升空间。

在对志愿服务过程中是否对志愿工作评估和激励问题中，15.52%（54人）认为“每次都有”，20.98%（73人）认为“多数有”，32.76%（114人）认为“少数有”，30.75%（107人）认为“从来没有”。志愿评估和激励工作是下一步提升志愿服务的必要步骤，如果只是着眼于当前，那么志愿服务只会停滞不前。而从以上数据看，有将近一半的志愿者认为相关服务并没有或很少有相关的工作。

在谈到“是否记录志愿服务时长或认证”的问题时，15.52%（54人）回答“每次都有”，16.09%（56人）的调查对象认为“多数有”，29.89%（104人）回答“少数有”，38.51%（134人）回答“从来没有”。1/2以上的志愿者的服务并没有得到认证，这些志愿者的服务价值被无形的消解掉了。志愿服务时长代表志愿者创造的社会价值，如果不能有效记录志愿服务时长，这样对志愿服务的社会价值很难估计，从而也就没法估算志愿服务对经济和社会的影响，从而也会影响到国家政策的调整和修改。

关于“志愿活动主办方是否征询意见改进志愿服务”的问题，19.25%（67人）的调查对象回答“每次都有”；22.70%（79人）的人回答“多数有”，35.34%（123人）认为“少数有”，22.70%（79人）认为“从来没有”。有一半的志愿者没有得到改进志愿服务相关意见的询问。

14.3.4 志愿价值服务测度

志愿服务时长是价值测算的关键内容，因为这既是志愿者最重要的投入，也是志愿服务经济价值的主要衡量指标。国际上对志愿服务价值测量主要采用两种方式：机会成本法①和重置成本法②。在本报告中，采用的是重置成本法。因为，因为，从数据的可得性和测算的合理性上，倾向于选择重置成本法。

表 14-6 行业平均小时工资（元/小时）（2014 年）

指　　标	平均工资数
农、林、牧、渔业	11.18
采矿业	23.97
制造业	22.95
电力、热力、燃气及水生产和供应业	30.61
建筑业	18.23
批发和零售业	21.39
交通运输、仓储和邮政业	20.01
住宿和餐饮业	13.25
信息传输、软件和信息技术服务业	30.53
金融业	31.30
房地产业	19.14
租赁和商务服务业	14.83
科学研究和技术服务业	27.32
水利、环境和公共设施管理业	15.78

① 机会成本法，是根据志愿者的本职工资，计算如果将参与志愿服务的时间，用来做本职工作能够获得的收入，即参与志愿服务放弃的机会成本。

② 重置成本法是根据市场上同类有偿劳动的报酬来进行计算，通常取同类职业的平均工资，或者本地职工平均工资。

续表

指　　标	平均工资数
居民服务、修理和其他服务业	14.01
教　育	20.98
卫生和社会工作	20.50
文化、体育和娱乐业	18.04
公共管理、社会保障和社会组织	19.45

注：数据来源于 2014 辽宁省统计年鉴 http：//www.ln.stats.gov.cn/tjsj/sjcx/ndsj/otherpages/2015/indexch.htm。由于辽宁省 2015 年数据尚未发布，用 2014 年各行业平均工资来替代。按照年工作天数 250 天、每天工作时数 8 小时计算得出各行业每小时的工资数。

表 14－7　鞍山市志愿服务经济价值（亿元）

项目	2015 年参加志愿活动的志愿者人数	小时工资数（元）	志愿时长（小时）	总计（亿元）
普通志愿服务价值	198405	14.01	37.93	1.1
专业志愿服务价值	198405	17.37	25.07	0.9
鞍山市志愿服务价值				2.0

注：鞍山市志愿服务价值＝普通志愿服务价值＋专业志愿服务价值。志愿服务价值＝志愿者人数×人均志愿时长（小时）×平均工资（元/小时）。普通志愿服务价值参考居民服务的平均工资数。专业志愿服务价值参考科学研究、水利环境、教育、卫生、文化和公共管理五个行业总的平均工资。

由表 14－7 可知，鞍山市 2015 年的普通志愿服务时长所创造的经济价值有 1.1 亿，专业志愿服务时长的经济价值有 0.9 亿，2015 年参加过志愿者活动的志愿者创造了大约 2.0 亿元的经济价值，占地区生产总值①的 0.1%。

14.4　鞍山志愿服务案例

14.4.1　鞍山市孝文志愿者协会：孝行天下，爱洒人间

孝文志愿者协会于 2006 年创建，2012 年 11 月在鞍山市民政局正式注册，是鞍山市的明星志愿者协会之一，近年来获得了多项荣誉称号："2011—2012 年度鞍山市希望工程先进集体"，2013 年 12 月被鞍山市文明委授予"鞍山市志愿服务优

① 数据来源：鞍山市统计局 http：//www.astj.gov.cn/tjsj/tjsj－28.htm，地区生产总值是 2349.0 亿元。

秀团队”，在2014年度中国社会组织综合评审中获“4A”级，2016年被评为“2014—2015年度鞍山市最美慈善义工团队”“最佳志愿服务组织”。

一、简介

孝文志愿者协会是由鞍山市热爱社会公益事业、意愿奉献爱心，热心帮助和关心贫困家庭、学生的社会各界人士自愿结成的地方性、公益性、非营利性社会组织。现有注册会员400多名，主要活动内容是包括助学、助老、助教、志愿服务等公益活动，每年组织举办大型公益活动10余次。到2016年5月，协会共捐助助学金100多万元，各类物资约80万元。

自协会成立以来，鞍山市华林中医院、鞍山第八建筑有限公司、辽宁聚龙股份有限公司等民营企业先后为协会免费提供办公场所、办公物品以及捐助资金等帮助，先后有20多家民企加入协会，成为会员单位。

经过10年的公益活动，孝文协会不仅帮助了大量的贫困学子顺利完成学业，更培养了一批公益骨干力量在各个岗位上崭露头角，在弘扬传统文化的同时提高了志愿者的综合素养，营造了和谐的社团及家庭氛围，树立了良好的社会形象。

二、服务概况

自2006年以来，孝文协会已经连续10年先后资助了遍布岫岩、鞍山城区、辽宁朝阳、四川甘孜、贵州黎平等地区的贫困中小学生，总计资助学生1900多人，目前常年资助学生近400人。其宗旨是帮助成绩优秀但是家庭困难的孩子，通过结对的方式资助孩子完成学业。在此基础上，围绕其学习成长开展多种帮扶活动。自2016年起，协会对学生的资助金标准提升至每学期500元，一年1000元。孝文协会资助的学生从小学接手后，一直会资助其到高中毕业。通过采取一对一、一对多、多对一等多种资助方式，帮助每一个贫困学生顺利完成学业。同时，本着为每个爱心人士负责，充分用好每一分善款，让最需要帮助的人得到帮助的原则，对于申请资助的每一个孩子，协会都会组织志愿者进行走访调查核实，保证学生信息百分之百准确。

10年间，孝文协会志愿者参加的公益活动累计服务时间上万小时，这些活动的开展也大大提升了孝文志愿者协会在鞍山志愿者组织中的知名度和美誉度。

三、协会特点

在物质上给予帮助，让传统文化浸润心灵，再用榜样的力量去影响他人，这是孝文志愿者协会的行为准则。

1. 多样的服务方式。孝文协会自成立以来，每年都组织形式多样的敬老献爱心活动。逢年过节，为大孤山地区两家养老院送去米面油等生活物资，定期组织会员和社会爱心人士开展诸如演出文艺节目、理发、照相等各种慰问活动。2016

年5月开始，协会助老对象由原来的两家养老院增加到遍及全市的10家养老机构，由会员组成的志愿服务小组将为每个养老机构提供订单式志愿服务。

2013年12月至2016年1月，孝文协会连续3年，倡导会员和社会爱心人士筹资30万元，开展了“新年新衣”暖冬助学活动。2013年12月至2014年1月，孝文协会为四川甘孜地区700名贫困学生购买了棉衣等新年礼物，在川西天气寒冷、路况复杂、条件艰苦的状况下，会员们自费前往并亲手把御寒棉衣送给孩子们。2014年12月20日至27日，孝文协会为贵州省黎平县9个乡镇11所小学共440名贫困学生送去了价值10万元的爱心物资，包括冲锋衣、棉鞋、书包、笔袋和文具大礼包等，让孩子们过上了一个温暖的新年。2015年12月12日，协会为辽宁省朝阳县27个乡镇的401名小学生送去了价值近10万元的棉衣、棉鞋、保暖内衣和书包、学习用品。同时，协会也为一直资助的200多名学生送上了新年礼物。

在弘扬传统文化方面，孝文协会近年来多次开展了捐资助印《弟子规》《正蒙宝典》等传统文化书籍活动，先后印刷万余册，向多所学校和社区、单位无偿发放。除此之外，协会自2013年起开设孝文讲坛，在寒暑假和每次集中发放助学金的同时，向被资助的学生及其家长传播传统文化教育，倡导孝道孝行。目前，孝文讲坛已经举办了18场，受益者达6000多人次。

2. 广泛的合作交流。孝文协会积极与其他单位部门、公益组织建立友好关系，广泛开展和参与各种社会公益活动。2011年以来，孝文协会先后参与冯志国爱心团队赴岫岩新年扶贫活动；与鞍山市中医养生协会合作开展“健康走近你”大型社区公益讲座；参加《鞍山日报》组织开展的拣拾白色垃圾、春季植树造林绿化鞍山活动；组织会员捐资捐物赈济岫岩遭受洪水灾害的村民；参与市慈善总会组织的大型慈善义卖活动，以及承办中华儿慈会“童缘好孩子”鞍山地区评选活动等。

2016年，孝文协会将与市文明办、市教育局共同筹办“树百育万”诚孝少年、塑造德才兼备学子的项目。在全市中小学中开展传统文化教育与践行活动，由协会的会员单位提供资金支持，让更多的学生深入学习中华优秀传统文化，传承中华民族的优良品德。

14.4.2 “太阳花”关注残障青少年行动

“太阳花”项目由鞍山市红星公益协会设立，旨在通过社区化服务，使残疾少年儿童在早期教育、身体康复方面得到帮助，对残疾青年进行社会融合融入、就业创业等方面的帮助和指导，帮助他们实现走出家门、走向社会的良好愿望。

一、项目概况

从2013年“太阳花”关注残障青少年行动项目运行以来，已帮助残障青少年达2000余人，为他们提供了出行出游、康复训练、技术培训、知识学习、医疗义诊等各类志愿服务，参与项目活动的志愿者达120人，志愿服务累计时长达1万多小时，项目投入善款达15万元。取得了较好的社会效果，得到了政府和社会各界的认可。

二、项目实施方式

“太阳花”项目的实施方式是志愿者为残疾青少年提供较为专业的帮扶，通过“N+1”的模式，多重资源、多种活动、多人参与、多种手段对一个人、一群人甚至一个区域进行服务。志愿者针对不同的受众，为他们提供图书借阅、亲子活动、康复训练、心理关爱、社会融入、出行出游、技术培训、创业指导等志愿服务。

在活动形式上，志愿者注重他们的感受和需求，更多地采取了导入式、交流式、体验式的方法来进行上述各类活动。

1. “太阳花——益起行”。在项目实施过程中，根据残疾青少年的需求，对项目的计划进行了适当的调整。“世界那么大，我想去走走。”青年人都有这个想法，残障青年也不例外，为此，协会设计了“太阳花——益起行”这一特殊旅行志愿服务项目。协会收集了他们的愿望，并分期分批组织残障青年出行出游，从2013年起，3年间组织残障青年旅游达6批次120人，参与活动的志愿者达71人次，前往丹东、大连、锦州、葫芦岛等地，让他们走出了鞍山，领略了祖国的秀美河山。

2. “太阳花——我们伴你成长”。2013年，协会实施了“太阳花——我们伴你成长”特殊儿童成长课堂项目，内容有古筝、书法、国画的学习，由具有专业知识的志愿者提供志愿服务，每年4个月时间，每个科目每周一节课。到2016年为止，共培养残障学生83人，参与此项目志愿者达11人次，志愿服务时间累计102小时。

2016年，协会在此项目的基础上，加上科学知识体验活动，带领残障学生前往辽宁省科技馆进行科技体验，让孩子们开阔了眼界、增长了知识。

3. 设立社区残障青少年关爱中心。2015年下半年，协会在市残联、团市委、基层街道办事处的共同支持下，在立山区的滨河街道办事处热电社区，建立了辽宁省第一家社区残障青少年关爱中心。协会利用市残联的经费支持，为这个中心铺设塑胶地板，购买益智玩具和康复器材，并与专业康复师建立了联系，由他们定期到中心为残障青少年进行康复训练。此外，还与东三省著名心理学家张雨海教授取得了联系，不定期地为残障青少年进行心理辅导。

第 15 章　政策建议

城市分报告对北京、厦门、西安、贵阳、泰安、鞍山这 6 个城市的基本情况、志愿服务发展现状进行了归纳整理，并用这几个城市针对网络注册志愿者的问卷调查数据，分析了志愿者及参与志愿服务的基本状况。以上所有分析显示：6 个城市的志愿服务事业都得到了长足的发展，取得了许多成绩，而且每个城市的志愿服务都有自己的特色，但各个城市志愿服务的发展水平仍存在着较大的差距，需要采取一些措施鼓励志愿服务事业持续稳定的发展。

15.1　优化志愿服务宣传机制

我国开展志愿活动时间较晚，并最初由政府主导，带有一定的行政因素，所以志愿服务在我国的开展是一种自上而下的动员过程。目前部分城市志愿服务组织对志愿服务的宣传还不到位，导致社会群众对志愿服务的内涵和意义并没达到理性认识，尚停留在“学雷锋、做好事”的传统的观念中，把志愿者的服务当作免费的劳动，影响人们参与志愿服务的热情，无法有效地在社会中引起共鸣。

本次调查结果显示，6 个城市中的大多数志愿者第一次参加志愿活动是自愿行为和单位统一安排，极少数志愿者是被街头宣传吸引、受媒体广告影响；大多数志愿者获取参与志愿服务信息主要是通过网络搜索、单位相关部门传播等途径，而极少数志愿者是通过户外宣传海报等渠道获取志愿服务信息。因此，志愿服务的宣传机制亟须进一步优化。广泛而有效的宣传有助于为志愿活动的展开营造良好的社会环境，使社会认知和认同志愿服务，从而吸引和鼓励更多的人支持和参与志愿服务（丁元竹等，2014）。

针对现阶段情况，我们提出以下建议：首先，当地志愿者联合会或文明办可委托公关公司，在公交站、地铁站等人流量较大的地点投放户外宣传海报，向社会公众普及志愿服务意识，提高社会公众对志愿服务的理性认知度；其次，在当地主要新闻媒体做主题专栏，定期深度报道各城市的优秀志愿服务组织和项目，树立榜样是传递志愿精神的有效途径；最后，重点打造志愿服务组织官方微信、微博公众号，建立新媒体宣传矩阵，优化志愿服务信息平台。

15.2 改进志愿服务培训机制

当今社会，志愿服务的对象不止局限于福利院、养老院、孤儿院等特殊群体，法制、教育、环保、社会安全等与每个人息息相关的领域都需要更多的志愿者提供专业服务。向志愿者提供专业的志愿服务培训，是提高志愿者服务能力和志愿服务有效性的关键。

本次调查结果显示，目前，志愿服务组织尚缺乏对志愿者进行专业培训。超过一半的志愿者从未接受过或少数接受过知识和技能培训，在接受调查的6个城市中，北京市志愿服务组织在对志愿者进行知识和技能培训方面相对来说表现较好，而鞍山市志愿服务组织在此方面所进行的工作较为缺乏，将直接导致志愿者所提供的志愿服务非专业化，而非专业化的志愿服务活动会导致低效率。科学而专业的培训将提供高质量的专业志愿服务，有助于志愿服务的健康发展。

据此，我们建议：首先，志愿服务组织广泛开展志愿服务培训，制定志愿者通用培训大纲，编制志愿服务标准化教材和课件；其次，依托当地“志愿云”网络平台推行在线培训，实行听课计时和结课考核制度，保证志愿者具有一定服务技能；最后，建立联合会会员分类指导制度，针对专业志愿者队伍，分别进行文化、法制、环保、教育、卫生、科技等专业化培训，保证高质量专业志愿服务。

15.3 完善志愿服务激励保障机制

志愿者从事志愿服务需要付出时间和体力，即需要承担一定的机会成本，甚至在提供志愿服务的过程中遭受到身体伤害或产生纠纷。

调查结果显示，大部分志愿者在参加过有组织的志愿服务后没有得到或少数得到志愿组织提供的人身保险和费用补贴；超过一半的志愿者表示志愿组织没有提供或少数有提供必要的安全保障和医疗条件；近80%的志愿者没有与志愿服务组织签订书面协定。虽然依托“志愿云”建立志愿服务时间记录制度，根据记录时间长短开展志愿者星级认定，但除了贵阳外，另外5个参与调查的城市尚未将志愿服务时间转化为物质奖励。现行激励机制过于偏重精神激励而物质激励不足，导致志愿者无法保持长期志愿服务的积极性。完善志愿者激励保障制度，特别是物质激励，有助于减少志愿者的流失率，维护稳定的志愿者队伍，有助于6个城市的志愿服务的可持续发展。

我们建议：首先，积极组织联合会团体会员广泛争取当地政府购买服务资金支持，政府出资是志愿服务物质激励的强有力后盾，同时，依托志愿服务基金会，探索开展社会化募集；其次，依托"志愿云"网络平台，及时、完整、准确记录志愿者参加志愿服务的信息，做好实名注册志愿者保险工作，确保每一位志愿者在提供志愿服务时得到更好的安全保障；再次，建立健全志愿服务时间储蓄制度，确保志愿者在自己积累的志愿服务时数内可以选择得到回馈服务；最后，建立联合会法律顾问制度，维护志愿者在从事志愿服务时的合法权益。

15.4 健全志愿服务监督评估和反馈机制

考核与评估是一种鞭策的工具，也是一种衡量志愿者服务优劣的标尺。调查结果显示，近一半的志愿者没有受过或很少受过志愿服务组织的监督；近一半的志愿者没有被征询或很少被征询过意见。志愿服务组织缺乏对志愿者工作进行监督和评估，此方面工作的缺失导致志愿服务质量堪忧。加强建设志愿服务监督评估机制，对提高志愿服务质量提供保障。

根据调查结果建议：首先，依托"志愿云"设立官方考核系统，一年一次对志愿者进行客观考核评估，对每一个志愿者的服务行为进行全面而正式的鉴定，对志愿服务行动的经验进行总结归纳；其次，依托"志愿云"设立志愿者自我评价系统，由志愿者本人对其优缺点进行记录和评价，帮助志愿者发掘问题所在并加以改正，从而激发其潜能；最后，建立联合会会员分类联系制度，同时，依托"志愿云"设立志愿者反馈系统，使得志愿者在从事志愿活动中发现的问题可及时有效地反馈于志愿服务组织，志愿服务组织应及时做出回应，形成良好的互动机制。

参考文献

一、英文文献

[1] Alexander C. & Gulati S. , 2013, "An Economist's Case for Volunteering", TD Economics.

[2] Anheier, Helmut, and Jeremy Kendall, 2002, "Interpersonal Trust and Voluntary Associations." *British Journal of Sociology* 53: 343 -362.

[3] Bardy, Henry, Kay Schlozman, and Sidney Verba, 1999. "Prospecting for Participants: Rational Expectations and the Recruitment of Political Activists." *American Political Science Review* 93: 153 -168.

[4] Barton, Noelle, Preston C. , 2010, "Corporate Giving" .

[5] Borass, Stephanie. 2003. "Volunteerism in the United States." *Monthly Labor Review* 126: 3 -11.

[6] Bureau of Labor Statistics, 2016, "Volunteering in the United States - 2015" .

[7] Colman R. , 1998, "Economic Value of Civic and Voluntary Work in Nova Scotia", *Gpi Atlantic.*

[8] Day, Kathleen, and Rose Anne Davlin, 1996, "Volunteerism and Crowding Out: Canadian Econometric Evidence." *Canadian Journal of Economics* 29: 37 -53.

[9] Dekker, Paul, and Loek Halman, 2003, "Volunteering and Values: An Introduction." Pp. 1 -18 in *The Values of Volunteering: A Cross - Cultural Perspective*, ed. Paul Dekker and Loek Halman. New York: Kluwer Academic.

[10] Eisner D. , Jr. Grimm R. T. , Maynard S. , Washburn S. , 2009, "The New Volunteer Workforce" *Stanford Social Innovation Review.* (Winter 2009) .

[11] Fischer, Lucy and Kay Schaffer, 1993, *Older Volunteers.* Newbury Park, Calif. : Sage.

[12] Fujiwara D., Oroyemi P., Mckinnon E., 2013, "Wellbeing and civil society: Estimating the value of volunteering using subjective wellbeing data" Department for Work and Pensions.

[13] Gaskin K., 1999, "Valuing volunteers in Europe: a comparative study of the Volunteer Investment and Value Audit", *Voluntary Action – London – Institute for Volunteering Research –*, 2 (1), pp. 35 – 50.

[14] Gaskin, Katharine, and Justin Davis Smith. 1997. *A New Civic Europe? A Study of the Extent and Role of Volunteering.* London: National Center for Volunteering.

[15] Goddard, Eileen, 1994, Voluntary Work: A Study Carried Out on Behalf of the Home Office as Part of the 1992 General Household Survey. London: HMSO.

[16] Graff L. L., 2006, "Declining profit margin: When volunteers cost more than they return", *International Journal of Volunteer Administration*, 14 (1), pp. 24 – 32.

[17] Graff L. L., 2009, "Reconceptualizing The Value of Volunteer Work".

[18] Greenfield E. A. & Marks N. F., 2004, "Formal volunteering as a protective factor for older adults' psychological well – being.", *Journals of Gerontology*, 59 (5), pp. S258 – S264.

[19] Grossman J. B. & Furano K., 1999, "Making the Most of Volunteers", *Law and Contemporary Problems*, 62 (4), pp. 199 – 218.

[20] Hall, Michael, Tamara Knighton, Paul Reed, Patrick Bussiere, Don Macrae, and Paddy Bowen, 1998, *Caring Canadians, Involved Canadians: Highlights from the* 1997 *National Survey of Giving, Volunteering and Participating.* Ottawa: Statistics Canada.

[21] Hayward K. & Colman R., 2012, *The economic value of voluntary work in Bhutan.* Glen Haven, Canada: GPI Atlantic.

[22] International Labour Organization, 2009, "Report of the Conference" 18*th International Conference of Labour Statisticians.* Geneva.

[23] Kurtz J., 2012, "Civic Engagement of Youth in the Middle East and North Africa: An Analysis of Key Drivers and Outcomes", *Mercy Corps*, pp. 1 – 33.

[24] Kuznets S. S., 1934, *National income*, 1929 – 1932. National Bureau of Economic Research.

[25] Lasby, David, 2004, *The Volunteer Spirit in Canada: Motivations and Barries.* Toronto: Canadian Center for Philanthropy.

[26] Leigh R., Giesing C., León M. J., Haski – Leventhal D., Lough B. J., Mati J. M., Smith D. H., Strassburg S., 2011, *State of the World's Volunteerism Report: Universal Values for Global Wellbeing.* United Nations Volunteers (UNV).

[27] Meier S. & Stutzer A., 2008, "Is Volunteering Rewarding in Itself?", *Economica*, 75 (297), pp. 39 – 59.

[28] Menchik, Paul, and Burton Weisbrod, 1987, "Volunteer Labor Supply." *Journal of Public Economics* 32: 159 – 183.

[29] Mukwashi A. K., Wallace T., Bhattacharjee S., Chao M., Devereux P., El – Kholy H., Hacker E., 2015, *State of the World's Volunteerism Report* 2015: *Transforming Governance.* United Nations Volunteers (UNV).

[30] Musick, Marc A. and John Wilson, 2012, *Volunteers: A social profile*. the English – language publisher, Indiana University Press.

[31] Pho Y. H., 2008, "The Value of Volunteer Labor And The Factors Influencing Participation: Evidence For The United States From 2002 Through 2005", *Review of Income & Wealth*, 54 (2), pp. 220 – 236.

[32] Reed, Paul and L. Kevin Selbee, 2000, *Volunteering in Canada in the 1990s: Stasis and Change.* Ottawa: Statistics Canada.

[33] Reitsma – Street, Marge, Mechthild Maczewski, and Sheila Neysmith, 2000, "Promoting Engagement: An Organizational Study of Volunteers in Community Resource Centers for Children." *Children and Youth Service Review* 22: 651 – 678.

[34] Romero, Carol Jusenius, 1986, "The Economics of Volunteerism: A Review." PP. 23 – 50 in *America's Aging: Productive Roles in an Older Society*, ed. Committee on an Aging Society, Institute of Medicine and National Research Council, Washington, D. C.: National Academy Press.

[35] Salamon L. M. & Sokolowski S. W., 1999, *Global civil society: dimensions of the nonprofit sector.* Kumarian Press.

[36] Salamon L. M., 2008, "Putting volunteering on the economic map of the world" *IAVE Conference.* Panama, Costa Rica.

[37] Salamon L. M., 2011, "Manual on the Measurement of Volunteer Work", *International Labour Organization.*

[38] Salamon L. M., Sokolowski S. W., Haddock M. A., 2011, "MEASURING THE ECONOMIC VALUE OF VOLUNTEER WORK GLOBALLY: CONCEPTS, ESTIMATES, AND A ROADMAP TO THE FUTURE", *Annals of Public & Cooperative Eco-*

nomics, 82 (3), pp. 217 - 252.

[39] Sander T. H. & Putnam R. D., 1998, "Rebuilding the Stock of Social Capital", *School Administrator*, 56 (Sept), pp. 28 - 32.

[40] Smidt, Corwin, 1999, "Religion and Civic Engagement: A Comparative Analysis." *Annals of the American Academy of political and Social Science* 565: 176 - 192.

[41] Smith, Justin Davis, 1998, *The* 1997 *National Survey of Volunteering*. London: National Centre for Volunteering.

[42] Snyder, Mark, E. Gil Clary, and Arthus Stukas, 2000, "The Functional Approcah to Volunteerism." Pp. 365 - 393 in *Why We Evaluate*, ed. Gregory Maio and James Olson. Mahwah, N. J.: Lawrence Erlbaum Associates.

[43] Statistics Bureau, Ministry of Internal Affairs and Communications. 2002. *Survey on Time Use and Leisure Activities.* http://www. stat. go. jp/english/data/shakai/ index. htmStatistics Canada, 2006, "Satellite account of nonprofit institutions and volunteering: 1997 to 2003" *The Daily*. Ottawa.

[44] Stephan P. E., 1991, "Relationships Among Market Work, Work Aspirations, and Volunteering: The Case of Retired Women", *Nonprofit & Voluntary Sector Quarterly*, 20 (2), pp. 225 - 236.

[45] Talberth J., Cobb C., Slattery N., 2006, "The genuine progress indicator 2006", *A Tool for Sustainable Development*, *Oakland*.

[46] UN Economic and Social Council, 2008, "Report of the Office for National Statistics, United Kingdom of Great Britain and Northern Island, on labour statistics".

[47] UN General Assembly, 2005, "Report of the Secretary General: Follow - up to the implementation of the International Year of the Volunteers", New York.

[48] UNPD, 2015, World Population Ageing 2015 (ST/ESA/SER. A/390). United Nations, Department of Economic and Social Affairs, Population Division.

[49] Volunteer Centre Edinburgh, 2013, "Measuring the cost and value of volunteers".

[50] Wheeler J. A., Gorey K. M., Greenblatt B., 1998, "The beneficial effects of volunteering for older volunteers and the people they serve: a meta - analysis.", *International Journal of Aging & Human Development*, 47 (1), pp. 69 - 79.

[51] Wilson J. & Musick M., 1999, "The Effects of Volunteering on the Volunteer", *Law & Contemporary Problems*, 62 (4), pp. 231 - 258.

[52] Wood, Richard, 1997, "Social Capital and Political Culture: God Meets Pol-

itics in the Inner City." *American Behavioral Scientist* 40 (5): 595 -605.

[53] Youniss J. & Yates M., 1997, "Community service and social responsibility in youth.", *Catholic Schools*, pp. 185.

二、中文文献

[54] 蔡昉. 从人口红利到改革红利 [M]. 北京：社会科学文献出版社，2014.

[55] 丁元竹，等. 北京志愿服务发展报告 [M]. 北京：国家行政学院出版社，2014：97.

[56] 联合国开发计划署. 志愿精神在中国 [M]. 北京：联合国开发计划署驻华代表处，1999.

[57] 联合国经济与社会事务部. 国民账户体系非营利机构手册 [M]. 纽约：2005.

[58] 民政部. 民政部关于印发《志愿服务记录办法》的通知 [M]. 民政部，2012.

[59] 谭建光，朱莉玲. 中国社会志愿服务体系分析 [M]. 中国青年政治学院学报，2008 (3).

[60] 王忠平，张旭，刘永莉，钟金秀. 中国企业志愿者服务调查报告 [M]. 2015.

[61] 杨团. 中国慈善发展报告 (2016) [M]. 北京：社会科学文献出版社，2016.